대한민국 史
04

대한민국사 4
© 한홍구 2006

초판 1쇄 발행 2006년 12월 4일
초판 33쇄 발행 2020년 3월 13일

지은이 한홍구
펴낸이 이상훈
편집인 김수영
본부장 정진항
편집1팀 권순범 김단희
마케팅 천용호 조재성 박신영 조은별 노유리
경영지원 정혜진 이송이

펴낸곳 한겨레출판(주) www.hanibook.co.kr
등록 2006년 1월 4일 제313-2006-00003호
주소 서울시 마포구 창전로 70(신수동) 화수목빌딩 5층
전화 02-6383-1602~3 **팩스** 02-6383-1610
대표메일 book@hanibook.co.kr

ISBN 978-89-8431-205-0 03900

• 값은 뒤표지에 있습니다.
• 파본은 구입하신 서점에서 바꾸어 드립니다.

대한민국

386세대에서 한미FTA까지

04

한겨레출판

| 머리말 |

대한민국史는 희망의 역사다

　처음 '한홍구의 역사이야기'를 〈한겨레21〉에 연재하기 시작한 게 2001년 1월이었다. 2003년 1월까지 2년을 연재하고 1년쯤 쉰 뒤, 2004년 3월 탄핵의 소용돌이 속에 다시 시작하여 2006년 8월에 연재를 마쳤으니, 5년이라는 짧지 않은 세월을 줄달음쳐온 것이다. 원고가 나와야 할 날짜에 나오지 않는 불상사는 없었지만, 연재하는 마지막 1년은 참 힘이 들었다.
　월요일이던 마감 날짜가 주 5일제의 여파로 금요일로 당겨지면서 악몽이 시작되었다. 월요일 마감 때는 그래도 주말에 구상도 하고 자료를 준비할 수도 있었는데, 금요일 오후까지 일이 폭주하다 보니 어떤 때는 마감 시간까지 주제를 잡지 못할 때도 있었다. 국정원 과거사 위원회의 조사활동이 본격적으로 시작되고서는 일주일 내내 '역사이야기'에 소개할 만한 자료들을 보면서도 조사 중인 사건이므로 아직 공개적으로 쓰지 못한 고충까지 있었다. 이러다 보니 원고를 보내는 시간이 점점 늦어져 새벽 2시를 넘기기 일쑤였고, 그 착하던 유현산 기자도 살벌한 분위기로 바뀌고 말았다. 편집부와 디자인부에 끼치는 민폐 때문에라도 연재를 그만두려 했는데, 이번에는 갑자기 '역사이야기'를 처음 연재하자고 한 고경태 기자가 편집장으로 발탁되는 바람에 그만둘 기회를 놓치고 말았다. 그렇게 시간을 끌다가 지난여름에 마침내 결단을 내려 연재를 마감하기로 했다.

5년 넘게 해오던 연재를 그만두는데 소회가 없을 수 없다. 인터넷 서평을 통해서건 직접 만나서 들은 이야기건 『대한민국史』를 읽은 독자들의 반응에서 가장 흔하게 접한 것은 분노였다. 대학 신입생 시절에 읽은 어떤 시인의 말처럼 "미운 놈 미워할 줄 알고" 산다는 것이 한국 현대사의 맥락에서는 결코 만만한 일이 아니었다. 그렇기 때문에 현대사에 대한 나의 공부와 글쓰기의 전략도 어떻게 하면 미워해야 마땅할 자들에 대해 정당한 공분을 불러일으킬까 하는 것에 맞춰질 수밖에 없었다. 그런 면에서 본다면 『대한민국史』를 읽고 분노했다는 독자가 많았다는 것은, 이 책이 바라던 목적은 달성했다는 얘기가 될 것이다.

그러나 문제는 분노 뒤의 상황이다. 분노했다는 분들 중에는 절망감이나 환멸을 표출한 분들도 제법 되었다. 우리의 정당한 분노가 세상을 바꾸는 힘의 원천이 되기를 바란 나로서는 당혹스러운 일이 아닐 수 없었다. 이런 분들을 만나면서 "아, 내가 글을 잘못 썼구나. 우리가 당한 것에 대해서만 썼지, 저들과 싸워 어떻게 이겨왔는가를 제대로 그려내지 못했구나" 하는 생각이 들었다.

한국 현대사는 일제의 강점, 분단, 전쟁, 그리고 독재의 고통으로 가득 차 있는 것처럼 보이지만, 절망의 역사가 아닌 희망의 역사이다. 미국 유학 시절, 한 미국인 사회주의자와 몇 차례 만난 적이 있었다. 찢어지게 가난한 집에서 태어난 그는 가난을 피해 군대에 입대했고 한국에 배치되었다. 그리고 그곳에서 자신의 일생을 바꾸어놓는 사건을 만났다. 꿈꾸듯 그는 말했다. "너 그거 아니? 전쟁이 끝나고 겨우 7년밖에 지나지 않았어. 7년. 길거리에는 아직도 전쟁의 흔적이 남아 있었거든. 그런데 청년학생들이 들고 일어나 세상을 바꿔버렸어." 그 경이로움! 그는 갓 스물, 자신이 한국에서 목도한 민중의 힘이 30년 뒤 쉰 살이 넘은 자신으로 하여금 시애틀의 구석에서 유인물을 돌리게 하고 있다고 말했다.

한국 현대사가 갖고 있는 이 힘! 모든 것이 사라져버린 한국전쟁의 학살에서 끈질기게 다시 일어나, 5·16군사반란과 유신의 동토를 녹이고, 광주학살의 절망과 슬픔을 딛고 여기까지 온 것은 참으로 대단한 일이라 아니할 수 없다. 지금의 상황이 어렵긴 하지만, 더 어렵던 시절을 돌이키며 신발을 고쳐 신는다.

2006년 11월
한홍구

| 차례 |

머리말 _ 대한민국史는 희망의 역사다 · 5

1부   주권은 아직도 불온한 꿈인가 ─ 노근리 폭격에서 FTA 공세까지

주미대사도 외면한, 아아, 노근리   AP통신의 취재로 세상에 알려진 그날의 끔찍한 학살 · 13
광주가 김세진과 이재호를 낳았다   미 문화원을 불지른 극적인 전환과 반미운동 · 25
대원군이 노무현보다 나은 이유   한미FTA 추진파의 '쇄국망국론'에 답한다 · 37
광해군을 죽인 그들이 돌아왔다
뛰어난 외교적 안목과 실용외교를 사대주의로 짓밟은 조선의 사대부들 · 49

2부   국가보안법 없는 나라, 우리나라 좋은 나라

만들자마자 12만 명을 삼킨 국가보안법   고양이가 호랑이로 거듭난 변천사 · 63
내 학생은 과제물로 잡혀갔소   국보법 없는 나라, 우리나라 좋은 나라 · 74
작두로 잘라 불태운 시집   해직기자와 교수 그리고 운동권이 출판에 뛰어들다 · 85
현대사 공부하지 마, 다쳐!   1970, 80년대 '한국사 연구'의 추억 · 98
황우석과 인혁당, 조작의 재생산   합리적 의심을 가로막는 폭력, 국가보안법의 본질 · 112

3부 기억하지 않는 자와 고백하는 자

'돌대가리'로 박정희를 들이받다 독재자의 단순·무식·과격한 분신, 김형욱 · 125
그는 언론이 탐나서 몸부림쳤다 부일장학회와 경향신문사 강탈 · 138
조국이 일본에 남긴 38선 철저히 이용당한 재일조선인의 역사 · 150
나는 지금 '고백'을 기다린다 국가폭력을 유산으로 물려주지 않는 유일한 길 · 162
국립묘지를 보면 숨이 막힌다 계급별로 차별받으며 묻히는 사람들 · 174

4부 그때 그 사람들 — 신영복, 김형률, 유시민 그리고 386

신영복의 60년을 사색한다 한국 현대사와 통혁당 사건의 내막을 듣는다 · 187
감옥으로부터의 자기 개조 신영복 교수의 20년 감옥생활과 '대학시절' · 199
김형률의 삶은 계속되어야 한다 원폭 피해자 2세의 죽음이 우리 가슴을 두드리는 이유 · 211
철들지 않고 사는 즐거움 너무 빨리 어른이 되어버린 열린우리당의 386형님들에게 · 224
사랑도 명예도 이름도 남김없이 나가고 있는 사람들
'전사'의 시대를 살다 일찍 시들어버린 세대 · 235

5부 왜곡된 역사의 고리를 끊고

민주화돼서 행복하십니까 도청사건을 통해 본 시민들과 기득권 세력의 팽팽한 '힘겨루기' · 249
자유당의 저주는 풀리지 않는가 왜곡된 역사를 끊을 줄 알았던 열린우리당의 생일에 · 258
박정희가 때린 사학, 딸이 달래나 사학의 기형적 성장과 족벌사학 · 269
최일병, 김일병, 그 다음은? 병역제도에 대해 근본적으로 재검토해야 할 때 · 281
18만 감군, 낯간지럽다 소극적인 감군과 예산 증액은 문제 · 293

정신없이 몰아치는 전략적 유연성 문제나 한미자유무역협정 문제를 보면, 한국을 움직이는 사람들은 여전히 제국인이다. 한국 이름을 갖고, 한국에서 대학 나오고, 한국에서 한국인 부인과 살고 있지만, 그들이 생각하는 국익은 한국의 국익이 아니라 제국의 이익이다. 내선일체를 꿈꾸던 옛날 일본 제국주의자들이나 친일파들조차 감히 생각할 수 없는 일체감을 제국은 이미 이루고 있다. 1980년에는 이렇게까지는 아니었다. 그때는 '숭미(崇美) 사대주의자'라는 말도 쓰고, 친미파라고도 부르고, 그냥 친미파라 하면 재미없으니까 '미친파'라고도 하고 그랬지만, 친일파나 친미파는 그래도 한국 사람에게나 붙일 수 있는 말이다.

| 1부 |

주권은 아직도 불온한 꿈인가

| 노근리 폭격에서 FTA 공세까지 |

주미대사도 외면한, 아아, 노근리
-AP통신의 취재로 세상에 알려진 그날의 끔찍한 학살

노근리, 영어로는 하필 'No Gun Ri'라고 썼다. 수백 명이 학살당한 비극의 현장이 '총 없는 마을'이라는 이름이라니, 이 무슨 역설인가? 아니, 역설일 것도 없다. 피해자의 입장에서 본다면 정말 노근리는 총 없는 마을이었다. 그들은 무장을 하지 않은 민간인들이었다.

민간인 학살의 현장에서 늘 그렇듯이 죽인 자는 총을 들고 있고, 죽은 자들은 비무장이었다. 한국전쟁이 발발한 지 한 달 뒤인 1950년 7월 26일부터 3박 4일 60여 시간에 걸쳐 자행된 노근리 사건에서도 죽은 자들은 한평생 총 한 번 잡아본 일 없었을 평범한 농촌 사람들이었다.

개전 초기 충격과 혼란에 빠진 미군

나중에 노근리 사건의 진실을 둘러싸고 중요한 쟁점이 되는 문제이지만, 개전 초기에 미군이 충격과 혼란에 빠졌던 것은 분명하다. 최초로 상륙한 미군은 24사단이었는데, 인민군과 처음 교전한 스미스 부대는 오산에서 참패했고, 24사단 주력부대도 대전 방어전투에서 병력의 절반을 잃고 궤멸했다. 사단장 딘 소장조차 간신히 대전을 빠져나왔으나 산속에서 길을 잃고 한 달여를 헤매다가 인민군에 포로가 되는 등, 미군 전사에 유례가 없던 일이 벌어지고 있었다. 영동으로 철수한 24사단 병력이 새로이 도착한 미군 1기갑사단에 영동 방어진

1999년 11월, 미국을 방문하고 돌아와 기자회견하고 있는 노근리 사건 피해자들. 오른쪽에서 세 번째 사람이 노근리 사건을 세상에 알린 정은용 씨다.

지를 인계한 것이 7월 22일이었다. 그러나 인민군이 거침없이 남진을 계속하자, 미군 1기갑사단도 후퇴할 수밖에 없었다.

  7월 25일에 소백산 자락에 위치한 영동읍 임계리 마을에 미군 한 떼가 일본어 통역을 앞세우고 들이닥쳤다. 통역은 미군이 후방에 있는 안전한 곳으로 피난시켜줄 것이라며 마을 사람들을 모두 집합시켰다. 포성이 가까워지자 산으로 몸을 피했던 마을 사람들도 다 내려오고, 또 미군이 집집마다 돌아다니며 수색하여 마을 사람들을 모이게 해서 주민 200여 명이 모였다. 미군은 옆 동네 주곡리에서도 마찬가지로 안전하게 피난시켜준다며 사람들을 모았다. 여기에 대전 등지에서 피난 온 타지 사람들까지 합쳐 500~700명의 대열이 모였다.

  미군이 어두운 밤길에도 발걸음을 재촉했지만, 대열은 느리기만 했다. 노인들과 아이들이 이불 보따리에 솥단지에 보리쌀 자루를 이고 지고, 게다가 형편이 되는 사람들은 소달구지에 짐을 싣기까지 한 행렬이 군대가 원하는 속도를 낼 리 만무했다. 겨우 1.5킬로미터쯤 갔을때, 미군은 행렬을 도로에서 벗어나 하천 바닥으로 내려가게 했다. 길도 없는 비탈을 내려가다 소가 구르고, 달구지가 구르고, 사람들이 넘어지니 순식간에 혼란스러워졌다. 미군은 총을 쏘고 고함을 지르면서, 누구도 이곳을 이탈할 수 없고 날이 샐 때까지 고개도 들어서는 안 된다고 명령했다. 분위기는 살벌했다. 주민들이 잘 통제되지 않자 미군이 총격을 가해 여기서만 7명이 살해됐다. 그 중 두 명은 어린이 였다고 한다.

사람들을 이렇게 길바닥에 끌어 내놓은 미군은 다음날 아침에 사라져버렸다. 주민들은 4번 국도를 따라 5킬로미터가량을 남하했는데, 미군 탱크가 도로를 차단하고 피난민들에게 도로 인근의 철로를 따라 남하하라고 지시했다. 피난민들이 지시대로 철길을 따라 1킬로미터쯤 내려가서 노근리 쌍굴 가까이 이르렀을 때, 미군 일고여덟 명이 나타나 행렬을 멈춰 세우고 짐을 검사하기 시작했다.

마침 점심때였는지라 짐을 풀어 요기를 하는 사람들도 여기저기 보였다. 짐 검사에서는 무기라든가 어떤 위험한 물건도 나오지 않았다. 한참 짐을 검사하던 미군은 어디론가 무전을 친 뒤, 짐 검사를 중단하고 사라져버렸다. 얼마 뒤 남쪽 하늘에 갑자기 비행기 두 대가 나타나더니 폭탄을 투하했다. 폭격과 기총 소사는 20여 분간 계속됐다. 지상의 미군들도 총을 쏘아댔다. 느닷없는 폭격에 모두 몇 명이 죽었는지는 아무도 모른다. 정확히 세어보지 못했지만, 100명 가까이 죽었을 것이라고 살아남은 사람들이 증언했다.

1960년 손해배상 청구, 답신 못 받아

살아남은 피난민들은 미군의 공중폭격과 지상군의 사격을 피해 배수로와 숲에 몸을 숨겼다. 그러나 다시 나타난 미군이 사람들을 모아 100여 미터 떨어진 노근리 쌍굴다리로 밀어넣었다. 400~500명의 사람들이 발 디딜 틈 없이 쌍굴다리를 가득 메웠다. 한여름 7월의 무더위 속에 수백 명이 들어찬 쌍굴은 찜통과도 같았다. 그 굴 속으로 오후 3시경부터 미군이 기관총을 쏘기 시작했다. 사격이 뜸해졌을 때 타는 목마름에 물이라도 마시려고 밖으로 기어나간 사람들까지 모두 사살됐다.

가끔씩 총격이 멎고 미군이 다가와 쌍굴 안의 동정을 살폈다. 병 주고 약 준다는 말처럼 그들은 부상자들을 치료해주기도 했다. 당시 주민 중에 연희전문학교 학생이 있어 그가 왜 아무 죄 없는 우리를 죽이는지 그 이유나 알고 싶다고 하자, 미군은 "피난민이라 할지라도 의심스러운 사람은 모두 죽이라는 상부의 명령을 받았다"고 답했다고 한다.

밤이 되면 사람들은 굴 속에서 죽으나 도망가다 죽으나 죽기는 마찬가지라며 필사의 탈출을 시도했다. 대개 청장년들이 탈출을 감행했으나, 중도에 총격을 받아 사망한 사람이 많았다. 탈출할 형편이 안 되는 사람들은 굴 속에서 시체로 바리케이드를 쳤다. 사흘째 되었을 때 굴 속에는 부인들과 어린이와 노인 100여 명뿐이었다. 당시 아홉 살로 끝까지 쌍굴다리에 있다가 살아남은 양해찬 씨의 증언(『노근리, 그 후』, 오연호 지음)에 따르면, 인민군들에게 패주하던 미군이 굴다리 바로 앞에 와서 총을 난사하는 마지막 살육을 감행했고, 파김치처럼 지쳐 있던 사람들은 살려달라는 소리도 못하고 푹푹 고꾸라졌다고 한

1950년에 미군 정찰대가 찍은 노근리 일대. 사각형으로 표시된 부분이 미군이 폭격을 가한 철로 부근이다.

다. 굴 속에 있던 절반이 그렇게 죽었다. 살아남은 사람들은 쌍굴에 들어선 인민군을 보고서야 정신을 차릴 수 있었다.

노근리 사건이 세상에 널리 알려진 것은 1999년 9월 29일에 미국 연합통신(이하 AP통신)이 이 사건을 보도한 다음부터다. 그러나 이 기막힌 사건은 AP통신이 특종으로 보도하기 전에도 〈한겨레〉와 〈말〉 등 국내 언론에 의해 여러 차례 보도된 적이 있다. 다만 주류 언론들이 관심을 갖지 않다가, AP통신이 보도하고 〈뉴욕 타임스〉와 〈워싱턴 포스트〉 같은 미국 신문들이 1면 톱기사로 보도하자 갑자기 태도를 바꾸어 대서특필하기 시작했을 뿐이다.

AP통신의 특종보도나 그에 앞서 국내 일부 언론의 보도가 이뤄질 수 있었던 것은 오로지 노근리가 정은용(현재 노근리 미군 양민학살사건 대책위원회 위원장)이라는 기록자를 가졌기 때문이다. 노근리에서 다섯 살 난 아들과 두 살 난 딸을 잃은 정은용 씨는, 이승만 정권이 몰락한 직후인 1960년 가을에 신문에서 서울에 있는 미국 정부 소청사무소가 한국전쟁 당시에 미군에게 입은 피해를 신고받는다는 기사를 보고 눈이 번쩍 띄었다. 그는 즉시 생존자들을 확인해 손해배상을 요구하는 서한을 보냈지만, 소청사무소 쪽은 접수 기한이 지나서 제출했기 때문에 소청사무소에서 심의할 권한이 없다는 극히 사무적인 답신을 보내왔다. 정은용 씨는 다시 미국 정부를 상대로 손해배상을 청구했으나 아무런 답변을 받지 못했다. 그리고 5·16군사반란이 일어났다. 이승만이 몰락한 뒤 잠시 나타난 푸른 하늘 밑에서 한국전쟁 전후에 자행된 민간인 학살의 진상을 규명하라고 요구하던 유가족들은 빨갱이로 몰렸고, 더러는 잡혀가 징역을 살았다.

AP통신 취재팀 중간에 해체되기도

그리고 또 오랜 세월이 흘렀다. 미군에 의한 학살은 어디 가서 입을 떼기도 어려웠다. "빨갱이니까 그랬겠지. 미군이 그럴 리 있느냐"는 것이 일반적인 반응이었다. 그나마 정은용 씨가 경찰 간부 출신으로 반공연맹 일도 보았기 때문에 그 험한 시대에 이런 사연을 세상에 알릴 마음을 품을 수 있었던 것이다. 1994년에 정은용 씨는 이 엄청난 실화를 '소설'이라는 위장막을 쳐서 세상에 내보냈다. 『그대, 우리의 아픔을 아는가』가 처음 세상에 나온 것은 사건이 있고 54년이 흘러 그가 고희를 넘긴 때였다. 그리고 이 책이 우연히 오연호 기자의 눈에 띄어 정은용 씨에게 안내를 받아 취재가 이루어져 〈말〉지 1994년 7월호에 '6·25 참전 미군의 충북 영동 양민 300여 명 학살사건'이라는 특집 기사로 실리게 되었다. 이보다 앞서 〈한겨레〉도 1994년 5월 4일에 이 사건을 실었지만, 전국판이 아닌 충청판에만 실려 아쉬움을 남겼다.

이러한 일련의 노력에 AP통신이 가세했다. 최상훈 기자 등 AP통신 취재팀은 미국에서 1기갑사단 장병들을 인터뷰하고, 또 미군 내부의 작전명령서, 상황일지, 통신문 같은 문서자료들을 뒤졌다. 최상훈 기자를 비롯한 AP통신 취재팀의 노력으로 몇몇 참전 미군들이 상부의 명령에 따라 피난민들에게 사격을 가했다고 증언했고, 또 방대한 문서 더미 속에서 미국 육군이 미국 공군에게 피난민들에 대한 사격을 요청하는 제5공군 터너 로저스 대령의 메모(사건 하루 전인 7월 25일치)나 "어떤 피난민도 전선을 넘지 못하게 하고, 전선을 넘으려는 자는 모두 사살하라"는 제1기병사단 제8기병연대 통신일지(사건 이틀 전인 7월 24일치)를 찾아냈다. 무수한 주검(또는 세월이 흐른 바람에 백골 더미)을 앞에 두고도 증거가 없다고 발뺌하던 자들이 이제는 도저

미군은 한국전쟁에 개입한 직후 "어떤 피난민도 전선을 넘지 못하게 하고, 전선을 넘으려는 자는 모두 사살하라"는 명령을 내렸다. 한국전쟁 당시 충북 단양 인근의 피난민들.

주권은 아직도 불온한 꿈인가 ······ 19

히 부인할 수 없는 상황이 벌어진 것이다.

AP통신 취재팀은 이 탐사보도로 퓰리처상을 받는 영예를 얻었지만, 보도까지 이르는 과정은 순탄하지 않았다고 한다. 중간에 취재팀이 해체되기도 했고, 보도일자는 자꾸 미뤄졌다. 노근리 사건이 미군에 의해 자행됐음을 확실하게 입증하고 나서도 AP통신은 '학살'(massacre)이라는 말을 쓰지 않았고, 전쟁범죄라는 규정도 피해갔다. 그런 어려움이 있었지만, AP통신의 보도는 노근리 사건의 진상 규명, 나아가 한국전쟁에서 발생한 민간인 학살 전체의 진상을 규명하려는 노력을 새로운 단계로 끌어올리는 전기가 되었다.

"피해자 보상은 바람직하지 않다"

도저히 부인할 수 없는 증거와 증언, 그것도 피해자 쪽의 것이 아니라 가해자 쪽의 증거와 증언이 나오자 미국 정부도 한국 정부도 노근리 사건의 진상조사를 외면할 수 없었다. 그런데 진상조사가 진행될 무렵에 마침 미군과 관련된 온갖 문제들이 출석부라도 부르듯 빠짐없이 터져 나오기 시작했다. 용산기지 이전, 매향리, 주한 미군의 독극물 방류, 기름 누출 사고 그리고 미군의 시민 폭행 등 잊어버릴 만하면 미군 문제가 터져 나왔다. 자연히 미군 주둔 자체에 대해 문제가 제기될 수밖에 없었다.

미국이 어떻게든 이 사건의 파장을 줄여보려고 한 것은 당연한 일이었다. 미국은 도저히 부인할 수 없는 사건 앞에서, 그런 일이 있었다는 것은 인정하지만 그 일은 어디까지나 우발적인 사고였다는 쪽으로 몰고 가려 했다. 이는 미국의 일관된 입장이었다. 그리고 처음에는 미군에 의한 다른 학살사건에 대해서도 조사할 의향을 비치다가, 얼마 뒤 이 입장을 철회하고 노근리 사건만을 조사한다고 발표했다.

　미국 쪽 조사단장인 루이스 칼데라 육군 장관은 조사가 한창이던 2000년 2월에 언론과 가진 인터뷰에서, 발포한 병사들은 증언 여하에 따라 형사처벌을 받을 수 있다고 발언했다. 미군의 민간인 학살은 아예 국제형사재판소의 처벌에서 면죄돼야 한다고 억지를 부리던 미국이 왜 갑자기 형사처벌 얘기를 들고 나왔을까? 당시의 진상을 알고 있는 참전 군인들에게 말조심하라고 협박한 것이었다. 그가 이러한 발언을 하자 참전 군인들이 증언을 거부하거나 핵심적인 쟁점에 대해서 말을 바꾸기도 하는 등, AP통신에서 사건을 보도한 직후에 형성된 고백의 분위기가 얼어붙어 버렸다. 그리고 미국의 일부 언론은 AP통신의 보도에서 허점이나 실수만을 파고들었다. 국내에서도 크게 보도된 에드워드 데일리라는 참전 군인은 자신이 직접 기관총을 쏜것처럼 증언했으나, 실은 옆 부대 소속이었다. 그러나 데일리 말고도 핵심적인 증언자들이 많기 때문에 AP통신이 보도하고자 한 본질, 나아가 사건의 본질이 흐려지는 것은 결코 아니었다

　이런 미국의 태도야 당연히 예상된 것이었지만, 더 큰 문제는 미국보다도 더 미국을 걱정하는 한국 '안보족'(安保族)들의 태도였다. 양성철 주미한국대사부터 "미군 지휘관들이 사살 명령을 내렸는지에 대해 의심할 여지 없이 확실한 증거를 확보하는 것은 불가능"하며, "피해자의 보상을 포함한 법적인 접근은 바람직하지 않다"고 발언했다. 지금 한미간에 자유무역협정(FTA)을 체결하는 문제를 놓고 한국 정부의 고위 관리들이 발언하고 있는 내용들도 마찬가지지만, 한 나라의 정부를 대표한다는 대사가 이렇게 발언할진대 미국이 어떤 태도를 취할지는 불을 보듯 뻔했다.

2001년 조사, 축소·왜곡 드러나

　1년여 동안 조사가 진행된 뒤, 2001년 1월에 클린턴 미국 대통령이 노근리 사건에 대해 성명을 발표했다. 그는 사과하지 않았다. 다만 깊은 유감을 표명했을 뿐이다. 사망자 수도 알 수 없었고, 원인도 밝힐 수 없었다. 추모비를 건립하고 유족들에게 장학금을 제공하겠지만, 이는 노근리 사건 희생자만을 위한 추모비를 건립하고 장학금을 제공하는 것이 아니라 한국전쟁 당시 미군에 의해 희생당한 모든 민간인을 포함하는 것이었다. 미국은 60여 건에 이르는 유사한 사건에 대해 조사도 하지 않고 덮어버리려 했다. 이를 받아들인다면 한국전쟁 당시 미군에 희생당한 다른 민간인 학살 유가족들은 진상을 규명할 기회조차 잃어버리게 된다. 당연히 노근리 대책위 등은 이런 조건을 받아들일 수 없었고, 추모비를 건립하겠다는 등의 약속은 지금까지 이루어지지 않고 있다.

　미국은 노근리 사건이 전쟁이라는 극한 상황에서 겁에 질리고 혼란에 빠진 병사들이 상부의 명령 없이 피난민들에게 발포한 '불행한 비극'으로, '비계획적인 살상'이었다고 주장했다. 그리고 한국 정부도 이 주장에 동의해 그러한 내용으로 한미공동발표문을 작성했다. 그러나 최근 당시 주한대사인 존 무초가 본국에 보낸 편지에서 주한미군 최고위 간부들이 모여 "주민들이 남쪽으로 이동하는 것을 금지하고 만일 난민들이 미군 방어선 북쪽에서 출현할 경우 그들은 경고 사격을 받을 것이며, 그래도 계속 전진하면 총격을 당할 것"이라고 피난민에 대한 발포 방침을 정한 것이 밝혀지면서, 2001년에 조사한 결과가 사건의 진상을 한참 축소하고 왜곡한 것이라는 점이 드러났다.

　전쟁을 치르는 과정에서 학살은 때로 우발적으로 일어날 수 있다.

2001년 1월에 노근리 민간인 학살 진상조사 결과를 발표하는 정부 대책단. 사건의 진상을 한참 축소·왜곡했다는 비판을 받았다.

그러나 노근리 학살은 우발적인 학살이 아니다. 그리고 학살을 은폐하는 것만큼은 우발적으로 이뤄질 수 없다. 은폐는 조직적인 것이다. 때리는 시어미보다 말리는 시누이가 더 미운 법이라지만, 한국 정부의 일부 관료들이나 한국 사회의 주류 엘리트들이 보인 태도는 '때리는 시누이'의 새로운 모습이 아닐 수 없다. 이들 중 일부는 한국 쪽 조사단에서 중책을 맡거나 미국과 교섭하는 일선에서 활동했는데, 사실 이들의 목표는 진상을 철저하게 조사하는 것이 아니었다. 당시 조사단에 참가한 한 관료는 "미국이 우리의 맹방이며 한국전쟁에 결정적으로 도움을 준 나라라는 인식과 어설픈 우호적인 감정은 협상을 그르치기 쉽다"고 회고한 바 있는데, 이는 너무 점잖은 표현이 아니었나 싶다. 도저히 한국 사람으로 볼 수 없는 이 머리 까만 미국인들은 그저 자기 조국에 바치는 무한한 충성심과 국익을 실현하기 위한 절절한 심정을 보여주었을 뿐이다.

베트남, 우리가 가해자로

　노근리 사건이 세상의 주목을 받은 1999년 9월은 또 다른 노근리 사건이 오랜 망각의 벽을 넘어 우리와 대면한 달이었다. 베트남전쟁에서 한국군에 의해 자행된 민간인 학살이 〈한겨레21〉의 끈질긴 보도로 세상에 알려진 것도 바로 1999년 9월의 일이다. 노근리와 베트남에서 한국은 피해자와 가해자로 너무나 다른 역할을 한 것 같지만, 두 사건은 본질적으로 같은 사건, 곧 동맹군이라는 이름의 군대가 주둔국의 민간인들을 학살한 사건이다. 노근리 사건이 있고 채 20년이 되지 않아 우리는 베트남 중부에 무수한 노근리를 만들어놓은 것이다. 한국전쟁이 남긴 학살의 고리를 끊지 못한 한국군이 베트남에서 베트남판 노근리를 만들었듯이, 노근리 학살의 고리를 끊지 못한 미군은 베트남에서 미라이 학살을 비롯한 300여 건의 학살사건을 일으켰고, 지금은 이라크에서 또 민간인 학살의 악연을 이어가고 있다.

　2006년 8월 7일, 노근리의 비극이 일어난 지 56년이 되는 무렵, 영화 〈작은 연못〉의 촬영이 시작되었다. 연극 〈비언소〉의 연출자로 유명한 이상우 선생이 직접 시나리오를 쓰고 메가폰을 잡았고, 다시는 이러한 비극이 없어야 한다고 생각하는 많은 영화인들이 모두 자기 몫의 출연료나 인건비를 받지 않고 온몸으로 영화를 제작하는 데 참여했다. 내가 일하는 평화박물관도 반전평화의 메시지를 전하는 제대로 된 전쟁영화 한 편을 만드는 작업에 힘을 보태기로 하였다. 많은 사람들이 제작의 후원자로, 엑스트라로, 홍보요원으로 그리고 관객으로 참여하기를 바란다.

광주가 김세진과 이재호를 낳았다
-미 문화원을 불지른 극적인 전환과 반미운동

대한민국은 미국이 세운 나라다. 대한민국 헌법 전문에는 임시정부의 법통을 계승했다고 되어 있지만, 실제로 대한민국이 계승한 것은 임시정부라기보다 임시정부를 부인한 미군정이었다. 미군정은 대한민국 정부를 수립하기 전에 관료기구를 만들고, 한국군을 만들고, 국립 서울대학교를 만드는 등 대한민국을 만들었다. 그렇다고 대한민국이 탄생하는 순간에만 미국이 '산파'였다고 하는 것은 미국의 역할을 너무도 과소평가하는 것이다. 한국전쟁에서 절체절명의 위기에 놓인 한국 정부를 구원한 것도 미국이요, 주한미군을 통해 북의 '남침 위협'에서 한국을 지켜준 것 역시 미국이었다. 정치나 군사뿐 아니라 경제와 문화, 교육, 그리고 종교에 이르기까지 미국이 한국에 미친 엄청난 영향은 굳이 설명이 필요하지 않다. 이렇게 특수한 관계이다 보니 대한민국에서 반미는 감히 꿈도 꿀 수 없는 일이었나 보다. 적어도 1980년 5월에 광주를 겪기 전까지는……

부산 미 문화원 방화, 세상을 발칵 뒤집어놓은 사건

광주는 모든 것을 바꿔놓았다. 전 세계에서 유일하게 '반미의 무풍지대'이던 한국에 반미의 돌풍이 거세게 휘몰아쳤다(광주 이전의 반미 문제에 대해서는 『대한민국史』 1권 4부 '반미의 원조는 친일파였다'에 서술했기에, 이 글에서는 1980년대 이후만을 다루겠다). 미국이 한국의 민주주의를 도울 것이라고 사람들이 기대한 것과 달리, 미국은 광주시민 대신 전두환을 껴안은 것이다. 전두환이 최규하를 끌어내리고 감히 대통령 자리에 오르려 할 무렵, 주한미군 사령관 위컴은 미국 기자들과 만난 자리에서 "한국민의 국민성은 들쥐 같아서 누가 지도자가 되든 그 지도자를 따라갈 것이며, 한국민에게는 민주주의가 적합하지 않다"는 망언을 했다.

한국 국민들은 미국에 대해 가지고 있던 나름의 짝사랑이 여지없이 짓밟혔다는 것을 다시 한번 확인해야 했다. 한편에서는 우리에게 미국은 무엇인가라는 질문을 던지고, 한국군의 작전지휘권을 갖고 있는 미군이 왜 전두환의 반란과 광주 진압을 저지하지 않았는가를 물었다. 그러니 그 뒤에 "그런데 쟤들이 왜 한국군의 작전지휘권을 갖고 있는 거야?"라는 질문이 이어진 것은 당연한 일 아니겠는가? 미국이 본격적으로 한반도에 발을 들여놓고 한반도의 허리를 잘라놓은 분단과 미군정시기에 대한 관심이 폭발했다. 그러나 광주를 겪은 청년학생들과 진보적 지식인들이 이처럼 역사와 사회과학적 질문에 대해 탐구하는 것에만 몰두해 있었던 것은 아니다. 일부 청년들은 자신들이 고통스럽게 깨달은 문제의식을 전체 국민들과 함께하기 위한 행동에 착수했다. 그 행동은 미국이 실체를 드러낸 광주에서 시작되었다.

1980년 12월 9일 밤, 광주 미 문화원 2층 옥상에서 불길이 치솟아 올랐다. 불이 크게 번지지는 않았고, 출동한 소방차가 발화한 지 20여 분 만에 불을 끌 수 있었다. 다행히 인명 피해도 없었다. 당국은 처음에 누전인 줄 알고 조사했지만, 지붕을 뜯고 불을 놓은 흔적을 어렵지 않게 찾을 수 있었다. 불을 놓은 사람들은 정순철 등 항쟁이 벌어졌을 당시에 시민군으로 활동한 청년들이었다. 당국이 이들을 적발해 재판에 회부했고, 극심하게 통제받던 당시의 언론은 화재 사실만 간단히 보도했을 뿐 왜 불이 났는지에 대해서는 입을 다물었다. 대부분 이런 일이 있었는지도 모른 채 사건은 잊혀졌다. 그러나 건물의 불이야 소방차가 끌 수 있었지만, 한국민들의 마음에 일기 시작한 불길은 누구도 끌 수 없었다.

그로부터 15개월 뒤인 1982년 3월, 부산 미 문화원에서 불길이 솟았다. 또 방화였다. 이번에는 밤에 빈 사무실이 잠깐 타다 만 것이 아니었다. 불을 놓은 학생들은 휘발유의 폭발성에 대해 아무런 지식이 없었고, 불은 그들조차 깜짝 놀랄 정도로 삽시간에 연건평 600여 평의 3층 건물 전체로 번졌고, 그 와중에 도서실에서 공부하던 대학생 한 명이 숨지는 비극이 일어났다. 사실 광주 이전까지만 해도 남민전 당시 김남주 등이 식칼 들고 강도짓한 것이 최대의 '무장투쟁'이었다는 농담이 있었을 만큼 폭력과 거리가 멀던 한국의 민주화운동으로서는 뛰어넘기 힘든 충격이었다. 게다가 내용이 반미라니…….

아주 오랫동안 반미는 반정부에 그치지 않고 반국가행위였다. 반미가 얼마나 넘어서기 힘든 것이었냐 하면, 광주 미 문화원 사건 관련자들이 재판정에서 자신들의 행동을 "대등하고 올바른 한미관계를 수립하기 위한 충정"에서 나온 반미가 아닌 '친미'적 행동이었다고 주장했어야 할 정도였다. 그런데 이제 반미를 내놓고 표방하고, 불을 놓다니……. 대낮에 사람까지 죽은 일이다 보니, 독재정권도 광주 미 문화원 사건처럼 쉬쉬하고 넘어갈 수 없었다. 세상이 발칵 뒤집혔다. 정부는 이 사건이 '불순분자'의 소행이라 단정했고, 언론들은 "방화범들은 사상적으로 좌경화돼 있거나 북한과 매우 깊이 연루돼 있는 불순분자들"이라고 보도했다. 〈중앙일보〉는 사설에서 "반공과 친미는 헌법 이상의 국민적 합의"라며 기염을 토했다.

재야운동 노선투쟁 불러와

처음 이런 일을 겪고 미국에 대해 어찌할 바 몰라 절절매다가 국민들이나 종교계를 향해 길길이 날뛰던 5공 정부에 비해, 미국은 오히려 차분했다. 세계 도처에서 너무나 많은 반미투쟁을 겪은 탓인지도 모른다. 국무성은 "방화사건이 한국민 전체의 대미 분위기를 대표하는 것은 아니다"라는 우아한 말로 슬쩍 넘어갔다. 〈뉴욕 타임스〉는, 위컴의 들쥐 발언이나 워커 대사의 한국 반체제 인사들에 대한 "버릇없는 자식들" 발언 등을 볼 때 한국에 대해 미국을 대표하는 고위 인사들이 광주사태의 핵심을 제대로 이해하지 못하고 있다고 비판하면서 이렇게 지적했다. "그러나 양 국민 사이의 가장 큰 손실은 미국이 민주주의의 싹을 키울 것이라는 희망에 종지부를 찍었다는 점이다. 이제는 악의 보답만이 남아 있을 뿐이다."

미국 문화원은 광주와 부산에만 있는 게 아니었다. 1985년 5월 23일에 서울 시내 5개 대학의 학생 90여 명이 시청 옆의 미 문화원 건물을 점거하고 농성에 들어갔다. 왜 또 미국 문화원이었냐고? 그럼 학생들이 미국에 항의하러 어디로 가겠는가? 전경들이 철통같이 지키고 서 있는 미 대사관에 들어가겠는가, 아니면 총을 들고 버티고 있는 미군 기지를 점령하겠는가? 미국 주권의 관할 구역이기에 미국의 요청이 없으면 한국의 공권력이 진입할 수 없다는 점도 점거농성의 효과를 극대화하는 요인이었다. 만 3일간 미 문화원에 머무르면서 학생들은 광주학살을 지원한 미국에게 책임을 물었다.

부산 미 문화원 사건 때 검찰은 광주의 '광'자도 꺼내지 않고, 대신 극렬 좌경분자들이 사회주의 국가를 건설한다는 망상 아래 미국의 공공건물을 방화해 인명까지 살상한 조직적인 좌경 테러로 규정했다.

1982년 3월 불타고 있는 부산 미 문화원. 이 방화사건은 당시 한국의 민주화운동으로서 뛰어넘기 힘든 충격이었다.(보도사진 연감)

반면 피고인들은 "광주가 아니었다면 자신들은 이 자리에 서 있지 않았을 것"이라고 하면서, "방화의 목적이 반공만 내세우면 어떤 정권이라도 지지해온 미국에 대한 국민적 경고"를 전하는 것이라고 밝혔다. 그러나 이런 논쟁은 전혀 보도되지 않았다. 반면 3년 뒤에 서울에서 미 문화원을 점거하고 농성했을 때는 학생들의 주장이 보도되지 않을 수 없었고, 자연스럽게 국민이 광주에 대한 미국의 책임 문제를 이야기하기 시작했다.

한편 학생운동이나 재야운동에서는 미국 문제와 민주화 문제 간에 어떤 관계가 있는지를 놓고 열띤 논쟁이 벌어졌다. 군사독재정권과 미국 간의 관계에서 대한민국이라는 국가가 어느 정도로 자율성을 갖는 것인가, 민족과 계급 문제에서 어느 쪽을 먼저 해결해야 하는가 등의 문제를 놓고 벌어진 논쟁은 학생운동과 재야운동의 투쟁노선과 맞물리면서 사회구성체 논쟁으로 번져갔다. 이 논쟁에서 민족해방(NL) 계열은 민족 문제를 중시했고, 민중민주주의(PD) 계열은 계급 문제를 우선 해결하고자 했다.

1980년대 중반 이후 반미투쟁을 주도한 집단은 민족해방 계열이었다. 이들에게 미국은 분단의 원흉이자, 통일을 가로막는 세력이었다. 한국 사회 최대의 정치적 금기인 반미를 공공연히 들고 나온 사람들은 다름 아닌 어린 대학생들이었다. 일단 민간인 학살이 끝난 상태에서 정치적 사건으로 인해 사형을 당한 사람들은 죄다 통일 문제(미국이 통일을 가로막는 원흉이라는 점에서 민족해방그룹에게 통일 문제는 곧 미국 문제였다)를 제기한 사람들이었다. 이승만 대통령이나 장면 부통령을 저격한 사람도 사형을 선고받지 않았지만, 평화통일을 주창한 조봉암은 사형이 집행되었다. 4월 혁명 이후 통일과 미국 문제를 집중적으로 다룬 〈민족일보〉의 젊은 발행인 조용수도 5·16군사반란 직후의 '혁명재판'으로 목숨을 잃었다. 통혁당, 인혁당, 남민전 사건 등 군사독재정권에 의해 실제로 사형이 집행된 사건들은 모두 미국을 건드릴 수밖에 없는 사건들이었다. 살아남은 사람들은 숨을 죽였다. 1960년대 후반부터, 그리고 결정적으로 1972년 유신쿠데타 이후 언론은 완전히 침묵했고, 미국을 비판하는 일체의 기사, 심지어는 미군이 저지른 단순범죄까지도 신문지면에서 사라져버렸다.

88올림픽, 북한을 응원하다

전쟁과 학살, 그리고 군사독재의 폭압을 거치면서 우리는 우리의 정치적 언어를 빼앗겼다. 어떻게 해야 반미를 하는 것인지 아무도 알지 못했다. 목이 터져라 노래를 부르고 싶은데 아는 노래가 하나도 없는, 그런 상황이었다. 광주를 통해 알게 된 미국에 대한 진실, 그 기막힌 사연을 이웃들에게 어떻게든 전해야 하는데, 반미에 관한 한 1980년대의 한국 사회는 자신들의 정치적 언어를 갖지 못했다. 그래서 이북의 언어를 빌려 "양키의 노린내", "양키의 군홧발"을 몰아내고, "양키의 용병교육을 거부"하고, 또는 "미제의 각을 뜨자"고 외친 것이다. 그 생경하고 투박한 목소리⋯⋯. 금기는 그렇게 깨졌다. 서울 미 문화원을 점거했을 때 창문 한 장 깨지 않고 농성을 마무리하면서, "의사 표출 방식을 집단행동에 의존해야만 했던 사실에 대해 미국 측에 정중한 사과를 보낸다"고까지 하던 그런 제스처가 이제 사라진 것이다. 말문은 트였지만, 아는 말은 딱 한마디였다. "양키 고 홈!"

분명 학생들의 행동은 당시의 대중적 정서에 비해 한참 멀리 나가 버린 것이었다. 그러나 반응은 뜨거웠다. 한 번도 제대로 꽃피지 못한 채 때로 정치적 탄압을 받고 때로 정치적으로 악용되던 민족주의가 되살아났다. 원래 산업화가 진전되면서 계급분화가 심화되면 민족주의는 약해지는 법이지만, 한국의 경우는 오히려 1980년대에 들어와 때 아니게 민족주의가 만발한 것이다. 그러나 김동춘이 지적한 대로, 이 반미민족주의의 담당층은 학생과 지식인, 특히 문인과 개혁적인 기독교 인사, 재외 한국인들이었고, 실질적인 동력은 학생이었으며, 공업노동자들이 반미운동이나 통일운동에 참가한 것은 거의 미미했다.

1987년 6월 항쟁으로 정치적 공간이 조금 열리고 통일운동이 본격화됐는데, 그 다음해는 또 서울올림픽이 열린 해이기도 했다. 1988년 전후로 언론에서 만일 일본과 이북이 또는 미국과 이북이 축구경기를 한다면 어느 팀을 응원하겠는가 하는 식의 여론조사를 많이 했다. 그런데 일본과 이북이 붙어도 일본을 응원하겠다고 할 정도로 반공의식이 민족의식을 압도했지만, 우리의 영원한 우방으로 믿어 의심치 않던 미국과 이북이 경기를 할 경우에는 이북을 응원하겠다는 사람이 훨씬 더 많은 것으로 나타나기 시작했다.

더 놀라운 일은 실제 올림픽에서 벌어졌다. 미국과 소련의 경기에서조차 한국 관중들은 소련을 응원했다. 국민들이 여전히 미군이 필요하다고 여기고 있었고 아직 소련이 공산 진영의 맹주로 건재할 때였는데도, 반공의 보루 한국에서 이런 일이 벌어진 것이다. 미국과 판정 시비가 붙은 권투경기장에 여고생들이 "우리는 미국이 싫어요"라는 팻말을 들고 나오는 등 모든 경기장에서 미국과 붙은 팀은 관중들에게 열렬한 응원을 받으며 홈그라운드에서 경기하는 기분을 느낄 수 있었다. 대학가에서만 외쳐지던 반미 구호가 88올림픽을 통해 대중들 속으로 널리 퍼져나갔다. 또한 미국의 보호무역주의로 미국으로 수출하던 상품이 길거리에 가득 쌓이면서, 경제적인 반미의식도 강화되었다.

생활공간 속에서 반미운동 시작

1990년대로 들어서면서 반미 문제도 좀더 성숙해진다. 한반도 남쪽에 살고 있는 우리의 구체적 현실 속에서 미국 문제의 심각성을 대중들에게 보여주지 못한 채, 북의 낡고 거친 언어를 빌려와 "미국, 무조건 나빠"만 외치던 반미운동이 이제는 세부적으로 분화하여 구체적인 문제들을 끌어안았다. 미군 기지, 미군 범죄, 환경, 기지촌 여성, 한미주둔군지위협정(SOFA), 매향리 문제 등 구체적 생활공간 속에서 미국이나 미군의 문제를 감시하고 문제점을 바로잡는 운동이 시작된 것이다. 이런 운동들은 1980년대식 정치적 반미운동과 때로 긴장을 일으키고 때로 긴밀하게 협력하면서 독자적인 영역을 구축해나갔다. 1980년대의 반미운동이 어떤 의미에서는 불가피하게 북의 정치언어

매향리 미군 사격장 폐지운동 등은 구체적인 생활공간 속에서 미국의 문제를 바로잡는 운동이다.(왼쪽). 한미자유무역협정을 반대하는 영화인들이 시위를 벌이고 있다.(오른쪽)

를 빌려 시작되었다면, 이제 남쪽의 정치언어로 표현되는 남쪽의 반미운동이 시작된 것이다. 그런 의미에서 이 시기는 반미운동의 '탈북화'가 시작된 시기였다.

〈조선일보〉등 수구세력은 반미운동이란 극렬 친북세력이 선동하여 자행되는 것이라 믿고 싶어하지만, 실제로 그 안을 들여다보면 스펙트럼의 폭이 매우 크다. 1992년 10월에 동두천에서 미군 병사에게 끔찍하게 살해된 윤금이 씨 사건은 미국에 대해 비판적인 입장을 가진 세력들이 다시 한번 결집하는 계기가 되었다. 한편 이 사건을 어떤 입장에서 바라보는가를 둘러싸고 나타난 견해 차이는 반미운동이 인권, 여성, 계급 등 복합적인 문제들과 어떻게 결합돼야 하는가에 대한 새로운 질문을 던져주었다.

1990년대와 2000년대 초반은 어렵게 시작한 반미운동이 깊이를 더해가는 시기였다. 수많은 미국 유학생들이 돌아와 한국 사회의 지식권력을 장악해왔지만, 1980년대까지 미국에 대한 우리의 지식은 천박하기 짝이 없었다. 허공에 대고 작대기를 휘두를 수는 없지 않은가? 정말 "뭘 알아야 반미를 하지"라는 말이 나올 정도로 우리는 미국을 잘 몰랐다. 힘 있는 미국, 그래서 한국에서 누가 대통령이 되든 자기편으로 포섭할 능력이 있는 미국은 상대에 대해 좀 더디게 파악하더라도 크게 문제될 것이 없을지 모른다. 그러나 우리는 처지가 달랐는데도, 1980년대에 꽤 오랫동안 미국 내부의 입장 차이를 따져보려 하면 "매파고 비둘기파고 다 똑같은 놈들이야" 하는 식으로 덮어온 경향이 있다. 물론 지금이라고 우리가 미국을 이해하는 수준이 만족할 만한 정도인 것은 아니지만, 1980년대에 비하면 미국에 대한 지식과 정보가 조금씩 축적돼가고 있다.

2000년대 초반은 반미운동이 깊이를 더해가는 시기였다. 효순·미선 양 사망사건은 10만 명이 모이는 촛불시위로 이어졌다.

한국전쟁 시기에 노근리에서 미군이 자행한 민간인 학살사건이 1999년에 뒤늦게 한국 사회에 알려진 뒤, 연이어 독극물 한강 방류, 기름 오염, 매향리 오폭 등 미군과 관련된 각 분야에서 굵직한 사건들이 터졌다. 그러더니 결국 사람들이 월드컵 열기에 빠져 있던 2002년에 의정부의 두 여중생이 미군 장갑차에 치여 희생되는 있어서는 안 될 비극적인 사건이 벌어졌다. 처음에는 주목을 끌지 못하던 이 죽음이, 현행 주둔군 지위에 관한 협정에 따라 미군 아무에게도 책임을 물을 수 없다는 것이 밝혀지면서 국민들의 공분을 불러와 10만 명이 모이는 촛불시위로 이어졌다(자세한 것은 『대한민국史』 1권 4부 '반미감정 좀 가지면 어때?' 참조).

한국 사회를 움직이는 '제국인'들

촛불시위의 열기 속에 치러진 대통령 선거에서는 "반미 감정 좀 가지면 어때?"라고 말하던 노무현 후보가 당선되었다. 그리고 이라크 전쟁이 일어났고, 한국은 파병을 결정했다. 파병 자체가 놀라운 것이 아니었다. 정말 놀라운 것은 한국에 관철되는 미국의 힘이었다. 꼭 20년 전 김세진, 이재호 두 젊은이가 자기 몸을 불살라가며 반미를 외치던 그 시절과 비교한다면, 반미감정은 엄청나게 대중화되었다. 그러나 한국 사회 주류의 미국화는 그에 비해 상상을 초월할 정도로 더욱 심하게 이루어진 듯하다. 냉전이 종식된 뒤 "세계를 단일제국으로 재편한 미국의 질서에 동참하지 않으면 죽는다"라고 협박하던 자들은 이미 국제인이 아니라 '제국인(帝國人)'이 되어 있다.

정신없이 몰아치는 전략적 유연성 문제나 한미자유무역협정 문제를 보면, 한국을 움직이는 사람들은 여전히 이들 제국인이다. 한국 이름을 갖고, 한국에서 대학 나오고, 한국에서 한국인 부인과 살고 있지만, 그들이 생각하는 국익은 한국의 국익이 아니라 제국의 이익이다. 내선일체를 꿈꾸던 옛날 일본 제국주의자들이나 친일파들조차 감히 생각할 수 없는 일체감을 제국은 이미 이루고 있다. 1980년에는 이렇게까지는 아니었다. 그때는 '숭미(崇美) 사대주의자'라는 말도 쓰고, 친미파라고도 부르고, 그냥 친미파라 하면 재미없으니까 '미친파'라고도 하고 그랬지만, 친일파나 친미파는 그래도 한국 사람에게나 붙일 수 있는 말이다. 한국말에 능통한 머리 까만 미국 사람들, 청와대에, 국회에, 정부 각 부처에, 언론사에, 대학에 득시글하면서 한미동맹만이 살길이라 외치는 사람들, 그들의 머릿속에 한국은 없다. 한국의 민주주의가, 그리고 반미운동이 당면한 중요한 문제이다.

대원군이 노무현보다 나은 이유
-한미FTA 추진파의 '쇄국망국론'에 답한다

한미자유무역협정 문제를 둘러싸고 찬반 논란이 뜨겁다. 정부를 비롯해 한미FTA에 목을 건 사람들이 즐겨 내세우는 주장이 쇄국론이다. 노무현 대통령부터 "개방하고 교류한 나라는 망한 나라도 있고 흥한 나라도 있지만, 개방 않고 교류하지 않은 나라 중에는 흥한 나라가 없다"고 '쇄국망국론'을 폈다고 한다. 노 대통령은 2006년 6월 12일에 인터넷 포털 사이트 대표들과 만난 자리에서 "대통령이 되기 전까지 대원군의 쇄국이 우리나라를 망하게 하는 데 얼마만큼 영향을 미쳤는지를 실제 잘 몰랐다"고 하면서, "과단성 있는 쇄신정치가 통쾌하게만 보였지, 그것이 우리를 망치는 데 얼마만큼 기여했는지 정치를 한창 할 때까지 그 점에 대해서 판단이 잘 없었다"며 역사의 인과관계에 대해 정확한 시각을 갖는 것이 얼마나 중요한지 강조했다는 것이다.

개화는 자주와 독립을 위한 것이었음을

진보 진영의 많은 논객들이, 한미FTA 반대론을 쇄국론으로 몰아붙이는 것을 '수준 이하'의 주장이라며 제쳐두고 지나간다. 사실 나도 그러고 싶지만, 역사 공부가 업이고 또 이 뜬금없는 쇄국망국론이 일반인에게 나름대로 먹혀들어가는 것 같아 한마디하지 않을 수 없다. 한때 노무현을 열성적으로 지지하다가 현재 반FTA의 선봉에 서 있는 정태인은 한미FTA 반대론자들이 노무현 대통령을 이완용이나 박제순에 비유하는 건 "아무리 봐도 지나친 감이 있다"며, "특히 노 대통령은 그

대원군의 쇄국정책이 잘한 거냐고 굳이 묻는다면, 지금처럼 대책 없이 문 열어주는 것보다는 백번 잘한 일이라고 대답하고 싶은 것은 심술이 나서일까?

의 지칠 줄 모르는 개혁 의지를 생각해보면 김옥균에 비유해야 더 잘 어울린다"고까지 주장한다.

21세기의 벽두를 살아가는 '개화파'들은 한미FTA에 반대하거나 문제를 제기하는 사람들을 쇄국정책을 편 수구파로 몰고 있다. 그러나 당시 개화파의 대표 격인 김옥균이 정작 쇄국정책의 집행자인 대원군에 대해 어떤 생각을 갖고 있었는지는 좀더 깊이 있게 살펴볼 필요가 있다. 역사는 그렇게 단순하지 않기 때문이다. 1884년에 김옥균 일파가 궁정 쿠데타인 갑신정변을 감행했을 때 그들이 내건 14개조 정강에서 제1항은 "대원군을 곧 모셔오도록 할 것"이었다. 당시의 복잡한 상황은 설명이 좀 필요하다.

쇄국정책을 강력히 실시해온 대원군은 위정척사파의 대표 격인 최익현의 탄핵을 받고 1873년에 물러나게 된다. 그 뒤 명성황후의 일족인 민씨를 중심으로 한 정권이 들어서자 대외통상을 위한 단서가 열리게 되었고, 마침내 1876년에 조선은 강제적으로 문호를 개방당하게 된다. 그러나 개항 이후의 정치적·경제적·심리적 동요와 민씨 정권의 부패와 무능 속에서 1882년에 임오군란이 일어나자, 대원군이 근 10년 만에 다시 정권을 잡았다. 대원군의 복귀는 조선의 문호를 군사력을 동원해 억지로 열어젖힌 일본에 큰 위협이 되었고, 일본은 곧 출병을 준비했다. 그러자 일본의 출병 소동에 자극을 받은 청은 선수를 쳐서 "종주국으로서 속방을 보호한다"는 명분을 내걸고 조선에 군대를 파병했다. 조선왕조를 개창한 이래 500년 가까이 지속해온 '조공'(朝貢) 체제에서 중국이 직접 군대를 보내 조선의 내정에 간섭한 것은 처음 있는 일이었다. 그리고 청군은 민씨 정권 요인들의 요청에 따라 대원군을 임오군란의 책임자로 지목해 중국으로 끌고 갔다.

일본 쪽의 한 기록 『복택유길전』(福澤諭吉傳)에 의하면, 당시에 김옥균은 "개인적으로는 대원군과 원수에 가까운 사이였음에도 조선 자주의 권(權)이 이미 상실되었다고 비통함을 금치 못하였으며, 죽음으로써 자국의 자주권을 회복해야 되겠다고 결심하였다"고 한다. 일본인들은 정치적으로 대립관계에 있던 쇄국의 화신 대원군이 제거되면 당연히 기뻐할 줄 알았던 김옥균 일파가 대원군이 납치되자 격분해하는 것을 보고, 이들을 표리부동하고 믿을 수 없는 인간들로 생각했다. 김옥균 등은 개화에 목숨을 걸었지만, 그들에게 개화란 단순히 문을 열어젖히는 것이 아니라 자주요, 독립이었다. 그러니 조선을 집어삼키기 위해 개화를 내세운 일본 제국주의자들과 뱃속이 맞을 수 없었던 것이다. 우리 독립운동가들을 이념에 따라 일렬로 세운다면 오른쪽 맨 끝에서 기준 잡으실 백범 김구가 끝내 세계 반공의 대부 미국으로부터 배척받은 것과 같은 이치였다.

김옥균이 "대원군을 곧 모셔오도록 할 것"이라고 한 것은 바로 이런 상황에서였다. 이광린 교수의 표현을 빌리면, 김옥균 등은 "대원군이야말로 쇄국에 대한 생각만 바꾸면 훌륭한 지도자가 될 수 있다고 본 것"이다. 김옥균 등을 키워낸 박규수도 마찬가지 생각이었다. 고종의 리더십에 실망한 박규수는 고종이 군주로서 갖추어야 할 리더십을 키우는 것보다 쇄국과 개화에 대한 대원군의 견해를 바꾸는 것이 더 쉬울 것이라고 생각했다. 1866년에 제너럴 셔먼호를 불태울 때의 평양감사가 바로 박규수였다. 그런 의미에서 박규수는 쇄국정책에서 매우 상징적인 역할을 한 인물이지만, 그의 사랑방은 개화파들의 정신적 고향이기도 했다. 개화파들의 고뇌가 잘 드러나 있는 『근세조선정감』에는, 대원군 같은 사람이 있었기에 쇄국이 가능했지만 대원군이 아니면, 곧 대원군 같은 과단성이 없다면 뒤에 쇄국에서 개화로 나아가기를 바랄 수 없다고 쓰여 있다. 어쩌면 김옥균 자신이 직접 썼을지도 모른다고 추정되는 『흥선대원군약전』에서도 군제를 개혁하고 군비를 확충하고자 한 대원군의 국방개혁을 높이 평가하고 있다.

김옥균과 동학혁명군의 결합?

노무현 대통령을 비롯한 한미FTA 추진론자들이 입에 달고 다니는 "개방하고 교류한 나라는 망한 나라도 있고 흥한 나라도 있지만, 개방 않고 교류하지 않은 나라 중에는 흥한 나라가 없다"라는 말에는 나도 전적으로 동감한다. 문 걸어 잠그고 있으면 잘될 수 없다. 그러나 금방 들어먹지는 않는다.

개방하고 교류한 나라 중에는 망한 나라도 있고 흥한 나라도 있다는 것은 전적으로 맞는 말이지만, 지금 우리가 걱정하는 것은 이렇게 열면 금방 쫄딱 망한다는 점이다. 김옥균이 오죽하면 대원군을 업으려 했겠는가? 김옥균은 민씨 정권을 사대수구당으로 몰아붙였지만, 김윤식·어윤중 등 청에 조선의 정치 상황에 개입해줄 것과 대원군을 납치해달라고 요청한 인물들은 온건개화파 내지는 대외통상파였다. 이들이 주장한 '동도서기'(東道西器)는 아름다운 말이지만, 실제 이들

고종보다 흥선대원군이 낫다고 생각한 김옥균에게 개화는 자주요, 독립이었다. 매당소국정이 그린 김옥균의 암살 장면.

방식으로 해서 이루어질 수 있는 프로젝트가 아니었다. 서구의 과학기술을 도입하려면 서구의 과학기술이 뿌리내릴 수 있는 사회를 같이 만들어야 했다. 과학기술자들이 천시받는 사회, 엘리트의 절대 다수가 '공자 왈 맹자 왈'을 외어야 하는 사회에서 기계 몇 대 들여온다고 '서기'가 잘 돌아갈 수는 없는 것이다. 문은 열었으되 시간은 그렇게 흘러버렸다.

대원군의 쇄국정책 때문에 나라가 망했다며 일본의 메이지유신을 찬양하는 사람들은, 메이지유신을 이끈 사무라이들이 어떤 사고방식과 물적 토대를 갖고 있었는지를 생각해보아야 한다. 우리가 쇄국을 하는 동안 일본이 난학(蘭學)을 통해 서구 문물을 받아들여서 메이지 유신이 가능했는가? 너무 단순한 해석이다. 메이지유신을 이끈 사무라이들이 집권하기까지 사용한 '존왕양이'(尊王攘夷)의 언사는 대원군의 척화비나 위정척사파의 말보다 더하면 더했지 결코 덜하지 않았다. 중국의 신사(紳士), 조선의 양반(兩班)에 비해 일본의 사무라이들은 물질적으로 가진 것이 없었다. 사무라이들은 전통사회의 엘리트였지만, 중국의 신사나 조선의 양반과 달리 토지를 소유하지 않았기 때문이다. 생각을 바꿨을 때 자기의 발목을 잡아버리는 기득권이 그만큼 적었다. 그리하여 자신에게 부여된 특권을 타파했다.

대원군이 정권을 실각한 것은 1873년으로, 1867년의 메이지유신과 시간상 큰 차이가 나지 않는다. 일본보다 조금 늦긴 했지만, 마감을 넘긴 것은 아니었다. 대원군이 실각한 1873년부터, 또는 개항한 1876년부터 나라를 일본에 완전히 빼앗기는 1910년까지는 한 세대가 넘는 기간으로 한 학기 동안 강의를 해도 다 끝내지 못할 만큼 여러 가지 일들이 일어난 시기였다. 갑신정변도 있고, 동학농민운동도 있고, 갑오개혁도 있고, 독립협회도 있고, 의병전쟁도 있고, 광무개혁도 있고, 애국계몽운동도 있었다. 조선을 근본적으로 개혁하는 대신 땜질로 일관한 민씨 정권도 있었고, 결정적으로 망해가는 나라를 팔아 잡수신 친일파들도 있었다. 요컨대 대원군 한 사람에게 쇄국이라는 이름으로 '독박'을 씌워도 될 만큼 역사란 게 간단치 않다는 것이다. 대원군의 쇄국정책이 잘한 거냐고 굳이 묻는다면, 지금처럼 대책 없이 문 열어주는 것보다는 백번 잘한 일이라고 말하고

일본의 메이지유신을 찬양하는 사람들은 사무라이들의 사고방식과 물적 토대가 어떠했는지를 살펴보아야 한다. 1872년에 찍은 메이지 일왕의 사진.

싶은 것은 내가 심술이 나서일까?

정태인의 글을 보니, 정부 쪽 사람들 중에 엉뚱하게도 "신미양요 때 미국과 잘 협상했더라면 우리는 이미 선진국이 되었을 것"이라는 말을 버젓이 늘어놓는 사람이 있는 모양이다. 정태인은 앞서 얘기한 대로 노무현 대통령을 김옥균에 비교하면서 한미FTA 반대론자들은 동학혁명군에 가까운 느낌이라며, 한미FTA 추진론자들에게 기왕에 역사적 상상력을 발휘하려면 김옥균과 동학혁명군의 결합 같은 멋진 그림을 꿈꿔야지 하필이면 신미양요 타령이냐고 꾸짖은 바 있다. 참으로 슬픈 이야기다. 왜냐하면 김옥균과 동학혁명군은 만나지 못했어도, 노무현과 젊은 영화인들은 2002년 대통령 선거와 2004년에 이미 뜨겁게 만났었는데, 2006년에는 정반대의 방향에서 대치하고 있다. 어디 영화인뿐인가!

교훈 얻으려면 방곡령 사건을 보라

결국 김옥균과 동학혁명군의 결합 또는 김옥균과 대원군의 결합이 이루어지지 못해 조선이 식민지로 전락하고 말더니, 21세기의 벽두에는 참으로 고약하고 괴이한 결합이 '낯선 식민지'(한미FTA 반대론의 기수 이해영 교수의 책 제목)를 불러오고 있다.

국제통화기금(IMF)으로부터 구제금융을 받게 되었을때 마땅히 책임을 지고 개혁됐어야 할 관료집단과 재벌 들이, 신자유주의의 깃발 아래 살아남아 이제는 노무현을 등에 업고 정신없이 한미FTA를 몰아붙이고 있는 것이다. 19세기 말의 개국론자 김옥균이 대원군에게서 가장 높이 산 것은 역시 과단성이었을 것이다. 그러나 그는 대원군의 과단성을 통해 자주독립을 강화할 기회를 결국 갖지 못했는데, 21세기의 신자유주의자들은 노무현의 화끈함을 사서 '낯선 식민지'로 우리를 몰아간다.

한미FTA의 문제점이야 내가 여기서 새삼 지적할 필요도 없겠지만, 역사의 관점에서 반드시 언급해야만 하는 문제가 '투자자-국가소송' 제도다. 미국인(또는 법인) 투자자가 한국의 공공정책에 대해 이의를 제기할 권리를 부여한다는 것인데, 이런 이의를 한국의 사법기구에 제기하는 것이라면야 당연한 것이지만, 문제는 한미FTA가 이루어지면 "미국 투자자가 한국의 사법심사 절차 대신, 한국 정부와 지방자치단체를 국제중재기관(Tribunal)에 회부할 권한을 부여"받는다는 것이다. 민변에 따르면, 이렇게 될 경우에 "한국의 중앙정부, 국회, 지방자치단체의 정책 중에서 미국인 투자자의 투자활동에 영향을 미치는 공공정책인 경우에는 미국 투자자가 국제중재에 회부함에 따라, 한국의 행정부와 입법부는 한국의 사법심사를 통해 그 정책의 적법성을 확인할 기회조차 가질 수 없게"되며, 결국 "한국 사법부의 입장에서는 그 정책이 정당한지 아닌지를 판단하는 권한을 상실하는 것"이다. 미국이 멕시코·캐나다 등과 체결한 북미 자유무역협정(NAFTA) 11조를 통해 이미 현실로 나타나고 있는 문제이다.

정부 쪽 사람들이 정말 한미FTA와 관련해 역사에서 교훈을 얻고자 한다면, 엉뚱하게 쇄국이냐 개화이냐를 두고 논쟁할 것이 아니라 방곡령 사건을 보아야 할 것이다. 특히 이 문제는 청일전쟁 전야인 1889년부터 1893년까지 조선의 외무대신 격인 독판교섭통상사무(督辦交涉通商事務)를 세 번, 주한일본공사를 세 번이나 갈아치운 사건으로, 투자자-국가소송 제도와 관련해서 심각한 교훈을 준다. 1876년에 개항한 뒤로 일본은 한국을 식량 공급지로 삼고자 했기 때문에 쌀과 콩 같은 미곡이 일본으로 유출되는 양이 크게 증가했다. 국내에 필요한 미곡이 부족해짐에 따라 곡가가 상승하고 국내 유통시장이 붕괴하는 등 여러 가지 문제가 발생했다. 이 문제를 해결하기 위해 정부는 1883년 7월에 '조일통상장정'(1876년 체결)을 개정해 일정 지역에서 곡물이 유출되지 못하게 하는 방곡령을 실시할 수 있도록 법적 근거를 마련했는데, 유일한 단서 조항은 조선 정부 또는 지방관이 방곡령을 실시하기 1개월 전에 사전 예고를 한다는 것이었다. 이는 어디까지나 예고이지 외국에 동의를 요구하는 사항이 아니었다.

방곡령은 1884년부터 1904년까지 모두 100여 회 단행됐는데, 그중 가장 말썽이 난 것이 1889년에 함경감사 조병식이 선포한 방곡령이었다. 조병식은 단순한 지방관이 아니라 함경감사로 부임하기 전에 독판교섭통상사무(외무대신)를 지낸 인물로, 독판으로 재임할 당시에 경상도 지방의 방곡령 사건을 처리한 경험을 갖고 있었다.

그는 관내에 식량이 부족하다는 것을 이유로 방곡령을 준비하면서 통상장정 37조의 규정에 의거하여 통리아문에 시행 1개월 전에 외국 공사관에 통보해줄 것을 요구했다. 그러나 실수로 한 달 앞서 통보하지 못한 통리아문은 일방적으로 시행일을 1개월 늦춰 11월 22일 이후로 하여 일본 쪽에 통보하면서, 정작 이 사실을 함경도의 조병식에게는 통보하지 않았다. 이런 사실을 알지 못한 조병식은 예정대로 10월 24일부터 일본 상인들에게 곡물을 매매하고 운반하는 일을 금지했다. 일본은 조병식의 '죄'를 물어 면직시킬 것을 요구했고, 민씨 정권은 일본의 압력에 굴복해 조병식을 3개월 감봉에 처했다가 결국 강원감사로 좌천성 인사를 단행했다. 그런데도 일본은 끝까지 배상을 요구했고, 조선 정부는 일본 상인들이 곡물 투기에서 입은 손실에 미래의 수익까지 포함한 배상 요구에 굴복했다.

김대중 정권이 위기 상황에서 강요받은 신자유주의는 그 뒤 이 땅에 든든하게 뿌리를 내렸다. 1998년 당시 김대중 전 대통령의 자택을 방문한 캉드쉬 전 IMF 총재(왼쪽에서 두 번째).

IMF와 탄핵, 개혁 기회를 날리다

방곡령은 조선 정부의 주권에 관한 문제였다. 배상 문제가 제기된 조병식의 방곡령 등 네 건의 사례는 김경태 교수에 따르면 조선 쪽에 통고 수속상 잘못이 없는 것은 아니지만, 결국 조선 정부는 일본이 강하게 반발하자 방곡령을 철회했을 뿐 아니라 방곡을 시행한 지방관을 해임하고 배상까지 해준 것이다. 오히려 일본 신문이 "독립국이 국내에 방곡령을 발포하는 것은 결코 문책할 일이 아니며 러시아도 흉작으로 곡물 수출을 금지하고 있다"고 지적할 정도였다. 일본 상인들이 배상을 요구한 것에 대해서도, 외무성의 방곡령 사건 담당 이시이는 "조선은 국내에 방곡령을 발할 권리가 있으므로, 이에 따라 생기는 손해는 법률상 자연의 결과로 이는 배상의 책임이 없는 것"이라고 말했다. 그러나 배상은 이루어졌다.

방곡령 때는 조약에 명기된 권리를 지키지 못한 것이지만, 한미 FTA 1차 협상에서 합의한 투자자-국가소송 제도는 아예 퍼주기로 작심을 하고 그렇게 협상(?)한 것이라고 할 수밖에 없다. 누구는 한미 FTA가 체결되면 IMF 사태가 7개 분야에서 터지는 것이라고 말하고, 누구는 제2의 한일합방이 이뤄지는 꼴이라고 말한다. 후보 시절에 "반미면 좀 어때?"를 외치던 노무현 대통령 밑에서 도대체 어쩌다가 이런 일이 벌어지는 지경이 되었을까?

IMF 사태는 위기였지만 기회이기도 했다. 그런데 김대중 정권은 이를 개혁의 기회로 보지 않고, 위기를 벗어나는 데 급급하여 신용카드를 남발하는 등 인위적으로 경기를 부양함으로써 조기 졸업을 선언했다. 결국 IMF 위기를 불러온 재벌과 관료는 여전히 살아남았을 뿐 아니라, 신자유주의라는 새로운 무기를 통해 시장만능주의와 세계화 이데올로기를 전파하는 전도사로 부활했다. 김대중 정권이 위기 상황에서 강요받은 미국식 신자유주의는 이 땅에 든든하게 뿌리를 내렸고, 노무현 정권이 반환점을 돌면서 부족한 대로 정권 내에서 균형을 잡아주던 인물들이 사라지자 마침내 노무현을 지배하면서 한미FTA를 추진하고 있다. IMF와 탄핵 사태라는 두 차례의 진정한 개혁 기회를 허망하게 날려보낸 한국 사회는 지금 신자유주의의 공세 속에 '낯선 식민지'로 가는 길목에 서 있다.

김대중이 IMF 사태라는 개혁 기회를 날렸다 하더라도, 그래도 그는 6·15공동선언을 이끌어냈고 또한 노무현 정권이 들어설 수 있는 토양을 일궈냈다. 그러면 노무현 정권은? 대북송금 특검으로 6·15공동선언이 성과를 이어나가지 못하게 손발을 묶고, 앞장서서 이라크에 파병하고, 그리고 한미FTA에 올인하고 있다. 김대중은 누가 뭐라고 해도 6·15공동선언을 만든 대통령으로 역사에 기록될 것이다. 그가 IMF 사태 직후의 기회를 상실한 것은 참 아깝지만, 다음 주자가 얼마든지 만회할 수 있는 문제였다.

그가 과거 청산의 법정에 나오지 않기를

노무현은 과연 어떻게 역사에 기록될 것인가? 그가 남은 임기 중에 사회 양극화를 해결할 수 있는 것도 아닐 것이요, 하루아침에 남북 통일이 이루어지지도 않을 것이다. 노무현의 남은 임기 중에 그가 모든 사람을 헷갈리게한 '대연정'이 이루어지지도 않을 것이요, 지역감정이 해소되는 일도 없을 것이다. 대학입시 문제가 해결되거나 부동산 문제가 잡힐까?

나는 노무현 대통령이 우리 역사를 다시금 '낯선 식민지'로 이끌어간 대통령으로 기록되지 않기를 바란다. 그 대신 노무현이 과거를 청산한 대통령으로 기억되기를 바란다. 그것만 해도 우리 역사에 5년 임기의 대통령이 남길 수 있는 엄청난 업적이다. 그리고 요즘 신자유주의 식으로 이야기하면, 노무현이 가장 경쟁력 있는 분야가 바로 과거 청산 아니겠는가? 과거를 청산하는 작업에 누구보다 깊숙이 발을 담그고 보니 느낀 것이지만, 아무리 과거 청산을 잘한다 해도 처음부터 청산 대상이 될 나쁜 일을 하지 않는 것에는 새까맣게 미치지 못한다. 노무현이 과거 청산을 잘한 대통령으로 남아야지, 한미FTA가 이대로 실현되면 우리 후손이 반드시 열게 될 과거 청산의 어두운 법정에 그가 주범으로 불려나오는 모습은 상상도 하기 싫다. 정말 싫다.

광해군을 죽인 그들이 돌아왔다
-뛰어난 외교적 안목과 실용외교를 사대주의로 짓밟은 조선의 사대부들

이라크에 파병할 때도 그랬지만, 요즘 한미자유무역협정 문제나 전시 작전통제권 문제를 둘러싼 논란을 보면서 자꾸 깜짝깜짝 놀라는 것은 우리 사회 안에 머리 까맣고 한국말 잘하는 미국인들이 이렇게 많았나 하는 점이다. 이자들의 특징은 놀라울 정도로 강력하게 미국의 입장을 대변한다는 것이다. 그 과정에서 아주 자주 이들은 오버에 오버를 거듭한다.

임진왜란의 은혜를 갚아라?

이들은 자기들이 주장하는 것에 힘을 싣기 위해 마치 자기 이야기가 미국 입장인 것처럼 주장하기도 한다. 진보 진영에서 지나치게 친미적이라고 비판받는 반기문 유엔 사무총장조차 한 토론회에서 "한미동맹이 약화하고 있다는 주장의 초점은 한국과 미국 정부 간에 큰 이견이 있다는 인식인데, 그 바닥을 보면 국내의 서로 다른 의견이 마치 한미 간 이견인 것처럼 표출되고 있다"고 탄식했다. 미국도 전혀 반대하지 않는 작전통제권 이양 문제에 대해 수구언론이나 한나라당이 한미동맹이 균열되느니 어쩌느니 하며 금방이라도 난리가 날 듯 호들갑 떠는 꼴을 보면, 그런 탄식이 나올 만도 하다.

때로 역사가 반복된다고 하지만, 지금과 비슷한 광경을 수백 년 전

전시 작전통제권 환수를 성토하는 전직 국방장관들. 한국의 친미파는 마치 자기 이야기가 미국 입장인 것처럼 주장하기도 한다.

우리 역사에서 찾아보노라면 반가울 수만은 없다. 지금부터 400여 년 전인 17세기 초반은 국제질서에 엄청난 변화가 몰아닥치던 시기였다. 중화적 세계질서의 정점에 서 있던 명(明)이 쇠퇴하고, 여진족이 세운 후금(後金)이 동아시아의 강자로 급격히 떠올랐다. 당시 조선의 군주는 조선 왕조 500년 역사에서 가장 외교적 안목이 뛰어났다는 광해군이었다. 적자도 장자도 아니었기에 왕위에 오르는 데 어려움이 컸던 광해군, 그의 외교 역량은 더없이 탁월했다. 그러나 임진왜란의 참화를 겪은 뒤 전후 복구에 몰두해야 할 조선에 국제정세가 요동치게 된 것은 이중의 부담이 아닐 수 없었다.

임진왜란 당시에 일본이 침략해오자 풍전등화의 위기에 놓인 조선은 명에 구원을 요구했다. 당시 일본은 정명가도(征明假道), 즉 명을 치기 위해 길을 빌려달라고 했으나 조선이 명에 대한 의리를 내세워 이를 거부했으므로 조선에 대해 무력을 행사한다고 했기 때문에, 명은 조선을 돕지 않을 수 없었다. 의주까지 피난 간 선조는 명군이 참전하자 간신히 한숨 돌렸고, 그 뒤로 명은 조선에 이른바 '재조지은'(再造之恩), 즉 조선을 다시 일으켜주었다는 은혜를 내세운다.

'재조지은'의 문제가 결정적으로 조선을 옥죈 것은, 1618년에 명이 후금의 누르하치를 정벌하려 하니 군대를 보내라는 국서를 보내면서부터였다. 명이 조선에 원병을 파견한 것은 순망치한, 곧 입술이 없어지면 이가 시리다는 이치에 따른 것으로, 철저히 자신의 국익을 위해서였다. 그러나 중국의 역대 왕조에서 '번방'(藩邦: 오랑캐 나라 또는 제후국)을 돕기 위해 대군을 파견한 예가 없었기 때문에 명이 생색을 낼 만도 했다. 그런 명이 이제 재조지은을 갚는 길은 누르하치를 치는 데 동참하는 것이라며 파병을 요구해온 것이다.

역사적으로 보면, 명이 조선에 파병을 요구한 것은 이번이 처음은 아니었다. 계승범 교수의 연구에 따르면, 세종 31년인 1449년에 명은 몽골의 침략으로 영종 황제가 포로가 된 급박한 상황에서 조선에 파병을 요구했다. 그때 조선은 조선의 강토를 굳건히 지켜 번국(藩國)의 도리를 다하겠다는 회답으로 파병 요구를 거절했다. 당시 조정에서 파병에 찬성한 사람은 아무도 없었다. 몽골 군대가 베이징을 포위할 정도로 막강하므로 조선군이 간들 별 수 없으며, 만일 몽골이 조선으로 침략해오면 강화(講和)하면 된다는 것이 조정의 지배적 의견이었다. 조선이 이렇게 파병을 거절했지만, 이로 인해 명과 외교적 갈등이 일어나지는 않았다. 명도 워낙 상황이 급해 파병을 요구하긴 했지만, 국초에 요동을 둘러싸고 고려에 이어 조선과 영토 분쟁을 겪은 터에 조선군이 진주하는 것이 달가운 일만은 아니었다.

명은 세조 18년(1467)에도 다시 여진을 치기 위해 파병을 요구했다. 당시에 건주(建州)의 여진족이 세력을 확대해가고 있었는데, 명은 건주 여진이 조선과 결탁해 명을 위협하지 않을까 의심하고 있었던 것이다. 명으로부터 파병을 요청받은 조선 조정은 이번에는 일사천리로 파병을 결정했다. 세조가 20년 전의 부왕 세종과 달리 즉각 파병하기로 결정한 것은, 건주 여진이 세력을 확장하면 조선도 위협할 것이라고 생각했기 때문이다. 실제로 명이 파병을 요청하기 전에, 세조는 건주 여진이 조선의 변경을 침입하자 독자적으로 여진을 정벌하고자 준비하다가 국내에서 이시애(李施愛)의 난이 일어나는 바람에 중단한 적이 있었기에 이번에 명이 요구한 파병을 거절할 이유가 없었다.

조선 중기부터 '막나가는' 사대주의

그로부터 12년 뒤인 성종 10년(1479), 명은 건주 여진을 치려 하니 조선이 군대를 보내 퇴로를 차단하라며 또다시 파병을 요구했다. 사극을 많이 본 분들은 다 아시겠지만, 유교 지식인들은 전례가 있냐 없냐를 매우 중시한다. 그런데 상국(上國)인 명이 파병을 요구했을 때 이를 거절한 전례도 있고 따른 전례도 있다 보니, 조정 내에서도 의견이 팽팽하게 갈렸다. 이때 국익론을 내세워 논쟁의 판도를 바꾼 사람이 하급관료인 정효손이었다. 그는 『맹자』〈이루장〉(離婁章)의 구절을 인용해, 가족이 다른 사람과 싸우는 것이 아니라 이웃 사람들끼리 싸우는 것이라면 급하게 나가 도울 필요 없이 문을 걸어 닫고 상관하지 않아도 된다고 주장했다. 중국의 입장에서는 오랑캐 나라들이 서로 싸우는 것이 이익이 되겠지만 우리 입장에서는 이웃나라끼리 서로 공격하는 것이 이익이 될 수도 있는데, 왜 하필 우리 백성을 전쟁으로

명은 임진왜란 당시 원병을 보냈다는 '은혜'를 앞세워 조선에 파병을 요구했다. 역사적으로 보면 이런 파병 요청이 처음은 아니었다. 행주대첩도.

내몰아 다른 나라의 이익을 도와주느냐는 것이다.

정효손은 만일 조선이 명의 파병 요구에 "금년에 따르고 명년에 또 따른다면" 명이 "오랑캐를 정벌할 때마다 우리나라에서 군사를 징발하게 될까 두렵다"고 하면서, 최대한 일을 지연시켜 명이 단독으로 출정하게 하는 것이 상책이라고 주장했다. 파병하는 데 찬성하던 대신들도 이 논리에 설득되었고, 성종도 이 방침에 따라 파병에 대한 입장을 들으러 온 명의 사신에게 될 수 있는 한 애매모호하게 대응했다. 성종은 최대한 시간을 끌었고, 파병을 하면서도 그 목적을 포로 몇 명 잡아 명에 보내는 것 정도로 하고 원정군 대장 어유소에게 경솔히 전진하지도 말고 오랫동안 머물러 있지도 말라고 지시했다.

이로부터 60년쯤 지난 중종 38년(1543)에는, 명이 파병을 요구한 것은 아니었지만 명이 청병할 것을 예상해 그 대비책을 논의한 바 있다. 그런데 이번에는 아직 결정되지도 않은 요청에 응하기 위해 국책 사업으로 진행하던 북방 사민정책(徙民政策)을 보류하자는 의견이 압도적일 만큼 파병이 이미 결정된 것이나 마찬가지인 상황이 되었다. 물론 출병의 어려움에 대해서 조정 대신들 모두가 공감했다. 그러나 어느 누구도 그 어려움 때문에 출병을 거절해야 한다고 하지 않았다. 계승범에 따르면, 국가의 손익을 저울질해보는 논의가 전혀 없었던 것이다. 손익계산도 없이 파병을 기정사실화한 것은 전에 볼 수 없던 대응 태도였다. 조선의 사대부들은 재조지은이라는 담론이 형성되기 훨씬 전인 중종대에 이미 명에 대한 사대와 조선의 국익을 완전히 동일시하고 있었다.

  사대에도 군신관계의 사대가 있고 부자관계의 사대가 있다. 유교에서 군신관계란 의리로 맺어진 것으로 절대적인 것이 아니다. 신하가 임금의 잘못된 행동을 간(諫: 신하가 임금의 잘못을 비판하는 것)해서 듣지 않으면 떠날 수도 있고, 임금의 잘못이 클 때는 역성혁명도 이뤄질 수 있다. 그러나 부모자식 관계는 천륜으로 맺어진 터라 어떤 일이 있어도 변할 수 있는 관계가 아니다. 섬기던 임금이 잘못했을 때 세 번 간해서 듣지 않으면 떠나면 그만이지만, 부모의 경우에는 세 번을 말씀드려도 듣지 않으면 울며 따라야 하는 것이 도리다. 세종 때도 중종 때도 사대정책이 있었지만 고려나 당시의 사대정책이 현실주의적 노선에 따른 것이었다면, 조선 중기 이후에는 화(華)와 이(夷), 곧 중화와 오랑캐라는 화이적 세계관이 철저히 내면화된 이데올로기적 사대로 변모했다고 할 수 있다. 이미 조선의 사대부들이나 중국의 일부 엘리트들이 조선이 더는 번방이 아니라 중국의 내복(內服: 한집안)이라는 인식을 강화해가고 있는 상황에서 임진왜란이 일어나자 명이 파병을 했고, 그리하여 요즘 식으로 이야기하면 명과 조선 사이에 혈맹관계가 형성된 것이다.

"경솔하지 말고 만전을 기하라"

명이 1618년에 조선에 파병을 요구한 것은 중국의 전통적인 이이제이 정책에 따른 것이기도 했다. 명의 입장에서 볼 때 조선이 오랑캐 중에서도 말을 잘 듣는 '순이'(順夷)라고 한다면 누르하치의 여진은 대놓고 덤벼드는 '역이'(逆夷)였다. 역이란 손을 봐줘야 할 존재지만, 한명기 교수의 지적처럼 명의 내부 사정이 여진을 쉽게 손봐줄 만큼 간단하지 않았다. 사실 역이도 믿는 게 있으니까, 그리고 대들 만하니까 대들지 않았겠는가.

명이 파병을 요구하는 국서를 보냈을 때 광해군의 입장은 단호했다. 오랫동안 명과 후금의 세력 변화에 대해 정보를 수집해온 광해군은, 명이 후금을 군사적으로 제압할 수 없다는 것을 누구보다도 잘 알았다. 한명기 교수에 따르면, 광해군은 명으로 보내는 답신에 "경솔하게 정벌하지 말고 다시 헤아려 만전을 기해야 한다"라는 구절을 집어넣으라고 지시했다. 그러자 신하들이 속국의 처지로 감히 상국에 대해 왈가왈부하는 것은 안 된다고 아우성을 쳤다. 우여곡절 끝에 광해군은 강홍립이 이끄는 1만 군사를 파견했다. 당시 명군은 후금의 기병을 대적하기에 화력이 약했기 때문에, 임진왜란을 거치면서 육성된 조선의 조총수들이 절실히 필요했다. 독자적인 작전통제권 없이 명군에 배속된 조선군은 1619년 3월에 심하전투에서 후금에 대패한 뒤 투항했다. 강홍립이 이끈 조선군의 항복이 광해군의 지시로 사전에 계획된 것이었는지, 아니면 상황에 따라 어쩔 수 없이 택한 것이었는지에 대해서는 아직 확실하게 밝혀지지 않았다.

조선군이 심하전투에서 후금에 패해 항복한 뒤 명의 반응은 둘로 나뉘었다. 일부에서는 조선이 명을 돕기 위해 파병했다가 장병 수천 명이 전사했으니 조선을 위로해야 한다고 주장했다. 그러나 그보다 더 많은 사람들이 강홍립이 고의적으로 항복한 것이라고 의심했다. 한명기 교수에 따르면, 명에서 보인 두 입장 모두가 사실 똑같은 속셈으로, 조선에서 다시 한번 원병을 동원하려는 것이었다고 한다.

조선에 다시 원병을 요구해야 한다고 가장 강력하게 주장한 사람은 바로 서광계(徐光啓)였다. 서광계는 만주의 여진과 싸우기 위해서는 서양의 과학기술과 무기를 적극 도입해야 한다며, 중국의 고위 대신으로서는 유일하게 그 자신이 천주교 신자가 되어 파울루스라는 세례명까지 받았다. 또한 마테오 리치와 함께 유클리드의 『기하원본』을 비롯해 서양의 수학, 역학, 지리학 등과 관련된 많은 서적을 번역한 인물이기도 하다. 서광계는 1619년 6월에 황제에게 상소를 올려 조선에 재조지은을 베풀었으니 다시 한번 징병해도 아무런 문제가 없다면서, 자신을 조선에 사신으로 파견해줄 것을 자청했다. 조선은 의리를 아는 나라이니 설득할 수 있을 것이며, 만일 설득이 안 되면 협박을 해서라도 파병을 관철시키겠다는 것이었다.

명에서 조선에 원병을 요구해야 한다고 가장 강력하게 주장한 사람은 서광계였다. 마테오 리치(왼쪽)와 서광계(오른쪽).

과장된 조선감호론에 '화들짝'

만일 명이 요구한 재파병을 거절한다면 조선을 어떻게 해야 하는가? 서광계는 조선을 감호(監護)해야 한다는 이른바 '조선감호론'을 폈다. 19세기 말 임오군란 직후에 청이 위안스카이를 보내 10년 이상 조선을 지배한 것처럼, 감호란 명이 직접 관리를 파견해서 조선을 통치한다는 의미였다. 임진왜란 당시에 명이 조선을 직접 통치해야 한다는 주장이 명의 조야에서 간간이 나온 적이 있었기에, 조선감호론이 제기됐다는 소식이 조선에 전해지자 광해군과 신하들은 모두 신경이 곤두설 수밖에 없었다.

그러나 서광계의 조선감호론은 조선이 "후금의 위협에 굴복하여 친교를 맺는 등 이미 후금의 수중에 들어갔다"는 잘못된 정보에 기초한 것이었다. 따라서 광해군은 서광계가 상소에서 조선과 후금의 관계에 대해 서술한 부분이 사실과 다르니 명에 사신을 보내 이를 해명해야 한다고 주장했다. 그런데 계승범 교수에 의하면, 신료들은 해명도 급하지만 명이 조선을 의심하는 상황에서는 "의심받을 만한 단서를 없애는 것이 일의 순서라고 지적"했다고 한다. 감호론이 나온 것은 조선에 대한 명의 의심이 커졌기 때문이므로, 후금과 왕래도 끊고 항복한 장수들의 가족도 처벌한 뒤에 명이 요구한 재파병에 순응하기 위해 국경에 군대를 보내어 대기해야 한다고 주장했다.

그런데 흥미로운 것은 논란이 된 명의 재파병 요구가 황제의 칙서에 의한 것이 아니라 요동에 주둔하던 명의 장수를 통해서 이루어졌다는 점이다. 당시 신료들은 "왕의 윤허도 없이 대신들이 임의로 파병을 약속해놓고, 이미 수락한 이상 이제 와서 말을 바꿀 수 없으니 파병해야 한다는 억지 논리를 편 것"이다. 광해군은 명의 관리들이 서울에 머무는 동안에는 조정에서 논의된 외교와 관련된 문제를 조보(朝報: 지금의 관보나 신문)에 싣지 말라고 지시했지만, 조보를 작성하는 왕의 비서실인 승정원은 이를 무시하곤 했다. 외교 문제에 관한 한 광해군은 철저히 포위되어 있었다.

신료들은 감호론을 불러온 장본인이 바로 광해군 자신이라며 압박했다. 한미동맹, 아니, 조명동맹을 균열시킨 것이 바로 광해군의 친후금정책이라는 것이다. 신료들은 광해군을 압박하기 위해 감호론의 실상을 과장해서 보고했다. 비변사에서는 "명 조정에서 조선을 의심하는 사람이 서광계 한 사람만이 아닐뿐더러 구경(九卿)이 황제에게 건의한 내용도 서광계의 뜻과 같으니, 철저히 해명하지 않으면 엄청난 화가 닥칠 것"이라며 광해군을 협박했다.

〈조선일보〉를 보면 한국이 작전통제권을 환수하려고 해서 미국 조야가 분노와 배신감으로 들끓고 있는 것처럼 느껴지듯이, 당시 신료들에 따르면 명 조정이 온통 조선감호론으로 뒤덮여 있는 것 같았다. 그러나 그것은 사실이 아니었다. 『명실록』에 조선감호론에 대한 언급이 전혀 없는 것으로 보아, 서광계가 제의한 감호론이 명 조정에서 비중 있게 논의됐다고 볼 수 없다.

평등한 한미관계는 진정 불온한가

그런데도 중국에 사신으로 갔다 온 이정구는, 명 조정에서 벌어지는 정청의 주된 목적이 조선을 '감호'하려는 계획을 관철시키기 위해서라고 과장했다. 나아가 그는 감호의 의미도 서광계의 주장에 비해 훨씬 강력하게 보고했다. 서광계는 감(監)이란 그 정형(情形)을 살피는 것이라고 했는데, 이정구는 감(監)이란 그 나라의 정형(政刑), 곧 정치와 형

분단된 한국에서 자주적이고 평등한 한미관계를 꿈꾸는 것 자체가 진정 불가능하고 불온한 일일까? 2005년 11월에 열린 한미 정상회담에서 두 정상이 악수를 나누고 있다.

정을 감독하는 것이라고 과장한 것이다. 당대 최고의 문장가이던 이정구가 독음이 같다고 '情形'과 '政刑'을 혼동했을 리는 없다는 점에서, 이는 다분히 고의적인 왜곡으로 보인다.

흔히 광해군의 외교를 중립외교라고 하지만, 당시 급변하는 정세 속에서는 중립이 용인될 수 있는 여지가 없었다. 실제로 명은 후금을 치기 위해 파병을 요구했고, 후금은 명과 치르는 싸움에서 조선이 중립을 지킬 것을 요구했다. 만일 광해군이 '중립'을 추구한 것이었다면, 그 '중립'은 처음부터 불가능한 것이었다. 게다가 그의 외교정책은 나라 안에서부터 독립국가이기보다 중국의 내복이기를 원한 사대부들에게 저항을 받았다. 400년 뒤의 분단된 한국에서 자주적이고 평등한 한미관계를 꿈꾸는 것 자체가 진정 불가능하고 불온한 일일까? 그래야 할까?

국가보안법은 대한민국이 수립되고 아직 대한민국의 형법을 마련하지 못한 채 일제가 쓰던 옛 형법을 그대로 물려 쓰던 시절인 1948년 12월에 태어났다. 법률 10호이니, 국가를 운영하는 데 꼭 필요한 각종 기본법에 앞서 국가보안법부터 만들어진 것이다. 그때는 전문 6조에 최고형도 무기형으로 단출했지만, 지금은 전문 25조에 사형이라는 말도 여덟 번이나 나오는 무시무시한 법률로 변했다. 그나마 1987년 6월 민주항쟁 이후 다섯 차례 개정을 거치면서 손톱, 발톱을 뽑지는 못했어도 조금 다듬어 이 모양이다.

| 2부 |

국가보안법 없는 나라, 우리나라 좋은 나라

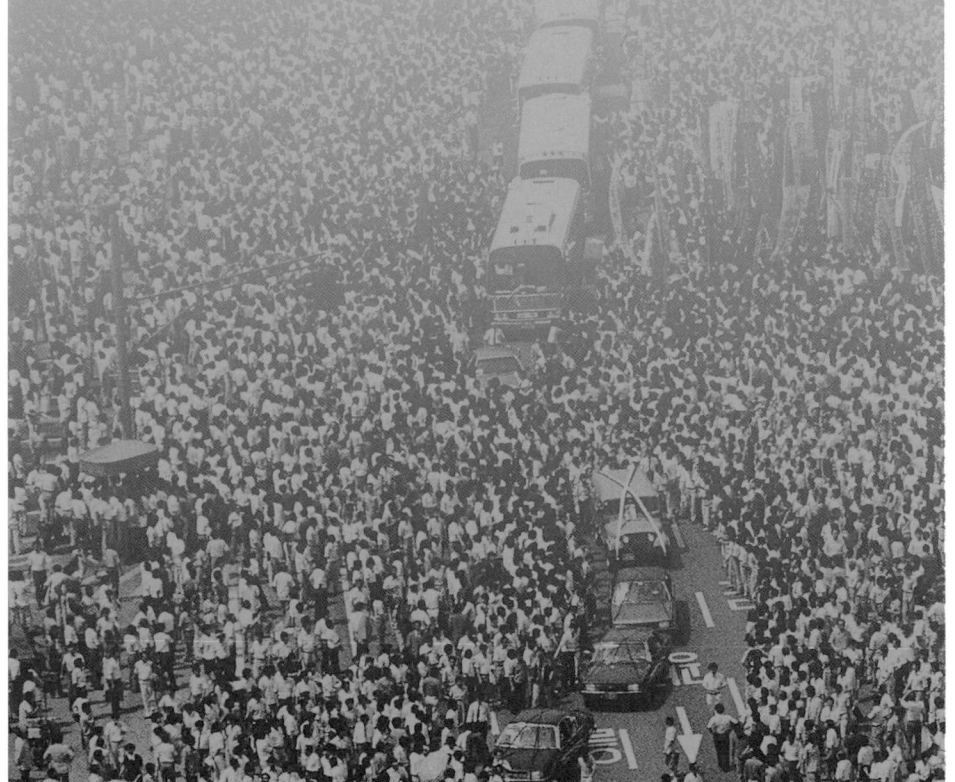

만들자마자 12만 명을 삼킨 국가보안법
-고양이가 호랑이로 거듭난 변천사

2005년 7월 말, 온 나라의 관심이 재벌과 정치와 언론 그리고 검찰의 추악한 거래를 밝힌 엑스파일에 쏠려 있던 무렵, 수구언론은 강정구 교수 문제를 치고 나왔다. 여느 때 같으면 그저 별 글이 다 있다는 식의 촌평으로 한두 번 언급될 만한 글이 갑자기 세상을 떠들썩하게 한 것이다. 2001년에 만경대 사건(『대한민국사』 1권 3부 '누가 좌우대립이라 부추기는가' 참조)으로 이미 세인들에게 주목받은 바 있는 강정구 교수의 사법 처리 문제는 일파만파로 번져가더니, 급기야 법무부 장관이 수사지휘권을 발동하고 이에 반발한 검찰총장이 사퇴하는 초유의 사태를 낳았다. 그 과정에서 다시금 주목받은 것이 국가보안법이다.

남로당 때려잡으려 태어났지만

분단과 대립을 법제화한 그 체제 아래서 사람 목숨이 파리 목숨만도 못한 취급을 받은 적이 한두 번이 아니건만, 징그럽도록 질기구나, 국가보안법의 목숨이여! 2004년 말에 세계에서 유례를 찾기 힘든 천여 명의 대규모 단식단이 여러 날 밥을 굶어가며 싸웠건만, 결국 폐지하지 못한 국가보안법이 그 뒤로 1년을 무사히(?) 넘기고 2005년 12월 1일에 또다시 생일상을 받았다.

국가보안법은 대한민국이 수립되고 아직 대한민국의 형법을 마련하지 못한 채 일제가 쓰던 옛 형법을 그대로 물려 쓰던 시절인 1948년 12월에 태어났다. 법률 10호이니, 국가를 운영하는 데 꼭 필요한 각종

2004년 12월 '국보법 연내 폐지 무기한 국민단식농성단'의 시위. 폐지될 것 같던 국보법은 지금까지도 끈질긴 생명력을 보이고 있다.

기본법에 앞서 국가보안법부터 만들어진 것이다. 그때는 전문 6조에 최고형도 무기형으로 단출했지만, 지금은 전문 25조에 사형이라는 말도 여덟 번이나 나오는 무시무시한 법률로 변했다. 그나마 1987년 6월 민주항쟁 이후 다섯 차례 개정을 거치면서 손톱, 발톱을 뽑지는 못했어도 조금 다듬어 이 모양이다.

국가보안법은 일제시대에 악명 높던 치안유지법을 계승한 것인데, 국가보안법의 뼈대가 되는 법률안이 국회에 처음 제출된 것은 1948년 9월 20일로 이때의 명칭은 '내란행위특별조치법안'이었다. 그 뒤 1948년 10월 19일에 '여순반란사건'이 일어나자 이 법을 제정하는 데 속도가 붙었는데, 그러나 실제로 내란행위는 기존 일본 형법을 의용(依用)하는 미군정 형법에 따라 처벌됐다. 그러면서 내란행위

특별조치법은 내란행위보다 내란을 일으킨 행위자들과 유사한 사상과 목적을 갖는 결사·집단의 구성원들을 처벌하는 방향으로 변질돼갔다. 요컨대 이 법은 위법행위가 아직 구체적으로 표출되지 않은 남로당과 그 외곽조직 등 합법적 형태의 좌익결사들을 말살시키기 위해 제정된 것이다. 그 과정에서 내란행위특별조치법이라는 명칭이 기존 형법상의 내란죄와 중복된다는 문제가 제기되면서 '국가보안법'으로 바뀌었다.

국가보안법이란 놈, 처음부터 말이 많았다. 쥐 잡는다고 고양이 들이겠다는 논리였지만, 고양이 관상을 보니 씨암탉 잡아먹을 놈이었고, 실제로도 그랬다. 어디 씨암탉뿐이랴? 친일파를 청산하자는 게 바로 공산당이라고 설쳐대면서 국가보안법을 휘둘러댔으니, 정말 새 나라의 앞길을 망쳐놓은 것이다. "민족적 양심을 가진 애국지사가 이 법망에 걸려서 불순도배의 손에 쓰러지는 앞날을 역력히 보는 것으로 생각"한다고 주장한 노일환 의원이나 그와 함께 이 법안을 반대한 소장파 의원 13명이, 6개월 뒤에 이 법에 의해 이른바 '국회 프락치 사건'으로 구속되고 만 것이다. 곧이어 악질 친일경찰 출신이, 지도부를 장악한 경찰이 반민특위를 습격했다. '국회 프락치 사건'으로 구속된 의원들이 반민특위를 구성하는 데 앞장선 이들이니, 국가보안법과 친일파의 상부상조 관계를 알 수 있다.

국가보안법을 찬성한 의원들도 농사지을 때 피를 뽑다 보면 나락까지 다칠 수 있는 법이라며 "국가보안법을 발동하면 우리 애국자가 그 안에 섞이리라는" 염려가 있다고 인정했지만, 실제로 국가보안법이 어떻게 운영됐는지를 살펴보면, 피를 뽑다가 벼가 일부 섞이는 정도가 아니라 뭉텅이로 벼를 뽑아내다 보면 그 안에 어쩌다 가끔 피도 섞이는 식이었다고나 할까? 서울 친구가 방학 때 놀러 와서 농사일 돕는다고 하다가 그랬다면 "가만히 있는 게 돕는 거다"라며 타박이나 하겠지만, 전문가를 자처하며 시퍼렇게 날이 선 낫을 들고 눈을 부라리는 '공안족'이 득세하는 동안 자유민주주의 논은 결딴나고 말았다.

발의한 의원들도 걱정했다

국가보안법을 발의한 의원들이나 적극적으로 제정하고자 한 정부도 이 법이 엄청난 문제들을 안고 있음을 잘 알고 있었다. 그들도 인권상의 문제점이나 오남용될 여지를 인정하면서도 대한민국이 인민공화국으로 바뀔 수 있는, 곧 나라가 망할 수 있는 비상한 시기라며, 비상한 시기의 비상한 조치로 국가보안법을 만들어야 한다고 변명했다. 지금과 비교해본다면 1948년 12월은 실제로 좌익세력이 여순사건 등 군사행동까지 감행하던 위기 상황이었다. 대한민국이라는 나라가 세워진 지 겨우 100여 일이 지났을 뿐이니, 영토 내에 살고 있는 사람들에게 국민이라는 정체성을 요구하기에는 턱없이 짧은 시간이었다.

비상한 시기의 비상한 조치로 만들어진 국가보안법의 처벌규정은 1948년 제정될 당시에는 최고형이 무기징역이었던 반면, 이미 국민 절대다수가 남북 간에 체제 경쟁의 승패가 결정됐다고 믿고 있는 지금은 사형이 여덟 번이나 나오는 무시무시한 법으로 남아 있다. 제정될 당시에 국가보안법에서 가장 무거운 처벌조항은 반국가단체에 해당하는 '국헌을 위배하여 정부를 참칭하거나 그에 부수하여 국가를 변란할 목적'을 가진 결사 또는 집단을 구성한 자를 무기징역에 처한다는 것인데, 이 조항은 그 1년 뒤부터 사형으로 바뀌어 지금까지 이어지고 있다.

그런데 왜 국가보안법을 제정할 때 아예 이 조항을 사형으로 규정하지 못했을까? 국가보안법에서 가장 중요하게 다루는 죄는 반국가단체 구성죄인데, 이는 사실 제정할 당시에 정부 쪽에서도 인정했듯이 내란죄를 범한 것이 아니라 내란죄의 예비음모에 해당하는 것이다. 범죄를 실행한 것(기수)도 아니고, 범죄의 실행에 착수했으나 행위를 종료하지 못했거나 결과가 발생하지 않은 경우인 미수도 아닌 예비음모를 사형에 처한다는 것은 아무리 위기 상황이라 해도 좀 '거시기'했던 것이다. 그러나 겨우 1년이 지난 뒤에 그 '거시기'마저 벗어던졌고, 지금은 반국가단체 구성에 관한 대목뿐 아니라 잠입이나 탈출 등 다른 부문까지 사형을 확대하여 적용하고 있다. 더구나 반국가단체 구성에 관한 죄는 내란죄의 예비음모에 관한 조항인데, 현행 국가보안법은 반국가단체를 구성하고자 예비음모하거나 그것에 가입하라는 권유를 예비음모한 자까지 처벌하도록 되어 있으니 기가 막힐 노릇이다. 예비의 예비까지 처벌하는 법 앞에서 근대 형법의 기본원리인 죄형법정주의는 어디 가서 찾으리오?

이 법을 만들어놓고 1949년 한 해 동안 이 법으로 잡아가둔 사람이 무려 11만 8,621명이었다. 그리하여 일제가 전국에 지어놓은 수많은 감옥이 해방 이후에 다시 차고 넘쳤다. 국가보안법 하나만으로 1년에 12만 명에 가까운 사람을 잡아들이니, 전국의 주요 형무소는 죄다 차고 넘칠 수밖에 없었다. 국회에서도 문제가 되었지만, 웬만한 감옥에는 모두 정원의 2배 이상이 수용돼 있었고 수감자의 80퍼센트 이상이 좌익사범이었다. 절도, 강도, 사기, 폭력, 상해, 강간, 살인, 방화 등 인간 세상 온갖 범죄행위의 4배가 넘는 인원을 국가보안법 관련으로 잡아들였다는 이야기다.

자백 부인해도 증거 인정

법무장관 권승렬이 국회에서 보고한 바에 따르면, 당시 검찰이 1년에 약 10만 건을 기소했는데 그 중 8할이 좌익사건이었다. 1년에 8만 건 정도 되는 사건에서 절반만 상고한다 쳐도 대법원에 몇만 건이 쌓이니, 다른 사건을 처리하는 것은 불가능했다. 그러자 이승만 정권은 참으로 희한한 방식으로, 국가보안법을 확대 적용함으로써 사법부가 겪는 어려움을 덜어주려 했다. 국가보안법의 처벌규정을 최고 사형으로 올리고 단심제를 적용해 바로 사형을 때려 집행해버리면, 대법원에 재판이 몰려서 연로하신 대법관들이 격무에 시달릴 이유도 없고, 콩나물시루 같은 형무소의 과밀 수용도 해소되며, 빨갱이들을 빨리빨리 처리해버리니 일석삼조의 효과를 거두는 것이다.

1949년 12월의 1차 개정은 이런 취지에서 이루어진 것인데, 안팎으로 비판이 하도 심해서 시행일을 정하는 대통령령을 제정하지 않은 채 공포한 지 2개월이 안 되어 정부는 2차 개정안을 제출했고, 우여곡절 끝에 단심제 내용을 삭제한 2차 개정이 이루어졌다. 그러나 사상 전향이 가능하다고 판단되는 사람에 대해서 선고유예와 동시에 '보도구금'(사상 전향 공작을 위한 보도소에 구금)할 수 있도록 하는 규정은 1차로 개정할 때 삽입된 것이 그대로 존치됐다. 보도구금제도는 나중에 엄청난 규모의 학살을 일으킨 보도연맹을 설립하는 근거가 되는 것이자, 1975년에 제정된 박정희 치하의 대표적인 악법인 '사회안전법'의 원형을 이루는 것이다.

흔히 '24파동'이라 부르는 1958년 12월 24일의 국가보안법 3차 개정은 무술경관 300명이 동원된 가운데 한국 민주주의 역사상 최악의 크리스마스 이브에 이루어졌다. 1956년의 대통령 선거에서 조봉암의

거센 도전에 직면한 자유당 정권은 1958년 초에 진보당 사건을 일으켜 조봉암을 잡아넣었지만, 조봉암을 제거하는 것만으로는 1960년에 치를 대통령 선거를 낙관할 수 없었다. 이에 자유당은 야당과 언론을 통제할 수단으로 국가보안법을 개정하고자 한 것이다. 국가기밀의 개념이 크게 확대되어 북이나 반국가단체에 정보를 전달하는 것뿐만 아니라 정보를 수집하기만 해도 처벌할 수 있게 됐으며, 이 정보가 잘못된 것이었다 해도 처벌받기는 마찬가지였다.

두고두고 문제가 된 것은, 형사소송법이 규정한 자백의 증거능력과 관련해 국가보안법 사건에 대해 예외조항을 둔 것이다. 피고인이 법정에서 1차 수사기관에서 행한 자백을 부인할 경우 당시의 형사소송법은 이를 증거로 채택할 수 없게 했는데, 특별법 성격을 지닌 국가보안법에서는 이에 대해 예외를 인정한 것이다. 이제 국가보안법 사건

'24파동'이라 부르는 1958년 12월 24일의 국가보안법 3차 개정은 무술경관 300명이 동원된 크리스마스 이브에 이루어졌다. 개정안에 반대하는 의원들의 모습.(사진으로 본 해방 30년)

에서 자백은 '증거의 왕'이 된 것이다. 공산주의자란 원래 교활해서 증거를 남기지 않는 법인데 자꾸 증거를 대라니 답답할 뿐이라던 '공안족'들이 이제는 증거를 확보하기 위해 걱정할 필요가 없어졌다. 국가보안법 수사에서 널리 행해지던 고문과 가혹행위가 국가에 의해 묵인돼온 것이라면, 이 조항을 개정함으로써 이제는 법적으로 조장하고 장려하게 될 것이다. 그리고 전두환이 집권한 뒤인 1980년 12월에 삽입된(지금까지 남아 있다) 국가보안법 위반자를 '인지하여 체포한 수사기관 또는 정보기관에 종사하는 자'에게 상금과 보로금(報勞金)을 지급하는 규정은 조작간첩사건을 일으키는 추동력으로 작용해왔다.

전두환이 이룬 국보법의 대중화

1960년에 4월 혁명이 일어난 뒤 국가보안법이 다시금 전면적으로 개정됐는데, 24파동 당시 들어간 독소 조항의 상당수가 빠졌지만 새로운 독소 조항이 들어가기도 했다. 대표적으로 가족을 신고하지 않았다고 처벌받는 불고지죄가 너무나 반인륜적인 것은 말할 것도 없고, 부작위범이라 하여 무엇을 행한 것이 아니라 행하지 않았다고 처벌받는 다는 조항은 법리적으로도 대단히 문제가 많다. 얄궂은 것은 이 조항으로 처음 곤욕을 치른 사람이 다름 아니라 박정희 시대의 대표적 공안검사인 한옥신이었다는 점이다. 부산지검 정보부(지금의 공안부) 검사로 있던 한옥신은 사촌이 대남공작원으로 남파돼 자신의 집에서 하룻밤 자고 갔는데 이를 신고하지 않아서 조사를 받는 등 오랜 기간 고생했고, 그리하여 그 뒤로 인혁당 사건이나 동백림 사건 같은 골치 아픈 사건이 터질 때마다 직급을 초월해 구원투수로 투입돼야 했다.

1961년에 박정희가 군사반란을 일으킨 뒤 국가보안법은 반공법과 분리되었다. 막걸리 반공법이 속출하기도 했지만, 1960년대에는 국가보안법이나 반공법이 한국 사회의 상층부를 더 겨냥하고 있었다고 할 수 있다. 특히 김형욱은 중앙정보부장으로 있던 1963년부터 1969년까지 박정희 정권의 초반부에 해당하는 시기에, 박정희의 주변에 있는 인사들을 정리하거나 권력 내부에서 군기를 잡는 수단으로 국가보안법이나 반공법을 많이 이용했다. 특히 절대권력자인 박정희 본인의 불그죽죽한 경력 때문에 사상 논쟁을 치른 터라, 김형욱은 과거에 좌익 경력을 가진 사람이 박정희 주변에서 영향력을 행사하지 못하도록 노력했다고 회고록에서 밝히고 있다. 김형욱은 김성곤이나 엄민영 같은 대구 출신을 견제했고, 박정희의 대구사범학교 동창이자 술친구인 문화방송사 사장 황용주를 반공법 위반으로 구속했는데, 이런 권력투쟁 과정에서 김형욱이 동원한 무기가 곧 반공법이나 국가보안법이었다.

또 김형욱은 경향신문사 사장 이준구를 국가보안법 위반으로 잡아넣고 신문사를 빼앗아 박정희에게 바치기도 했는데(3부 '그는 언론이 탐나서 몸부림쳤다'), 적어도 이때는 주요 방송사나 신문사 사장, 공화당 실력자나 국회의원 등이 국가보안법과 반공법의 먹이가 되었다. 그러나 시간이 흘러 권력집단에 속한 인물들이 알아서 기게 되자, 국가보안법과 반공법은 그 먹이를 점차 일반인이나 체제에 도전하는 세력 중에서 찾기 시작했다.

광주학살로 집권한 전두환은 자신에게 쏟아지는 학살범이라는 비난을 조금이라도 무마하려고 통행금지 폐지, 교복 자율화 등 몇 가지 가시적인 조치를 취했는데, 그러면서 국제사회에서 많은 비난을 받아온 반공법도 폐지하기로 했다. 그러나 실제로는 반공법 조항의 대부분이 국가보안법으로 이관된 것에 지나지 않는다. 반공법이 폐지되자 전두환 시절에 이르러 국가보안법의 대중화가 완벽하게 이루어졌다. 국가보안법에 상금 규정이 신설되었지만, 정작 북에서는 직접적인 공작원 남파를 중단하면서 공안사건에서 납북어부사건처럼 조작 의혹을 받는 간첩사건이 차지하는 비중이 크게 늘어났다. 학생들의 선언문도 점차 급진적인 색채를 띠면서 웬만하면 모두 국가보안법으로 처벌받았다. 더구나 이적표현물 소지죄 같은 것은 대학생을 잡아가면서 책꽂이에서 적당히 서너 권 뽑아가면 100퍼센트 국가보안법 위반으로 유죄 판결을 받게 해주는 '안전장치'였다.

1980년대, 왜 교도소는 불타올랐나

국가보안법 위반자들은 수감자 번호가 쓰인 붉은 표지판을 가슴에 달아야 했다. 그리하여 1980년대에는 붉은 딱지를 가슴에 단 학생들이 교도소를 메웠는데, 이들은 1970년대의 긴급조치 위반자들에 비해 수형생활하는 태도가 고분고분하지 않았고 교도소 당국과 날을 세우며 싸우기 일쑤였다. 그러자 당시의 한 민중언론에서 가슴에 붉은 딱지를 단 사람들의 뜨거운 투쟁에 빗대어 '교도소는 불타고 있다'라는 제목의 특집기사를 쓰기도 했다.

그 뒤 1987년에 6월 항쟁을 거치면서 국가보안법 개폐를 두고 끊임없이 논란이 벌어졌지만, 국가보안법은 1990년 헌법재판소의 한정합헌 판결, 1995년 유엔 인권위원회의 폐지 권고 등을 거치면서 끈질기게 목숨을 유지하고 있다. 국가보안법의 목숨은 왜 이리도 끈질길까? 그것은 국가보안법이 국가의 안보에는 별 도움이 되지 않지만(오히려 민주적 헌정질서를 내부에서 파괴하는 악법이다), 어떤 사람들의 철밥통을 유지하는 데에는 매우 도움이 되기 때문이다. 국가보안법의

1985년 미 문화원 점거농성으로 체포된 대학생들. 이렇게 해서 감옥에 간 1980년대 국가보안법 위반자들은 수감자 번호를 붉은 표지판에 써서 가슴에 붙여야 했다.

변천사, 적용사에 이어 앞으로 국가보안법과 밥그릇의 함수관계나 어떻게 하면 이 지긋지긋한 법을 폐지할 수 있을 것인가에 대해 고민해 보도록 하겠다. 노무현 대통령은 국가보안법을 칼집에 넣어 박물관에 보내야 한다고 말했다. 그러나 흉물스러운 국가보안법을 새로 지은 국립중앙박물관에 보낼 수는 없지 않은가? 모두가 힘을 모아 평화박물관으로 보내주시면, 다시는 강시처럼 콩콩거리며 다니지 못하도록 잘 간수하고자 한다.

내 학생은 과제물로 잡혀갔소
―국보법 없는 나라, 우리나라 좋은 나라

〈세상에 이런 일이〉라는 텔레비전 프로그램이 있다. 제목 그대로 세상에 이런 일이 다 있나 싶은 별난 사람들의 별난 사연을 소개하는 프로그램이다. 우습기도 하고 짠하기도 한 평범한 사람들이 살아가는 이야기 때문에 상당한 인기를 얻어 장수 프로그램이 되었다. 그런데 국가보안법이 실제로 적용되어온 역사를 살펴보다 보면 정말 "세상에 이런 일이!" 하고 깜짝깜짝 놀랄 때가 한두 번이 아니다. 이 책에 실린 글들을 잡지에 연재하면서 막걸리 반공법 같은 기막힌 사례들을 많이 소개하기도 했지만, 그 기막히고 황당한 사례는 아직도 차고 넘쳐난다. 국가보안법의 황당한 사례는 예전에 방송된 〈타임머신〉처럼 옛날의 기막힌 일을 다루는 프로그램에서만 볼 수 있는 것이 아니라, 21세기에 들어서도 계속되고 있다.

김대중 시절, 법정 진술로 다시 구속되다

수업시간에 과제물로 제출한 글을 인터넷 포털 사이트가 제공하는 카페 게시판에 올렸는데, 이게 국가보안법 위반이 되어 다시 구속된 학생이 있었다. 먼 데서 벌어진 일이 아니었다. 바로 2000년 2학기에 내 한국근현대사 수업을 들은 전지윤 군 이야기다. 다른 학생이 복사해다 준 구속영장을 보고 나는 아연해지지 않을 수 없었다. 전지윤 군은 당시 민주노동당 내의 학생그룹인 '다함께'의 열성 활동가로, 내 수업을 듣기 전에 국가보안법 위반으로 구속된 적이 있는 친구였다.

그의 구속영장에 열거된 구속 사유 중에는 내 수업시간에 제출한 과제물뿐 아니라, 전지윤 군이 전에 국가보안법을 위반했다는 혐의로 재판받을 때 법정에서 행한 최후진술도 포함돼 있었다. 이미 재판을 받은 사건에서 자신을 변호하기 위해 한 발언이 다시 국가보안법 위반행위가 되다니……. 군사독재정권은 강신옥 변호사 사례처럼 변호사의 변론을 문제 삼아 처벌하더니, 인권 대통령을 표방한 김대중 정부에서는 법정에서의 최후진술 내용을 두고 국가보안법을 위반했다고 구속한 것이다.

최후진술문의 내용 중 경찰이 문제 삼은 부분은 두 곳인데, 하나는 "자본주의는 영원불변한 체제가 아니라는 것"을 강조하면서 "노동자들이 스스로 사회를 통제하고 운영하는 더 발전된 체제로 나아가야 한다"는 생각을 밝힌 부분이고, 다른 하나는 "정리해고제 폐지와 국가보안법 철폐를 주장"하는 자신의 사상을 표현하고 행동에 옮길 자유를 박탈당하고 있는 상태에서 "김대중 대통령이 인권 대통령을 자처하는 것은 너무나 위선적"이라고 비판한 대목이다. 역사가 변화하고 발전해나가는 방향에 대해 개인의 생각을 표현한 부분을 문제 삼은 것도 어처구니없지만, 국가보안법을 철폐해야 한다고 주장한 부분을 국가보안법으로 처벌하는 상황은 과거 유신독재 시절에 유신헌법을 개정하라는 요구를 긴급조치로 봉쇄하면서 긴급조치 자체에 대한 비판을 긴급조치로 처벌한 사실을 떠올리게 한다.

경찰은 전지윤 군이 필자의 한국근현대사 수업시간에 국가보안법의 문제점을 발표한 내용까지 문제 삼았다. 당시 필자는 우리 사회에서 쟁점이 되고 있는 몇 가지 문제들에 대해 학생들에게 찬반토론을 준비시켰는데, 전지윤 군은 국가보안법을 폐지하는 데 찬성하는 입장에서 발표를 했다. 그때는 전지윤 군의 전력에 대해서 알지 못했지만, 그가 학부생으로는 드물게 자료를 충실히 조사하고 탄탄한 논리에 입각해 인상적으로 발표한 점만은 분명히 기억하고 있다. 만약 공안당국이 수업시간에 행한 발표를 문제 삼는다면, 먼저 그런 발표를 시킨 필자를, 나아가 국가보안법 문제를 수업시간에 다루는 이 땅의 수많은 인문사회과학 교수들을 문제 삼아야 할 것이다.

전지윤 군 사례에 대해 항의하는 글을 〈한겨레〉에 썼더니, 잘 아는 변호사를 통해 그와 같은 그룹에 속해 있는 노동자가 국가보안법에 걸린 사건에 대해서 법원에 제출할 감정서를 써달라는 부탁이 들어왔다. 이적표현물 조항으로 걸린 사건인지라, 공소장에는 흉악한 이야기를 하는 문건을 갖고 있었고 판매까지 했다는 내용이 적혀 있었다. 민주노동당 학생위원회의 기관지 〈열린 주장과 대안〉을 계승한 〈월간 다함께〉라는 잡지를 판매한 것이 주된 죄목이었다. 이번에는 피해자가 대학생이 아니라 여성 노동자였다.

내 글이 실린 블로그도 폐쇄됐다

대학원 시절부터 민족해방운동사를 전공한 탓에 공소장이야 숱하게 보아왔지만, 난생처음 감정서까지 써야 하는 처지가 되고 보니 아주 꼼꼼히 읽지 않을 수 없었다. 원래 전기나 자서전을 읽어보면 주인공이 하나같이 천사 같은 사람으로 느껴지고, 공소장을 읽어보면 다 죽을죄를 저지른 나쁜 놈으로 보이게 마련이다. 공안검사가 공소장에 '적시'한 내용만 보면 정말 흉악한 '빨갱이' 같아 보인다. 그렇기 때문에 이런저런 사정을 감안하고 다른 자료와 비교해가며 보아야 한다. 그리하여 공소장에 '적시'된 '이적표현물'들을 구해다가 원문 전체를 읽어보는 것이 역사를 공부하는 입장에서 최소한의 의무라고 생각했다.

그런데 원문을 읽고 충격과 절망과 분노를 넘어 깊은 슬픔에 빠지고 말았다. 대한민국의 공안검사는 하필이면 〈월간 다함께〉에 실린 서평을 문제 삼았는데, 공소장에서 국가보안법을 위반했다고 문제 삼은 대목은 "트로츠키는 중간계급을 노동계급의 편으로 끌어들이는 것은, 파시즘 앞에서 동요하는 급진당을 지지하는 것이 아니라 노동계급의 반파시즘 공동전선을 통해 노동계급의 단호한 힘을 보여줄 때만 가능하다고 주장했다"는 부분이었다. 문제가 된 서평은 러시아의 혁명가 트로츠키가 지은 책 『트로츠키의 프랑스 인민전선 비판』을 다룬 것이고, 문제가 된 대목은 서평자의 주장이 아니고 책의 저자인 트로츠키가 한 말이었다.

세상에, 서평에서 원저자의 주장을 인용한 것을 국가보안법 위반으로 기소하다니! 아아, 그 어려운 고시에 합격해 엘리트 공안검사가 되었다는 자의 자질과 성실성이 이것밖에 안 된단 말인가? 일제 사상검사들이 우리 독립운동가들을 기소할 때도 이렇게 막돼먹게, 이렇게 어처구니없는 방식으로 하지는 않았다. 그 엄혹한 일제시대에 그토록 악랄하기 짝이 없던 일제 사상검사와 고등경찰이라도 서평의 인용문을 문제 삼아 치안유지법 위반으로 기소했다는 말은 들어보지 못했다. 무죄 판결을 받으리라 확신했지만, 법원은 검사의 손을 들어주었다.

2004년 7월쯤이었다. 인터넷에서 포털 서비스를 제공하는 한 사이트가 블로그 게시물을 문제 삼아 블로그를 폐쇄했다는 기사를 읽고 "세상에 이런 일이!"라며 분개했다. 국가보안법 위반으로 붙잡혀 가서 조사받은 사건은 아니지만, 국가보안법에 길든 사회에서나 벌어질 수 있는 일이었다. 내면화된 검열 시스템이 가장 자유로운 인터넷 공간에서도 작동한 것이다. 〈노동신문〉도 광화문에 가면 볼 수 있는 세상에 도대체 어떤 흉악한 글을 올렸기에 그런 험한 일을 당했나 하고 궁금해하다가 그만 잊어버렸는데, 한참 뒤에 알고 보니 블로그를 폐쇄당하는 사태의 빌미가 된 글이 놀랍게도 『대한민국史』 3권 5부에 쓴 '20세기형 민족주의자, 김일성'이라는 글이었다(늦게나마 블로그 '똘레랑스는 칼이다'의 주인장께 위로의 인사를 전한다).

"가자, 가자!"는 북으로?

국가보안법과 반공법이 막강한 힘을 발휘한 분야는 영화였다. 할리우드의 광풍이 세계를 평정해가는 가운데, 한국 영화가 선전하고 있는 것이 오로지 스크린쿼터 덕분일까? 아직도 국가보안법이, 그리고 국가보안법을 받들어 모시는 자들의 못된 심성이 끊임없이 시비를 걸고 있지만, 민주화된 덕분에 그리고 민주화운동의 한 부분을 이루던 젊은 영화인들이 영화계의 주된 일꾼이 된 덕분에 한국 영화는 국가보안법을 넘어 발전하고 있는 것이다.

1차 인혁당 사건이 일어난 해인 1964년 12월에 서울지검 공안부는 영화 〈7인의 여포로〉가 "감상적인 민족주의를 내세워 국군을 무기력한 군대로 그린 반면, 북괴의 인민군을 찬양하고 미군에게 학대받는 양공주들의 비참상을 과장되게 묘사하여 미군 철수 등 외세 배격 풍조를 고취하였다"는 어마어마한 반공법 위반 혐의로 이만희 감독과 제작자 이종순 씨를 입건했다. 설마 1960년대에 한국 영화가 인민군을 찬양했을까? 진상은 이랬다. 인민군에 잡힌 여자 포로를 중공인민지원군 장교가 겁탈하려 할 때 인민군 장교가 막아주었다. 그 여자 포로가 그 장교에 대해 "장교님의 처사는 참으로 훌륭했어요"라고 말한 것이 고무찬

이만희 감독을 반공법 위반 혐의로 입건하게 만든 〈7인의 여포로〉. 여자 포로를 중공군이 겁탈하려 할 때 인민군 장교가 이를 말리는 장면이 문제가 됐다.

양죄에 걸린 것이다. 공안당국이 진짜로 문제 삼은 것은 중공군의 행동을 감히 인민군 '따위'가 제지하는 대목이었을 것이다(미군이 한국 여인을 겁탈하려 할 때 이를 막아주는 멋있는 국군 장교를 그려도, 역시 미군을 비하했다고 잡혀갔을 것이다. 남정현의 소설 『분지』는 이런 상황을 홍길동의 10대손을 주인공으로 우화적으로 그렸다가 봉변을 당했다).

공소장은 "공산 계열인 북괴와 중공은 공산주의 이념이 동일하고 대한민국을 침해함으로써 상호간 무력충동을 몽상할 수 없는데도 중공군이 여군들을 겁탈하려는 것을 괴뢰군 수색대장으로 하여금 제지케 하여 위안부로 하여금 '장교님의 행위는 훌륭했어요'라고 칭찬하게 한 것은 결과적으로 반국가단체의 활동을 고무·동조·찬양한 것이나 다름없다"고 못을 박았다. 이처럼 냉전시기에 한국의 엘리트들 머릿속에 박힌 네 편과 내 편에 대한 진영 인식은 너무도 강고해서 성폭력을 말리는 일조차 있어서는 안 되는 것이었다. 기가 막힌 것은 이 멋진 '괴뢰군' 장교가 자신이 구해준 여자 포로와 함께 '자유를 찾아 남하' 했다는 점이다. 그러나 그가 중공군에 대든 것이나 여자 포로가 그를 찬양한 것은 끝내 용서받지 못할 죄였다. 또 영화의 구성상 국군의 배역을 코미디언 구봉서가 맡았는데, 그가 변변한 전투장면 한 번 없이 무기력하게 그려졌다는 것도 중요한 혐의였다. 세련된 반공영화가 반공법으로 처벌받는 현실 속에서 국군이나 인민군이 등장하는 영화라면 모름지기 〈배달의 기수〉를 모델로 하지 않을 수 없었다.

다행히(?) 재판부가 영화를 직접 본 뒤 이만희 감독 등에 대한 구속영장은 기각하고 필름에 대한 압수수색 영장만 발부해 당장의 구속 사태는 면했지만, 영화는 여러 곳이 잘려나가고 급히 새로 촬영한 부분이 삽입되어 〈돌아온 여군〉으로 제목이 바뀌어 상영되었다. 또한 이만희 감독은 구속되어 보석으로 석방될 때까지 짧은 기간이나마 옥고를 치러야 했다.

〈7인의 여포로〉 사건이 있은 뒤 〈오발탄〉의 유현목 감독은 1965년 3월 23일에 세계자유문화회의 한국지부가 주최한 세미나에서 '은막의 자유'라는 논문을 통해 "작가의 창작행위가 절대적 힘의 소유자에 의해 간섭받고 있다"며 한국에서의 창작의 자유 문제를 제기했다. 그는 "대한민국의 국시는 반공일 수 없다. 한국의 작가는 국가적 현실 때문에 주체로서의 권리가 타의에 의해 침해받고 있다"면서, "만일 반공이라는 국시 때문에 언제까지나 괴뢰군을 인형으로만 설정하고 그래서 생명을 부여하지 않는다면, 대저 갈등은 어디에서 만들어내고 드라마는 어떻게 꾸려가며 영화예술의 차원은 어떻게 높여간다는 것인가?"라고 반문했다.

최근 영화들까지 끈질긴 시비

　유현목 감독은 "아무리 한국적 현실이 미묘하다고 해도 몇 가지 조문이나 법관복 몇 벌의 위력만으로 작가의 내면 세계를 다스릴 수는 없는 것"이라며 공안당국이 이만희 감독을 구속한 것을 비판했다. 당시 유현목 감독이 이토록 과감하게 비판하고 나온 것은 당시 한국의 영화가 중흥기를 맞고 있었기 때문이다. 그는 "더욱이 우리는 세계 유수의 영화 생산국으로서, 바야흐로 양산이 아닌 우수 영화를 세계시장에 수출해야 할 단계로 줄달음치고 있는 실정에 놓여 있다"고 지적했다.

　그러나 박정희 정권에 의해 이 싹은 꺾여버렸다. 그리고 유현목 감독은 전후 1950년대에 급격하게 변화해가던 사회의 혼란상을 예리하게 그려낸 〈오발탄〉에서 주인공의 실성한 노모가 "가자, 가자!"를 외치는 대목이 "북으로 가자는 것이냐"는 공안당국의 억지에 따라 곤욕을 치르는 일까지 겪어야 했다. 그 뒤 한국 영화는 사회 비판의 문제의식이 거세된 채, 호스티스 영화나 〈애마부인〉류의 영화가 스크린을 장식한다. 한국 영화를 쇠퇴시킨 박정희는 죽어서도 우리 영화의 발목을 부여잡았는데, 영화의 첫 부분과 마지막 부분을 시꺼멓게 만들어버린 〈그때 그 사람들〉 파동 말이다.

국가보안법 교도들은 최근 영화들에도 끊임없이 시비를 걸었다. 〈조선일보〉는 〈웰컴 투 동막골〉을 불온한 반미영화로 몰아가려다 실패했다.

유현목 감독은 1심에서 1년 6개월형을 구형받았고, 결국 반공법 부분은 무죄를 선고받았으나 음화(淫畵)에서는 유죄에 해당하는 선고유예를 받았다. 왜 갑자기 음화냐고? 이것이 반공법, 국가보안법에 꼭 따라다니는 안전장치인 '끼워넣기'다. 국가보안법으로 일단 잡아넣으면 공안당국은 압수수색에서 나온 사회과학 서적 한두 권을 이적표현물로 걸어서 같이 기소하고, 법원은 본안(반국가단체나 이적단체 가입죄, 간첩죄, 또는 논란의 소지가 많은 고무찬양죄)과 상관없이 이적표현물에 대해 유죄를 때려준다. 이적표현물 소지죄가 있기에 국가보안법 불패의 신화가 계속될 수 있던 것이다. 음화 부분은 유현목 감독이 당국을 세게 비판하자 그가 〈춘몽〉이라는 영화를 만들 때 여배우의 뒷모습 나체를 찍은 것을 문제 삼은 것이다.

수백만 명이 읽은 『태백산맥』도 국가보안법 위반 서적이 되었다. 영화 〈태백산맥〉은 너무 일찍 만들어진 탓인지 국가보안법의 위력 앞에서 소설의 힘을 살리지 못했다. 배우 최민식 씨가 북한군 장교의 내면 세계를 그려 화제가 된 〈쉬리〉가 나온 것이 1999년이니, 〈7인의 여포로〉가 난도질당한 때로부터 햇수로 따지면 36년이 된다. 한국 영화의 사실성은 국가보안법에 의해 일제 36년만큼의 세월을 잃어버린 것이다. 그 뒤로도 국가보안법 교도들은 '분단의 오욕'을 나름대로 뛰어넘으려던 〈공동경비구역 JSA〉는 물론이고, 〈실미도〉나 〈태극기 휘날리며〉 같은 우익 성향의 영화들까지 국가보안법 위반으로 문제 삼았다. 그러나 대중은 적어도 영화에 관한 한 더는 국가보안법 교도들의 손을 들어주지 않았다. 최근 〈조선일보〉가 〈웰컴 투 동막골〉을 국군과 인민군이 힘을 합쳐 미군에 저항하는 불온한 반미영화로 몰아가려다 실패한 것은, 국가보안법 시대의 종언에 대한 예고편이었다고 할 수 있다.

국가보안법? 고마 해라. 국가보안법에 물리면 마이 아파.

흉악한 책자들이 지금은 추천도서

『무림파천황』 같은 무협지에서 사부가 제자에게 가르침을 준 것도 유물변증법으로 세상의 이치를 깨우쳐주었다 해서 국가보안법 위반이 되었고, 신학철 화백의 〈모내기〉는 그림 아래쪽에 쓰레기를 그리고 위쪽에 백두산과 함께 밝은 모습의 농민과 아이들을 그렸다고 해서 국가보안법 위반으로 기소되었다. 당국이 북쪽 농민들이라고 강변한 것이 사실은 화가가 고향마을 사람들의 사진을 모델로 그린 것이라고 사진까지 제출했지만 소용이 없었다. 더 거슬러 올라가면 1950년대에 성균관대학교 법과대학의 이동화 교수(정치학)가 수업과 시험에서 미국과 소련 간의 평화 공존에 대해 이야기했다가 기소되어 선

국가보안법의 발톱은 문화예술계까지 닥치는 대로 할퀴었다. 신학철 화백의 〈모내기〉(왼쪽)나 수백만 명이 읽은 소설 『태백산맥』(오른쪽)도 예외가 아니었다.

고유예 판결을 받았고, 1970년대에는 중국의 베이징중의학원이 간행한 『침수임상취혈도』라는 책자의 일어번역판을 복사하여 판매한 사람이 중국 책자라면 군데군데 박혀 있게 마련인 마오쩌둥 인용문 때문에 반공법 위반으로 유죄 판결을 받았다. 당국이 보기에 흉악한 '의식화' 책자들을 판매하는 사회과학 서점들은 심심하면 압수·수색에 시달렸고, 때로는 구속되어 재판을 받기도 했다. 이제 세상도 많이 변하여 사회과학 서점이라 할 만한 것이 몇 남지 않았지만, 성균관대학교 앞 서점 풀무질의 은종복 씨는 『말』, 『철학 에세이』, 『다시 쓰는 한국현대사』처럼 대학가 새내기 추천도서에 빠짐없이 실려 있고 지금도 잘 팔리는 책들 때문에 곤욕을 치르던 시절을 몸서리치며 회상했다.

수구세력은 국가보안법이 국군, 한미동맹과 더불어 "우리 체제를 지키고 지속적인 대한민국의 번영을 가져온 3대 토대"(『국가보안법이 한강의 기적을 만들었다』, 월간조선사 편집부 편)라고 강변하지만, 국가보안법에 대해 공부할수록 의심스러운 부분은 정작 이 법이 지킨 것이 자유민주주의 체제가 아니라는 점이다. 오히려 국가보안법의 가장 큰 문제는 자유민주주의를 기본부터 파괴하는 법이며, 자유민주주의와 양립할 수 없는 법이라는 점이다. 국가보안법이 진정 지켜온 것은 자유민주주의가 아니라, 공안기관 종사자들의 철밥그릇이었다. 국가보안법은 이제 이념의 문제가 아니다. 수구세력의 밥그릇 문제일 뿐이다.

작두로 잘라 불태운 시집
-해직기자와 교수 그리고 운동권이 출판에 뛰어들다

『성경』, 『노자도덕경』, 『수호지』, 『코란』, 『신곡』, 『데카메론』, 『군주론』, 『유토피아』, 『천로역정』, 『법의 정신』, 『에밀』, 『상식』, 『젊은 베르테르의 슬픔』, 『적과 흑』, 『종의 기원』, 『죄와 벌』, 『톰 아저씨의 오두막』, 『곤충기』, 『인형의 집』, 『아큐정전』, 『의사 지바고』, 『무기여 잘 있거라』, 『수용소군도』……

너무나 유명한 이 책들의 공통점은 무엇일까? 유명 대학의 신입생 권장도서 목록에서 앞자리를 차지하는 책들? 그럴 지도 모른다. 그러나 이 책들의 진짜 공통점은 한때 어떤 이유로든 금서의 목록에 올랐다는 점이다. 역사의 진보란 늘 기성의 권위에 대한 비판과 도전에서 비롯됐다. 세상을 바꾼 책들이란 대개 한 번쯤 금서의 반열에 올랐다가 이제는 고전이 된 책들이다.

국가보안법이 지배한 대한민국도 금서의 천국이었다. 오랜 일제의 압박에서 벗어나 짧게 열린 해방의 공간에서 백화제방처럼 여러 가지 책들이 쏟아져 나왔지만, 전쟁과 학살이 휩쓸고 간 땅에서 책인들 살아남을 수 있었을까? "앞줄 사형, 뒷줄 무기" 같은 황당한 재판으로 사람 목숨이 날아가는 시절이다 보니, 당국에 의해 금서가 되는 이유도 참 황당했다. 1955년에 간행된 『최신 아세아요도』라는 지도책은 "소련이 우리나라 영토와 같은 색깔로 되어 있고, 공산 소련계와 영국, 호주, 캐나다 등이 동일한 분홍색으로 되"어 있다는 이유로 문교부로부터 판매금지 처분을 받았다.

1970년대의 문턱에서 폐간된 잡지들

책마다 판권지에 "백두산 영봉에 태극기 휘날리자"라는 '우리의

 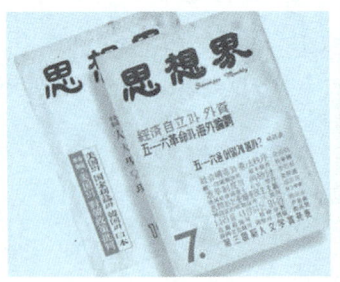 

1970년대를 대표하는 금서인 리영희 선생의 『전환시대의 논리』(왼쪽). '오적' 필화사건으로 폐간된 〈사상계〉(가운데). 해직 교수들의 힘으로 펴낸 〈창작과 비평〉(오른쪽).

맹세'가 들어가야 하던 1950년대나 '국민교육헌장'이 웬만한 책의 앞머리를 차지하는 1960년대에는, 1980년대의 '이념도서' 탄압처럼 금서가 대량으로 생산되는 일은 없었다. 그만큼 출판사가 알아서 기었다는 이야기도 된다. 그러나 필화사건은 빈발했다. 1950년대와 1960년대를 대표하는 잡지 〈사상계〉는 1970년대의 문턱에서 김지하의 담시 '오적' 필화사건으로 인해 폐간되고 말았다. 김지하의 또 다른 담시 '비어'를 실은 잡지 〈창조〉도 천주교를 배경으로 독자를 넓혀가다가 된서리를 맞았다. 잡지 〈다리〉 역시 문학평론가 임중빈이 '사회 참여를 통한 학생운동'이라는 글에서 좌절과 무기력 상태에 빠져 있던 당시 학생층과 지식인을 비판하고 각성을 촉구하면서 "기성 권위와 가치에 대하여 마땅히 도전해야 한다"고 주장했다가 필화를 당해, 필자와 발행인 그리고 편집인까지 모두 구속됐다. 구속된 사람들은 무죄로 풀려났지만, 잡지는 결국 폐간되고 말았다. 〈다리〉 필화사건은 글도 글이지만, 이 잡지가 김대중과 가까운 야당 정치인 김상현에 의해 발행됐다는 점 때문에 일어났다고 할 것이다.

박정희의 유신 쿠데타와 1975년의 〈동아일보〉 광고 탄압 이후 〈동아일보〉와 〈조선일보〉에서 기자들이 무더기로 해직되고 민주화운동에 참여한 교수들이 해직되면서 한국의 출판계에는 큰 변화가 닥쳤고, 금서의 역사도 새로운 전기를 맞이했다. 해직 기자들은 '동아투위'나 '조선투위'를 결성하고 복직과 언론자유를 위해 열심히 투쟁을 전개했지만, 곧 유신정권이나 그와 결탁한 언론사 사주를 상대로 한 싸움은 장기전이 될 수밖에 없음—아직도 끝나지 않았다—을 깨달았다. 싸워도 밥은 먹고 싸워야 할 것 아닌가? 엄혹한 유신정권 아래에서 신문사에서 쫓겨난 기자들이나 해직 교수들은 갈 곳이 마땅치 않았다.

종각번역실은 해직 기자들의 사랑방

사실 언론과 출판은 다르면서도 중첩되는 영역이 있기에 해직 기자들이 전업을 꿈꿀 수 있는 곳이었다. 더구나 출판은 자존심 높은 해직 기자들에게 밥벌이를 위해 현실과 타협한다는 느낌을 최소화해줄 수 있는 영역이었다. 특히 신문사 사주들이 정권과 야합함으로써 비판 언론의 기능이 마비됐기 때문에, 출판이 새로운 영역을 개척하여 제구실을 못하는 언론의 역할을 대신해야 했다. 또 화집이나 사전, 교과서 출판이 아니라 단행본 출판의 경우 책상 하나, 전화 한 대 놓고도 일단 일을 벌일 수 있어 큰 자본금이 없는 해직 기자들이 뛰어들만 했다. 한길사(김언호)를 비롯해 전예원(김진홍), 까치(박종만), 문학과지성사(김병익), 청람문화사(권근술), 정우사(김재관) 등은 〈동아일보〉 해직 기자들이 차린 출판사였고, 두레(신홍범)는 〈조선일보〉 해직 기자가 차린 출판사였다.

꼭 출판사를 차리지는 않더라도, 신문사 외신부에서 번역이라도 한 경험이 있는 사람들은 동료들이 차린 출판사나 다른 곳의 번역일을 맡았다. 해직될 당시에 〈동아일보〉 외신부 차장이던 이인철 등을 중심으로 일군의 해직 기자들이 1976년에 종로에 '종각번역실'이라는 간판을 달고 해직 기자들의 사랑방이자 번역작업실을 열었다. 종각번역실의 첫 작품인 에리히 프롬의 『건전한 사회』는 기대 이상으로 3만 부가 판매됐고, 또 같은 저자의 『소유냐 존재냐』는 그해 최고의 베스트셀러가 되기도 했다. 나남출판사 조상호 사장의 박사논문에 의하면 동아투위 113명 중 출판사를 차리거나 번역업에 나서 출판계에 직·간접적으로 참여한 사람은 모두 40명으로, 전체 해직 기자의 35퍼센트에 해당한다. 또 송건호 선생 같은 분은 해직 이후 갑자기 많아진 시간을 저술의 기회로 삼아 언론뿐 아니라 현대사 연구에서 선구적인 업적을 남겼다. 그는 1979년에 간행된 『해방 전후사의 인식』의 대표 저자였으며, 그 뒤에도 『한국현대사』, 『한국현대인물사론』 등의 저자로서 출판에 이바지했다.

1970년대의 사회과학 출판에서 가장 중요한 위치는 역시 계간지 〈창작과 비평〉을 통해 독보적으로 독자층을 넓혀온 창작과비평사(이하 창비)가 차지했다. 백낙청 교수가 단행본을 출간하기 시작한 것은 1974년인데, 그가 그해 말에 민주회복국민회의 등에 참여했다가 서울대에서 해직됐고, 뒤이어 창비 편집위원인 염무웅 교수가 덕성여대에서, 김윤수 교수가 영남대에서 각각 해직돼 창비에서 중요한 역할을 담당함에 따라 이때부터 해직 교수들이 전면에 나서 창비를 운영하게 된 것이다.

민청학련과 인혁당 사건의 와중에서 〈창작과 비평〉 1975년 봄호가 도피 중인 김지하의 시와 해직된 백낙청의 논문을 실은 것에 대해,

염무웅은 당시 "어디 칠 테면 쳐봐라" 하는 분위기였고 "판금의 빌미로 모자람이 없었다"라고 회고했다. 리영희의 베트남전쟁 관련 글이 실린 여름호 역시 긴급조치 위반으로 판매금지됐고, 조태일의 시집 『국토』나 『신동엽전집』, 황명걸의 『한국의 아이』 등이 연달아 판매금지 처분을 받았다. 창비에서 간행된 것은 아니지만, 양성우의 시집 『겨울공화국』 역시 금서가 되었는데, 이 책의 제목은 유신시대를 상징하는 말로 널리 회자됐다.

2001년부터 1980년대 대표적 이념서적들을 수집하기 시작한 장백서원 김운용 대표. 국가보안법이 지배한 대한민국은 당시 금서의 천국이었다.

운동권들, 출판사와 서점으로

1970년대를 대표하는 금서는 역시 리영희 선생의 『전환시대의 논리』(1974)인데, 이 책은 처음에는 판매금지가 아니었다. 그런데 시위하다 잡혀온 학생들마다 『전환시대의 논리』를 읽고 눈을 뜨게 되었다고 진술한 덕에, 1979년에 뒤늦게 판매금지 도서가 되었다. 리영희 선생은 그에 앞서 1977년에 '중공'이 아닌 '중국'을 처음으로 다룬 『8억인과의 대화』를 창비에서 간행했다가 "국외 공산 계열을 고무·찬양"했다는 이유로 반공법 위반으로 구속됐다. 리영희 선생의 또 다른 저서 『우상과 이성』도 1977년에 나오자마자 판매금지가 되었다. 파울루 프레이리의 『페다고지』(1979) 역시 천주교평신도사도직협의회가 간행했지만 번역자가 구속되는 필화사건으로 이어졌다. 가톨릭계 분도 출판사의 『해방신학』(1977)과 『페다고지』는 종교 출판사에서 간행한 신학과 교육학 서적이었는데도 폭력을 정당화하는 유해도서라는 이유로 판매금지가 되었으니, 참으로 기막힌 유신의 폭력이었다.

    1970년대 말부터 1980년대 초까지 금서를 양산한 주역은 해직 기자들만이 아니었다. 긴급조치에 의해 학교에서 쫓겨난 수많은 학생들 역시 변변한 취직자리를 구할 수 없었다. 이들은 해직 기자들이 차린 출판사에 직원으로 들어가거나, 아니면 독자적으로 출판사를 차렸다. 광민사(이태복), 형성사(이호웅), 일월서각(김승균), 풀빛(나병식), 학민사(김학민), 돌베개(이해찬), 동평사(이종범) 등을 비롯해 수많은 출판사가 학생운동 출신들에 의해 생겨났다. 또 대학가의 서점들 역시 학생운동 출신자나 그 가족에 의해 운영되는 경우가 많았는데, 서울대 앞의 광장서적(이해찬), 대학서점(김문수) 등이 대표적인 예다. 이들 서점이나 출판사는 수시로 압수수색 대상이 되는 등 탄압이 심했기 때문에, 출판사나 서점의 대표로 부인이나 형제 등의 명의로 등록하는 것이 보통이었다.

    긴급조치와 국가보안법이 금서를 양산하던 시대에 학생운동 출신들은 복사집과 영인본 출판이라는 새로운 영역을 개척했다. 학생들이 자주 복사하는 책들을 영인해서 친구나 가족이 경영하는 대학가 책방에서 팔아보고 그렇게 해서 반응이 좋은 책은 선후배 친구들에게 번역을 의뢰하여 출판하는 방식이다 보니, 책을 선별하는 눈도 남달랐다. 진보적인 원서를 영인하다가 사회과학 출판으로 진출한 대표적인 예는, 정치경제학이 강한 한울(김종수·조희연)과 철학이 강한 이론과실천(김태경, 영인 단계에서는 지청사) 등이다.

사회과학 출판은 1970년대 중반 이후 민주화운동이 지속될 수 있는 물적 토대를 제공한 일등공신이라 할 것이다. 1960년대 중반까지의 학생운동 출신들이 대개 뿔뿔이 흩어진 것에 비해 1960년대 후반 학번들부터 어느 정도의 규모를 갖고 민주화운동 진영에 남은 것은, 교련 반대나 민청학련 사건 등으로 인해 집단적으로 강제징집이나 징역을 산 인연도 있지만, 출판활동을 통해 지식청년들이 반체제 공동체를 유지할 수 있었기 때문이기도 하다. 또한 학생운동이 확산되고 대중화되면서 사회과학 서적이 지금과 달리 비교적 잘 팔려 출판사들도 새로운 기획을 준비할 수 있었고, 그리하여 학생운동을 비롯한 민족민주운동 전반의 이론적 수준도 높아갔다. 복사·영인·기획·번역·출판·편집·서점 운영 등 다양한 활동을 통해 넉넉하지는 않지만 운동을 하면서 생활을 영위하고, 나아가 출판이 단순한 생계수단이 아니라 진보적 이론을 확산하는 운동 기능을 담당하는 데까지 나아간 것이다. 해직 기자, 해직 교수, 제적 학생 등을 중심으로 형성된 일련의 사회과학 출판은 한국 출판계의 지형에 큰 변화를 주었다.

이념도서 해금, 실은 반공도서 해금

광주학살과 함께 등장한 전두환 정권은 무언가 부드러운 이미지를 주기 위해 무척 애를 썼다. 그래서 12시 통행금지를 없애는 등 일련의 유화 조치들을 단행했는데, 1982년 2월에 이념도서들을 해금한 것도 그 일환이라 할 수 있다. 이 조치로 약 15종의 이념서적들이 간행됐는데, 대표적인 것이 칼 포퍼의 『열린 사회와 그 적들』, 이사야 벌린의 『칼 마르크스』, 로버트 콘퀘스트의 『거대한 폭력』, 로버트 터커의 『칼 마르크스의 철학과 신화』, 레너드 샤피로의 『소련공산당사』 등인데,

사실 모두 정평 있는 공산주의 비판 서적이었다. 다 무게 있는 책들이지만, 이념도서 해금이라는 이름을 붙이기에는 낯간지러운, 수준 높은 반공서적들이 출간된 것이라고 할 수 있다. 그래도 마르크스의 수염 난 얼굴이 찍힌 책이 한국전쟁 이후 처음으로 서점가에 깔린 것은, 박정희 시대의 궐기대회식 반공에서 벗어나 그나마 반공에도 이론이 필요하다는 이규호 등 군사정권에 참여한 지식인들의 주장이 그나마 먹혀든 덕이라고나 할까?

이런 유화 조치가 있었다고 해서 출판계에 봄이 온 것은 아니었다. 전두환 정권은 출발부터 1,000여 명의 언론인을 해직하고, 〈창작과 비평〉, 〈문학과 지성〉, 〈뿌리깊은 나무〉 등 172종의 정기간행물을 폐간시키는 등 만행을 저질렀다. 그리하여 유화 조치를 내린 1982년에도 김지하 시선집 『타는 목마름으로』가 창비에서 간행되자 전량을 압수해 작두로 잘라서 불태웠고, 해당 출판사는 세무 사찰을 통해 탄압했다.

전두환 정권이 본격적으로 출판계를 탄압하기 시작한 것은 1985년 5월 1일을 기해서였다. 그 전까지 주로 문공부에서 '행정지도'를 통해 납본필증을 내주지 않거나 내용을 수정하도록 요구하는 방식을 취했다면, 이때부터는 대대적으로 인문사회과학 출판사에 대해 사법적으로 제재 조치를 취했다. 문공부와 경찰이 주축을 이룬 정부합동단속반이 서점과 출판사를 수색하는 등 직접 행동에 나서 많은 서적과 유인물을 압수했다. 당국은 처음에는 압수수색 영장도 없이 마구잡이로 위법 단속을 하다가, 비판이 거세게 일자 사후에 영장을 발부받았다.

이때의 단속은 윤재걸 기자에 따르면, 원서는 판매가 금지되고 번역본은 판매가 허가된 경우(『칼 마르크스의 철학과 신화』), 월간지에 발표될 때는 아무 문제 없었는데 단행본으로 묶자 판매금지된 경우(『박정희 시대』), 10여 년 전에 절판된 도서를 다시 출판했는데 판매금지된 경우(『유한계급론』), 제목에 제3세계나 4월 혁명 등과 같은 특정 용어가 들어가면 무조건 판매를 금지한 경우 등 무원칙하기 짝이 없었다. 아무 탈 없이 납본필증을 받은 책이라도 시위하다가 잡힌 학생 집에서 그 책이 나왔다고 하면, 뒤늦게 판매금지 도서 목록에 오르는 일이 비일비재했다.

Marx가 안 되면 Max도 안 돼!

교도소의 검열은 더 심했다. 납본필증이 나와서 판매되고 있는 도서라도 교도관이 내키지 않으면 들어갈 수 없었다. 막스 베버의 책에 막스가 있어 안 된다기에 'Marx'는 좌파이고 'Max Weber'는 우파의

1989년에 북한 관계 서적을 출판했다는 이유로 압수수색을 당한 도서출판 한마당 사무실. 당시에는 책을 판매금지시키는 이유도 무원칙하기 짝이 없었다.

대가라고 아무리 얘기해도 소용없더라는 일화나, '표지갈이'라고 하여 저쪽에서 보기에 절대로 허락할 수 없는 금서의 표지와 목차 등을 말랑말랑한 책의 표지와 목차로 바꾸어 감쪽같이 제본해서 교도소에 집어넣어 여러 명이 돌려보게 했다는 무용담도 금서시대에 흔히 들을 수 있는 이야기였다.

이제 출판사는 물론이고 서점 주인도 국가보안법 위반으로 처벌받는 시대가 되었다. 국가보안법은 원래 목적범을 처벌하는 것인지라, 공소장에 관용구처럼 "반국가단체를 이롭게 할 목적으로"가 들어가지 않을 수 없다. 그러나 과연 출판사가 책을 찍어내고 서점이 이를 판매하는 행위가 돈을 벌려는 것이겠는가, 아니면 반국가단체를 이롭게 하려는 것이겠는가? 풀빛이 1985년에 간행한 황석영의 『죽음을 넘어 시대의 어둠을 넘어』 같은 책은 당국이 초판 2만 부와 지형까지 압수해 가서 출판사에 막대한 손실을 입히기도 했다. 5공 당국의 출판 탄압이 극에 이르렀음은, 1985년 하반기에 김형욱 회고록을 간행한 아침출판사의 등록을 취소한 데 이어 창비마저 등록을 취소한 것을 통해 알 수 있다. 정기간행물의 등록도 취소하면서 등장한 전두환 정권은 새로운 정기간행물이 등록하려 해도 받아주지 않았고, 또 신고제여야 할 출판사의 등록도 받아주지 않는 방식으로 새로운 사회과학 출판사의 출현하는 것을 막으려 했다(그러다 보니 출판사의 등록증이 몇백만 원에 거래되기도 했다).

당시 사회과학 출판사들은 한국 사회의 현실을 반영한 출판물을 단행본으로 내려면 기획 기간이 너무 길기 때문에 계간지 같은 정기간행물을 통해 연재하고자 했으나, 정권은 이를 허락하지 않았다. 그래서 책(book)과 잡지(magazine)의 중간 형태인 '무크'(mook)라는 독특한 부정기간행물을 연속으로 내놓았는데, 창비가 무크에 계간 통산 57호라고 명기했다는 이유로 출판사의 등록을 취소하는 만행을 저지른 것이다.

1987년 6월 항쟁 이후에 대대적으로 해금 조치가 있었지만, 출판물에 대한 압수수색은 오히려 늘어났다. 통일운동의 열기 속에서 마지막 성역이던 북한 서적의 출판이 시도된 것이다. 특히 출판사 등록을 받지 않던 희한한 조치가 철폐되면서, 해직 기자들이나 1970년대 초·중반 학번 선배들이 운영하는 사회과학 출판사들의 책을 읽으며 학습한 1980년대 학번들이 직접 사회과학 출판사를 차려 등록했다. 그 이름부터 힘, 백두, 대동, 전진, 오월, 남풍, 광주, 황토, 진달래, 지리산 등 새로운 느낌을 주는 출판사들이 마르크스·레닌주의 원전을 넘어서서 이북 책들을 그대로 출간하기 시작했다. 1989년 봄에 공안정국이 도래하면서 대검이 산하 지검에 내린 '좌경이념서적 단속지시'를 보면, "저자, 역자, 편집자, 출판사 대표 등 원칙적으로 구속수사"하게 하는 등 그 입장이 사뭇 강경했다.

그때 급진 저자는 뉴라이트로

국가보안법 시대에는 천수백여 종의 도서가 금서가 되었다. 정확히 몇 종인지는 아무도 모른다. 각 기관마다 그리고 지방마다 자체적으로 이적표현물 목록을 만들었기 때문이다. 권력자들은 늘 금서 목록을 만들어 단속하지만, 18세기 말 프랑스혁명에서 보듯이 금서 단속이 성공할 수는 없다. 그 시절도 금서는 사실 마음만 먹으면 얼마든지 구해서 볼 수 있었고, 서슬 푸른 5공 때도 단속에 아랑곳하지 않고 대학가 서점에서 모든 판금 서적을 구할 수 있었다. 단속반도 높은 것

1994년 출판사 가서원을 압수수색한 검찰. 1987년 6월 항쟁 이후 통일운동의 열기를 타고 북한 관련 서적들이 쏟아져 나오자 당국은 출판계에 냉혹한 탄압을 가했다.

들한테 보이려고 보고용으로 책을 압수해가긴 하지만, 모든 책을 압수할 수 없다는 것을 잘 알고 있었다. 때론 죽어 있던 책이 금서 목록에 오르는 바람에 정신없이 팔려나가 출판사에 쌓여 있던 재고를 처리해주기도 했다. 책이 죽고 사는 것은 권력자 마음대로 정하는 것이 아니다. 천만 독자가 읽은 『태백산맥』이 이적표현물이라면, 대한민국도 이적국가가 아닐 수 없다.

평화박물관에서 국가보안법 문제와 관련하여 '국가 공인 나쁜 책 전시회'를 준비하면서 자료를 모으다 보니, 드물지만 당시에 유명하던 책의 저자가 뉴라이트가 되거나 손꼽히던 급진 출판사의 대표가 뉴라이트가 된 경우도 있었다. 또 어떤 뉴라이트는 금서만 읽다가 내 청춘 다 갔다고 탄식하고 있다. 금서를 보면 시대가 보인다.

현대사 공부하지 마, 다쳐!

-1970, 80년대 '한국사 연구'의 추억

요즘은 대학입시에서 수석으로 합격한 학생을 인터뷰하는 관행이 사라졌지만, 과거 우리는 판에 박힌 답변을 들을 수 있었다. 과외는 받지 않았고, 오직 학교수업만 충실히 했다고……. 가물에 콩 나듯 그런 성실한 학생도 있었겠지만, 들리는 소문은 그와 정반대인 경우가 많았다. 학교수업만 성실히 받았다는 말만큼이나 믿기 어려운 말이 '아무런 정치적 의도가 없었다'는 말이다. "어떤 현실정치적 함의도 가지고 있지 않다"고 자임하는 책이 세간의 화제가 되었다. 『해방 전후사의 재인식』(이하『재인식』)이 바로 그 책이다.

친일 문제 다시 거론하기도 힘들어

이 책의 머리말에서 박지향은 "1980년대에 출간된 『해방 전후사의 인식』(이하 『해전사』)을 읽고 '피가 거꾸로 흘렀다'는 노무현 대통령의 언급을 지면을 통해 접하고, 우리 사회의 역사 인식을 이대로 두고 본다는 것은 역사학자의 '직무 유기'라는 생각이 들"어 이 책을 기획하게 되었다고 밝혔다.

그런데 재미있는 것은 노무현 대통령이 이런 발언을 한 사실이 없다는 것이다. 노무현 대통령은 2004년 8월 25일에 독립유공자와 유족을 초청하여 함께한 오찬에서 "반민특위의 역사를 읽은 많은 젊은 사

군사독재가 판을 치던 1970, 80년대의 현대사 연구는 지워진 역사를 찾아가는 작업이었다. 1987년 4월 28일 검찰이 압수한 이념서적들.(보도사진연감)

국가보안법 없는 나라, 우리나라 좋은 나라 …… 99

람들이 거역할 수 없는 어떤 시대적인 흐름 때문에 직접 아무 일도 하지 못하고 아무 실천은 못하지만, 가슴속에 불이 나거나 피가 거꾸로 도는 경험을 다 한 번씩 한다"고 언급했다는 것이다. 누구 피가 거꾸로 돈 것인지, 『재인식』 편집위원은 역사학자의 기본인 사실 확인에서부터 오류를 범한 셈이다.

대단히 공격적인 머리말과 권말의 대담, 그리고 뉴라이트 경향의 논문 몇 편이 문제이긴 하지만, 『재인식』에 실린 다수의 논문은 가벼이 볼 수 없는 논문들이다. 역사가 짧은 현대사 연구의 깊이와 폭을 더한 글들로, 이 논문들에서 제기한 문제들은 학계에서 진지하게 토론되어야 한다.

그러나 편집진의 과도한 '사명감'과 수구언론의 호들갑으로 인해 이 책이 뉴라이트나 수구세력 진영의 성전처럼 포장되면서, 정작 이 책에 논문을 재수록하도록 허락한 몇몇 필자들은 불편한 심경을 감추지 못하고 있다. 임대식이 〈역사비평〉 2006년 봄호 머리글에서 적절하게 평한 것처럼, 『재인식』은 뉴라이트와 탈근대론의 부적절한 만남의 산물이라고 할 것이다. 『재인식』 자체에 대한 비판은 임대식의 글을 비롯해 여러 곳에서 이미 나왔기 때문에, 이 글에서는 『해전사』가 처음 나온 1970년대 후반부터 현대사 연구가 어떤 식으로 이뤄져왔는지를 살펴보기로 하겠다.

한국에서는 현대사와 근대사를 칼같이 구분하지만, 우리가 애써 구분해봐야 영어로는 둘 다 'modern history'가 된다. 현대사를 'contemporary history'라고도 하지만, 이는 우리가 쓰는 의미의 현대사라기보다는 '당대사', '동시대사'라는 뜻이 더 강하다. 중국이나 일본에서 근대와 현대를 어떻게 구분하는지에 대해서도 고찰해봐야겠지만,

한국에서 유달리 근대와 현대를 구분하는 데 집착하는 것은 분단과 전쟁과 학살의 현장인 한국에서 현대사 연구가 태생부터 지녀야 했던 정치적 숙명인지도 모른다. 이른바 '국사찾기'를 하는 사람들이 흔히 고대사에서 '잃어버린 역사를 찾아서'라는 말을 쓰지만, 군사독재가 판을 치던 1970년대와 1980년대의 현대사 연구는 정말 지워진 역사를 찾아가는 작업이었다.

1970년대의 한국은 "에비!"가 지배하는 사회였고, "묻지 마, 다쳐!"가 선배들이 후배들에게 들려주는 교훈이던 사회다. 책을 통해 여러 번 강조했지만, 전쟁을 치르면서 어찌나 확실하게 죽여놨던지, 친일 문제를 다시 거론하는 것도 몹시 힘들었다. 제주 4·3사건처럼 도저히 잊을 수 없는 사건이라도 입에 담아서는 안 됐다. 현기영의 소설 『순이 삼촌』이 보여주는 것처럼 현대사의 비극적 진실은 그저 삶을 가위 누르는 악몽이었다. 외마디 비명조차 지르지도 못하는 처지를 그린 『순이 삼촌』도 판금도서 목록에 올라야 했다.

그래도 문학이 조금 자유로웠던지 〈창작과 비평〉에는 더러더러 해방 직후의 상황을 다룬 소설들이 실리곤 했다. 리영희의 『전환시대의 논리』가 1974년에 나오고, 송건호의 『민족지성의 탐구』가 이듬해에 나오면서 이른바 '의식화'(아직 의식화라는 말이 본격적으로 쓰이기 전이었을 것이다) 교재가 풍성해졌지만, 우리 자신의 역사를 다룬 책은 별로 없었다. 〈창작과 비평〉 등에 실린 논문을 복사하고 제본해 『현실인식의 기초』라는 학생운동 진영의 기초 세미나 교재를 처음 만든 것이 1979년이었다. 학생운동 진영이 처음으로 '커리'(커리큘럼)를 만들어 의식화 교육을 시작할 무렵, 대학가에서는 아직도 라인홀드 니이버의 『도덕적 인간과 비도덕적 사회』, 존 롤스 같은 보수 사상가의

『정의론』, 얼마 뒤 전두환의 비서실장이 되는 이규호가 쓴 『사람됨의 철학』 등이 세미나 교재로 이용됐다.

광주의 충격이 현대사 연구를 이끌다

나는 1978년에 계열별로 대학에 입학해 1979년에 국사학과에 배정됐는데, 당시 국사학과에는 '현대사'라는 과목이 아예 교과목으로 개설되지 않았다. 현대사는커녕 독립운동사조차 강의가 없었고, 아마 '한국최근세사'라는 제목으로 의병투쟁에 대해서는 배운 것 같다. 서울대가 특히 사정이 나쁜 것이었지만, 다른 대학도 형편이 좋았다고 할 수는 없다. 1979년은 마침 3·1운동 60주년이 되는 해인지라 국사학과를 중심으로 학생들끼리 심포지엄을 하자고 준비하던 기억이 새롭다. 역사가 지워진 시대이다 보니 자료도 많지 않았다. 1977년에 지식산업사에서 일제시대에 관한 그동안의 논문을 모아 세 권으로 엮은 『한국근대사론』 정도가 그나마 쉽게 구해볼 수 있는 책이었다.

『해전사』가 나온 것은 바로 이런 때였다. 초판 발행일이 1979년 10월 15일로 되어 있으니, 박정희가 죽기 10여 일 전에 나온 것이다. 정말 유신 말기에 나온 책이다. 『해전사』는 1989년에 제6권까지 나왔지만, 처음부터 시리즈로 기획된 것은 아니었다. 왜 분단이라는 비극이 우리 민족과 국토에 닥쳐왔는지를 "논리적으로 인식"하고 이 시대를 해명해가다 보면 "그 이후의 우리 자신에 대한 사회과학은 비로소 맥락을 잡을 수 있을 것"이라고 기대하며, "하나의 시도 내지 입문서"로서 나온 책이다.

인혁당 사건 관련자들이 유신정권에 의해 죽고 남베트남 정권이 붕괴되던 1975년은 〈동아일보〉와 〈조선일보〉에서 언론인들이 대거

현대사 연구의 기폭제가 된 것은 1980년 5월의 광주가 준 충격이었다. 우리에게 미국은 무엇인가라는 질문은 자연스럽게 살아남은 모두를 해방 직후로 이끌었다.

해직당한 해이며, 긴급조치 9호가 발효된 해이기도 하다. 많은 언론인이 신문사에서 쫓겨난 뒤 호구지책으로 출판사를 차렸고, 긴급조치로 쫓겨난 학생들은 선배들이 차린 출판사의 직원이 되었다. 『해전사』도 이렇게 만들어진 출판사 중 하나인 한길사에서 나온 것이다. 박정희의 갑작스런 죽음이 가져온 허탈감과 기대 속에서 대학생들과 지식인들이 『해전사』를 읽기 시작했다. 생생할 수밖에 없었다. 비록 대부분 전에 여기저기 발표된 글을 모은 책이었지만, 10·26 직후의 상황은 8·15와 4·19에 뒤이은 또 하나의 전환기가 아니었던가? 『해전사』

로 새롭게 만난 8·15와 20주년을 맞게 되는 4·19. 그러나 '서울의 봄'은 속절없이 끝나고 말았다.

 군사독재가 강화된 1970년대 후반부터 우리 문제에 대해 관심이 고조된 것은 분명했지만, 현대사 연구의 기폭제가 된 것은 역시 1980년 5월의 광주가 준 충격이었다. '우리에게 미국은 무엇인가'라는 질문은 자연스럽게 살아남은 모두를 해방 직후로 이끌었다. 불행하게도 『해전사』 1권은 이 문제를 깊이 있게 다루지 못했다. 1982년 말에 돌베개에서 『한국현대사의 재조명』이 나오고, 이어 1983년 초에 일월서각에서 『분단 전후의 현대사』가 나왔으며, 1984년에는 사계절에서 『한국현대사, 1945~1975』가 나왔다. 『해전사』가 철저하게 국내 필진의 글을 모은 것이라면, 『한국현대사의 재조명』은 영어와 일어로 쓰인 주요 논문이나 연구서를 발췌·번역해 모은 것이고, 『분단 전후의 현대사』도 국내 필자의 글이 두 편 실려 있지만 기본적으로 해외 연구자들의 성과를 모은 것이다. 『한국현대사 1945~1975』는 미국의 진보적 한국 연구자들이 펴낸 책의 번역본이었다. 이 세 책에는 모두 브루스 커밍스의 글이 실려 있는데, 1981년에 미국에서 간행된 그의 책 『한국전쟁의 기원』은 완역되어 출간되기 전부터 널리 읽혔다.

 현대사 책들이 출간되던 초기에 현재 열린우리당 소속인 유기홍 의원이 당시 학내 시위로 실형을 살고 나와 출판사에 다니며 큰 구실을 했다. 나도 그 무렵 군대에 끌려갔다 온 뒤 대학원에 진학하면서 『1960년대』(거름출판사), 『진보당』(지양사) 등을 선후배들의 도움을 받아 편집했고, 돌베개에서 이정식과 스칼라피노의 『한국 공산주의 운동사』 1권부터 3권까지를 번역하면서 현대사 공부를 시작했다.

망망대해에서 목말라 하는 연구자들

현대사 공부에는 여러 가지 제약이 많았다. 보통 고대사는 해당 시대의 자료를 다 쌓아도 무릎을 넘지 않고, 고려사는 문집을 합쳐도 키를 넘지 않는데, 조선시대는 방 하나가 가득하도록 자료가 넘쳐나기 때문에 고려시대사를 연구하는 방법으로 조선시대사를 연구해서는 안 된다는 말이 있다. 조선시대 자료가 방 하나 가득이면 현대사는 그와 비교가 되지 않을 정도로 자료가 많아서 취사선택하느라 고민해야 한다.

그러나 정작 현대사를 공부하겠다고 나선 우리는 마치 사방을 둘러봐도 물뿐인 망망대해에서 목말라 하는 사람들처럼 자료가 부족하여 허덕였다. 주변에 책을 빌려주었다가 문제가 되어 징역을 살고 고문당한 사연을 심심치 않게 듣는 마당이니, 자료를 가진 사람들도 빌려주는 것은 고사하고 여간해선 잠시 보여주려 하지도 않았다. 도서관에 해방 직후에 간행된 자료가 있더라도 대부분 특수자료로 분류해 보여주지 않았다. 돌이켜 생각해보니 그때는 자료를 구해서 읽은 시간보다 헌책방을 뒤지거나, 어디에 무슨 자료가 있는지를 확인하고, 어떻게 빼낼까 궁리하느라 보낸 시간이 더 많지 않았나 싶다.

1986년에 김남식 선생님과 함께 『한국현대사 자료총서』 15권을 돌베개에서 묶어 낸 것도 거창하게 말하자면 부족한 자료 때문에 현대사를 연구할 수 없다는 패배주의를 깨버리자는 것이었지만, 자료를 접근하는 데 가해진 제약이 지긋지긋했기 때문이기도 하다. 아무튼 그동안 제목으로만 듣던 단행본, 좌익계 신문과 잡지의 주요 논문, 회의록, 팸플릿 등이 2만 쪽가량 쏟아져나와 해방 3년사에 관해서는 자료가 부족해서 연구하기 어렵다는 평계를 대지 못하게 되었다. 또 미국의 국립문서보관소에 소장된 미군정 자료가 15권 분량으로 일월서각에서 영인본으로 간행됐다. 조선공산당 기관지 〈해방일보〉나 남로당 기관지 〈노력인민〉 같은 자료를 모아서 내다보니 당국의 단속이 우려됐지만, 다행히 무사히 넘어갔다.

여전히 주요 대학 사학과의 학부는 물론이고 대학원에도 현대사 강의나 세미나는 개설되지 않았다. 강의 제목이 '현대사'라고 되어 있어도 적당히 일제시대나, 심지어 어떤 대학에서는 대원군에 대해 강의하기도 했다. 현대사를 공부하겠다고 하면 워낙 험한 시대이다 보니 선생님들께서는 다친다고 만류하셨다. 정규 과정에 근현대사 강의가 부족하다 보니, 사학과 대학원생들이 밖에서 세미나팀을 조직했다. 1984년에 망원한국사연구실이 문을 열었고, 여기서 이듬해에 현대사팀을 만들어 공부를 시작했다. 1986년에는 역사문제연구소가 만들어졌는데, 망원한국사연구실이 주로 한국사 전공의 석사과정 중심으로 모여 사명감은 충천했으나 논문을 집필할 만큼 성숙하지는 못한 반면, 역사문제연구소는 사학 전공자들에 비해 한결 몸이 가벼운 사회과학 연구자들까지 포함해 모였고 이미 연구 역량을 갖춘 장년층의 진보적 지식인들이 적극 가담해서 더 빨리 성과를 내었다.

운동권 사냥, 『한국민중사』를 잡아먹다

1986년에 아시안게임이 성공적으로 마무리되자 군사독재정권은 1988년의 올림픽을 치르기 전에 운동권을 싹쓸이하기로 마음먹은 것 같았다. 1986년에 건국대 사건으로 1,000여 명의 학생을 잡아들이더니, 1987년 초에는 서울대생 박종철이 치안본부 대공분실에서 고문·살해됐다. 비단 학생운동뿐 아니라 노동, 농민, 종교, 문화 등 전방위에 걸쳐 군사독재의 공세가 시작됐고, 이런 분위기에서 출판도 예외가 아니었다. 당대 최고의 공안검사로 유명한 김원치에 의해 풀빛에서 간행된 『한국민중사』가 표적이 되어 풀빛의 실질적 발행인 나병식 등이 구속됐다. 민청학련 사건의 무기수인 나병식은 역사를 전공했고, 당시 후배들과 폭넓은 관계를 유지하고 있었다.

『한국민중사』는 유기홍이 중심이 되고 도진순(현재 창원대 교수) 등 대학원생과 제헌의회 사건의 핵심인 최민 등 서울대 국사학과 77학번과

『한국민중사』는 88올림픽을 앞두고 시행된 운동권 사냥의 희생양이었다. 다행히 6월 항쟁이 터져 발행인이 석방됐다.(보도사진연감 88)

78학번들이, 처음에는 정철영어사에서 영어로 한국사를 내려 한다고 해서 한국어 저본의 집필을 부탁받아 작업하다가 중간에 정철영어사 쪽에서 포기하는 바람에 풀빛에서 내게 된 것이다. 유기홍, 최민 등이 각각 수배되는 등 사고가 생겨 현대편이 마무리되지 못했는데, 그때

마침 군에서 제대한 윤대원(현재 역사학연구소)이 마무리하여 책이 나왔다.

민중을 전면에 내세운 최초의 역사서는 당시 독자들에게 상당한 호응을 얻었지만, 공안당국은 더 뜨겁게 나왔다. 그동안 나온 현대사 관련 서적들이 모두 판매금지를 당해 금서 목록에 이름을 올렸지만, 발행인이 구속되거나 필자들이 잡혀가지는 않았는데, 『한국민중사』

50대의 대학교수들이 친일파나 독재자 들에겐 너그러우면서, 과거 청산에 대해서는 자학사관에 빠져 있다고 비판하는 이유는 무엇일까. 국회 과거사법 발의 장면. ⓒ 이종찬

의 경우는 출판사 사주가 구속된 것이다. 다행히 6월 항쟁이 겹치면서 나병식은 석방됐지만, 누구보다 열심히 그의 석방을 위해 뛰어다니던 풀빛 주간이자 문학평론가 채광석이 이 무렵 불의의 교통사고로 세상을 떠난 것은 큰 아쉬움으로 남는다.

현대사에 대한 관심이 고조되는 가운데『해전사』도 1985년에 강만길 선생을 대표 저자로 하여 2권이 나왔다. 김광식이나 홍인숙 등 1970년대 후반에 대학을 다니면서『해전사』1권을 읽고 '피가 거꾸로 도는' 충격을 받은 사람들이 필자로 참여했지만, 여전히 40, 50대 필자들이 주를 이루었다. 1987년 말에는 박현채 선생을 대표 저자로 하여 3권이 나왔는데, 이번『재인식』에도 논문이 수록된 이완범 등 젊은 필자들이 중심이 되었다.

1989년에는 4, 5, 6권 세 권이 무더기로 나왔다. 최장집 선생이 대표 필자가 된 4권은 한국전쟁 이전의 빨치산운동이나 4·3항쟁 같은 민감한 문제를 처음 다루었고, 김남식 선생이 대표 필자가 된 5권은 통일부 장관이 된 이종석 등 젊은 필자들이 북한의 혁명전통과 인민 정권의 수립 과정을 주로 다루었다. 6권은 박명림과 이완범 등이 연구사를 정리했다. 1979년에 1권이 처음 나온『해전사』는 이렇게 1989년에 6권까지 나오면서 신진 필자들을 대거 발굴하여 국내의 연구성과를 집대성했다.

광주가 준 충격 속에서 현대사를 공부해야 한다는 필요성을 느끼며 신문 쪼가리나 잡지 쪼가리를 모아 논문 목록을 작성해가던 것이 벌써 25년 가까이 지나버렸다. 노동 '현장'에 투신하는 대신 책상이 당시 현대사를 연구하고자 마음먹은 사람들의 '현장'이었고, 연구자들은 자신들의 공부가 세상을 바꾸는 지식이 되기를 바라고 또 바랐다. 선생님들은 이렇게 공부해라 하고 가르쳐주는 대신, 현대사 공부하면 다친다고, 한국사에는 아직 연구되지 않은 주제들이 너무나 많이 기다리고 있다고 걱정하셨다. 공안당국은 『한국민중사』 사건이나 『한국현대민족해방운동사』 사건에서와 같이 현대사 연구가 대중화되거나 운동과 결합할 경우 그냥두지 않았다.

그 공부가 나라를 비하하기 위해서인가

그 질풍노도의 시대에 "묻지 마, 다쳐!"를 뿌리치고 현대사 공부를 시작한 우리는 다듬어지지 않은 20대였다. 『재인식』 편집자들이 말하는 것처럼 민족지상주의와 민중혁명필연론으로 무장한 것은 아니지만, 민족과 민중을 소중히 여겼음은 틀림없다. 일제시대를 친일과 반일의 이분법으로 설명할 수 없고 그래서도 안 된다는 것을 당시에도 알았지만, 독립운동사를 연구하는 것을 불온하게 여기던 상황에서 연구영역을 확보하기 위해서라도 치고 나갈 수밖에 없는 면도 분명히 있었다.

『재인식』의 편집진이 주장하는 것처럼 과연 우리가 대한민국을 비하하기 위해 어렵게 현대사 공부를 시작한 것이었을까? 1989년의 『해전사』 단계에서는 아직 다가서지 못한 민간인 학살의 진실이, 『재인식』 편집진이 말하는 "시민의 권리와 의무는 또 무엇인지를 모른 채 나라만들기의 첫 삽을 뜬 우리 할아버지-아버지 세대"의 "암중모색에서 일어난 시행착오"에 지나지 않는 것일까?

1980년대의 현대사 연구에는 분명히 미숙하고 거친 부분이 있다. 그것을 현대사에 관한 한 선생님에게 배워본 적 없는 20대들의 소아병이라 불러도 좋다. 그러나 50대 대학교수들이 친일파나 학살자, 독재자 들에 대해서는 한없이 너그러우면서, 현재의 과거 청산에 대해서는 독립군이 친일파를 미워하는 것보다 더 강한 격문을 내세우며 자학사관에 빠져 있다고 동료 연구자들을 비판하는 것은 어떻게 불러야 할까?

황우석과 인혁당, 조작의 재생산
-합리적 의심을 가로막는 폭력, 국가보안법의 본질

2005년 겨울, 어딜 가나 황우석 교수 이야기였다. 고등학교 3학년 때인들 생물 공부를 이렇게 열심히 했을까? 온 국민이 갑자기 줄기세포 전문가가 되어버렸다. 그야말로 나라가 온통 뒤집혔다. '인위적 실수'라는 현란한 말장난의 안개가 걷히며 충격적인 조작극의 실체가 드러났다. 황우석 쇼크가 전국을 강타하기 열흘쯤 전인 12월 7일에 '국가정보원 과거사건 진실 규명을 통한 발전위원회'(이하 진실위원회)는 인민혁명당 재건위원회와 전국민주청년학생총연맹 사건에 대해 조사한 결과를 발표했다. 한마디로 인혁당 재건위라는 단체는 존재한 적이 없었다. 1975년 4월 9일, 대법원이 확정판결을 내린 지 18시간 만에 8명의 고귀한 목숨을 앗아가버린, 박정희 시대 최대의 공안사건은 철저하게 조작된 것이었다. 2005년 12월, 국민들은 30년이라는 시차를 두고 발생한 두 희대의 조작극이 탄로나는 광경을 지켜보았다.

한국의 철칙, 말 많으면 공산당

필자는 2005년 초부터 진실위원회에서 인혁당 재건위 사건의 진상을 조사하는 실무책임자 일을 맡아보았기 때문에, 비록 과학에는 문외한이지만 황우석 쇼크를 보면서 느끼는 바가 남다를 수밖에 없었다. 원래 국가보안법과 별개로 인혁당 사건과 인혁당 재건위 사건을 다룰 예정이었지만, 희대의 조작극이 밝혀지는 과정을 지켜보며 계획을 수정하여 조작된 두 사건을 비교해보았다.

두 사건은 모두 일반 시민들이 이 세상에 대해 갖고 있던 기본적인 신뢰를 뒤흔들어놓았다. 처음 조작 의혹이 제기됐을 때 많은 국민들이 황우석 교수의 편을 들어주었다. 그것은 황우석 교수가 던져준 희망의 불빛 때문만이 아니었다. 환자 맞춤형 줄기세포가 그리 빨리 임상치료에 적용되지는 못할 것이라고 생각하면서도, 많은 시민들이 '설마하니 과학자가 논문을 쓰면서 기본자료를 조작하랴' 하는 믿음을 갖고 있었기 때문이다. 인혁당 재건위 사건이 발표됐을 당시에도 엄혹한 군사독재정권의 탄압 때문만이 아니라, 많은 국민들이 정부에서 하는 발표이니 사실이겠지 하고 믿었던 것이다.

믿음이란 것은 중요한 가치이지만, 믿음이 힘을 발하기 위해서는—종교적인 믿음의 경우는 이야기가 조금 다르겠지만—그에 앞서 철저한 검증과 감시가 있어야 한다. 믿음의 다른 측면은 합리적인

무소불위의 권력이 만들어낸 희대의 조작극 인혁당 재건위 사건. 그때 국가의 재검증 시스템은 철저히 마비돼 있었다.(보도사진연감)

국가보안법 없는 나라, 우리나라 좋은 나라 113

황우석 사건을 보면서 국가보안법을 떠올린 이유는 합리적 의심을 가로막는 폭력 때문이다. 2005년 12월 16일 기자회견을 하고 있는 황우석 박사.

의심이다. 합리적인 의심을 품을 수 있고 그런 합리적인 의심이 검증될 수 있는 시스템이 곧 민주주의다. 민주주의가 왜 3권을 나누고, 견제와 균형의 장치를 겹겹이 만들어놓는가? 이는 권력의 속성에 대한 불신 때문이다.

필자는 황우석 사건을 보면서 국가보안법을 떠올렸다. 줄기세포 파문에 웬 국가보안법이냐 할지 모르지만, 합리적인 의심이 작동하지 못하게 하는 폭력이야말로 국가보안법의 본질이 아닐까 생각한다. 마음속에 의문이 생길 때 이를 주위 사람들에게 말하지 않고서야 어찌 풀 수 있으리오? 그러나 국가보안법에 기대어 한국 사회를 지배해온 철칙은 무엇인가? 말 많으면 무조건 공산당이다. 반대 의견을 표출하지 못하는 사회, 정부의 발표는 무조건 믿어야 하는 사회, 교과서에 진리만 실리는 사회, "신문에 났어" 하면 더는 검증할 필요가 없는 사회, 이것이 국가보안법이 그리는 이상사회였다.

인혁당 재건위 조작사건이 일어나기 직전인 1974년 1월, 박정희 정권은 긴급조치 제1호를 발동했다. 이는 유신헌법을 "부정, 반대, 왜곡 또는 비방하는 일체의 행위"와 유신헌법의 "개정 또는 폐지를 주장, 발의, 제안 또는 청원하는 일체의 행위"를 금하고, 이를 어기는 자뿐 아니라 이 조치를 비방한 자까지 "법관의 영장 없이 체포, 구속, 수색하며 15년 이하의 징역에 처"한다는 조치이다. 긴급조치 제1호의 6

항은 "이 조치를 위반한 자와 이 조치를 비방한 자는 비상군법회의에서 심판·처단한다"고 규정했다. 도대체 얼마나 상황이 긴급했기에 영장을 발부할 겨를도 없이 군사법정에 사람들을 세워야 했을까?

황우석 교수 파동을 보면서 생겨난 의문은 연구진이 수십 명인데 과연 이 모든 사람들이 조작의 공범인가, 그것이 아니라면 어떻게 황 교수 한 사람이 이들을 다 속이고 조작할 수 있었는가 하는 점이다. 연구진으로 참여한 쟁쟁한 과학자들이 모두 양심을 저버린 인물들은 아닐 텐데, 왜 검증이 안 된 것일까? 정부는 또 왜 수백억 원의 연구비를 몰아주면서 덩달아 장밋빛 꿈을 꾼 것일까?

"고문하고 있나?" "안 하는데요"

이 의문은 인혁당 재건위 사건을 다루는 내내 내 머릿속을 떠나지 않던 문제이기도 했다. 물증이라고는 달랑 북쪽의 방송을 청취해 기록한 공책 한 권뿐인 사건—그나마 이 공책은 국가보안법상의 반국가단체 구성 혐의의 증거가 아니고, 반공법상 이적표현물을 소지했다는 증거일 뿐이다—으로 8명이 목숨을 잃는 동안, 사건을 수사한 중앙정보부는 그렇다 치더라도 검찰이나 법원은 도대체 무엇을 했으며 언론은 또 무엇을 하였기에 이런 엄청난 조작사건이 그대로 먹혀들어 갈 수 있었을까? 국가의 검증 시스템은 철저히 마비돼 있었다. 이 조작사건의 가장 큰 책임이 중앙정보부에 있다는 전제하에, 국가 시스템 전체가 조작사건의 공동정범으로 물려 들어간 과정을 되짚어 보아야만 한다.

알고도 속아준 것인지 아니면 모르고 속은 것인지 또는 그 경계가 어디인지 구별하는 것은 쉽지 않지만, 인혁당 재건위 사건을 조사하면서 그리고 황우석 파동을 겪으면서 한 가지 확실하게 느낀 것은 등잔 밑이 어둡다고, 가까운 사람을 속이는 것이 상식적인 타인을 속이는 것보다 훨씬 더 쉽다는 점이다. 중앙정보부의 전직 고위 간부는 당시에도 안팎에서 고문 의혹이 무성하게 제기됐는데 아무런 조치를 취하지 않았냐는 질문에, 고문하지 말라고 수없이 지시를 내렸을 뿐 아니라 수사관을 불러 직접 묻기도 했다고 답한다. 수사관이 "나를 못 믿습니까? 저런 빨갱이 말을 믿습니까?" 하고 펄펄 뛰며 부인하니 자기로서는 어쩔 도리가 없었다는 것이다. 안기부와 국정원의 도청사건에서도 고위 간부들이 도청을 근절하라는 지시를 내리고 이에 밑에서 안 한다고 보고하면, 그것으로 그냥 넘어갔다고 한다.

인혁당 재건위 사건의 고문 의혹과 관련해 중앙정보부 내부 문서를 뒤지다 보니, 1973년 10월에 최종길 교수 고문살인 의혹사건이 있은 직후에 중앙정보부장이 감찰실을 통해 관련 부서의 수사 상황을 점검한 보고서가 나왔다. 쉽게 얘기해서 "고문하고 있나?" "안 하는데요." 그렇게 몇 마디 묻고 그냥 넘어가버린 것이다. 그리고 진술 말고는 아무런 증거도 없이 반국가단체가 만들어지고 8명이 목숨을 잃었다. 중앙정보부 내에서는 '차단의 원칙'이라는 이름으로 다른 부서에서 어떤 일이 진행되는지 알아서도 안 되고 알 수도 없었다. 마찬가지로 철저하게 분업화된 실험실에서 우리 팀원이 하는 일이라는 믿음 속에서 내부 검증의 절차는 자리 잡을 수 없었다. 검증이 사라진 곳에서 조작이 싹텄다.

그래도 1964년의 1차 인혁당 사건 당시에는 공안검찰이, 중앙정보부에서 진술한 것 말고는 아무런 증거가 없는 사건을 어떻게 기소하느냐며 중앙정보부나 검찰 수뇌부에 저항하다가 사표를 내기도 했다. 그래서 결국 국가보안법상의 반국가단체 구성 혐의는 적용되지 못하고, 단순한 반공법 사건이 되었다. 그러나 꼭 10년이 흘러 1974년에는 비록 비상군법회의 검찰부라는 탈을 쓰기는 했지만, 대한민국의 검사들은 인혁당 재건위라는 반국가단체를 만들어내는 데 적극적으로 가담했다. 아니, 수사일지를 찬찬히 검토해보면 검사들이 투입된 뒤에 오히려 더 적극적으로 반국가단체 사건이 만들어졌다.

군인들이 재판관인 군사법정에서 1심과 2심이 행해졌다는 점에서 사법부 역시 사법권을 중대하게 침해당했다고 할 수 있다. 그러나 대법원이 이 사법살인의 마지막 관문이었다는 점에서 사법부는 결코 책임을 면할 수 없다. 여기서 책임이란 역사적, 도덕적 또는 정치적 책임만을 말하는 것이 아니다. 법을 다루는 사람들은 법적인 책임을 져야 한다. 처음부터 증거라는 것이 없었고, 대신 고문 의혹은 무성했고, 심지어 공판 조서를 변조했다는 의혹까지 제기되는 상황에서, 대법원은 '법률심'이라는 간판 뒤에 숨어 아무런 사실도 확인하지 않은 채 법률을 적용함에 잘못이 없다며 사형을 확정했다. 재심의 기회도, 구속 기간 중에 가족을 면회할 기회도 갖지 못한 8명이 대법원에서 이 따위 '판결'이 내려진 뒤 18시간 만에 처형됐다. 이 몰상식하고 반도덕적인 집행은 확정판결 18시간 만에 사형을 집행해서는 안 된다는 법률이 없었으니 적법한 절차였다.

이재승 교수는 최근에 발표한 논문에서 "법관의 범죄행위로서 사법살인은 정치적 목적에 봉사할 의도하에 악법의 무제약적 적용, 법률 문언에 반한 법률 해석, 사실 관계의 조작 증거의 자의적인 평가, 사실 관계에 어울리지 않는 형량의 부과 등을 통해서 사형을 선고하여 사망에 이르게 하는 행위"라 정의하고, 사형이 집행된 경우에는 살인죄의 기수가 된다고 주장했다. 법관이 살인죄의 처벌을 면할 수 있는 길은 심신상실의 상태에서 재판을 했거나, 아니면 본인이나 가족이 생명을 위협당하는 상태에서 재판을 한 경우이다. 유신정권이 야만적이긴 했어도 이 지경은 아니었다.

언론, 침묵과 애국주의 사이에서

그리고 언론. 황우석 파동에서 애국주의를 부추긴 언론이 인혁당 사건에서 수행한 역할은 조금은 복잡하다. 인혁당 재건위 관련자 8명이 사형당할 때 언론은 침묵을 지켰다. 아니, 조작된 정보, 예컨대 사형선고를 당한 사람들이 마지막 순간에도 적화통일을 바라고 있다는 식의 조작된 유언을 버젓이 전해, 일반 국민들에게 '아, 저들은 진짜 빨갱이구나' 하는 잘못된 의식을 갖게 했다. 그러나 독재정권이 처음 인혁당 재건위 사건을 조작하던 1974년은 상황이 달랐다. 젊은 기자들이 할 말을 하고자 했고, 지금과 사뭇 논조가 다르던 〈동아일보〉는 유신독재를 비판하는 선봉에 섰다. 이에 돌아온 것은 광고 탄압이었다. 역사상 처음으로 백지광고가 나갔다. 〈동아일보〉는 그 와중에 석 달을 버텼다. 독자들도 주머니를 털어 자기 의견을 광고에 실었다. 그러나 〈동아일보〉는 1975년 3월에 유신정권의 압력에 결국 무릎을 꿇었고, 100여 명의 기자를 내쫓았다. 〈조선일보〉도 30여 명을 해직했다(이때 해직된 분들이 뒤에 〈한겨레〉를 만드는 주축이 되었다). 국가권력에 의해 인혁당 살인사건이 자행되던 그 순간에 한국의 주요 언론들이 바람잡이 역할을 했지만, 그것은 유혈이 낭자한 해직의 칼바람이 스치고 지나간 직후의 일이었다.

〈한겨레21〉 590호에서 지적한 것처럼 언론은 황우석 파동에서 목청이 찢어지게 '황우석 만세'를 외쳤고, 황우석 신화를 검증해보자는 〈PD수첩〉을 물어뜯었다. 1975년을 뒤흔든 반공궐기대회 같은 푸닥거리 대신에 2005년의 언론은 '국익'을 내세웠다. 냉전이 끝나 반공의 약발이 떨어진 자리를 국익이 대신 메웠을 뿐, 반공이든 국익이든 방식은 똑같았다. 다른 생각은 용납되지 않았다. 황우석을 의심하는 자는 매국노였다. 이제 국익은 신판 국가보안법의 새로운 주문이 되었다. 1975년의 조작극과 다른 점은 당시에 대중들이 국가권력의 조작극에 속아넘어가 구경꾼이 된 반면, 2005년의 황우석 사태에서는 대중들이 적극적으로 애국주의의 열풍을 불러일으켰다는 것이다. 2002년 월드컵의 흥분이 그저 한 판 잔치로 끝난 것이 아니라, 폭발적 열기에 대해 중독증을 가져온 것일까? 아니면 국가보안법을 교육 해온 효과가 서서히 나타나는 것일까? 반공을 위해서라면, 국익을 위해서라면 어떠한 것도 정당화됐다. 황우석을 비판하는 기사에 달린 댓글을 보자.

"언론의 '진실 규명'도 나라가 있고 민족이 있은 다음에야 가능한 것입니다. 이번 일처럼 '나라와 민족'을 무시하고 오직 개인적인 '진실 규명'만을 중시하는 태도로 언론이 나아간다면, 우리나라와 민족의 미래는 없습니다. 일본놈들은 '난징 대학살'이나 '종군위안부'같이 피해자들이 버젓이 살아 있는 사항에 대해서도 온갖 평계를 대며 '부정'하고 있는데, 우리는 왜 우리나라 학자의 작은 잘못 하나 감추어주지 못한단 말입니까? 당신들은 우리나라보다 '미국'이나 '일본'을 더 사랑하십니까? 그렇다고 한다면 '매국노'라는 비판을 면할 수 없을 것입니다. 국익을 위해서 때로는 '진실'이 감추어질 필요도 있다고 저는 생각합니다. 이런 저의 '나라와 민족을 사랑하는 마음'을 가리켜 '파시즘'이라고 매도하신다면 저는 기꺼이 '파시스트'가 되겠습니다. 되고 말고요."

실망스러운 것은 문화방송의 태도였다. 1975년의 〈동아일보〉는 광고가 다 떨어져나가 광고란을 백지로 내는 상황에서도 석 달을 버텼다. 유신권력보다 '애국대중'이 더 무서운 탓일까? 김상만의 〈동아일보〉도 석 달을 버텼는데, 최문순의 문화방송은 〈PD수첩〉 광고가 떨어져나간 데 이어 〈뉴스데스크〉 광고 역시 떨어져나갈 조짐을 보이자 바로 꼬리를 내렸다. 가슴 아픈 일이다.

진실의 쓰디쓴 승리

조작은 혼자서 하지 못한다. 인혁당 사건도 그렇고, 황우석 사건도 그렇고, 혼자서 그 모든 일을 조작할 수는 없다. 유신권력 내에 민주주의는 없었다. 박정희가 불순세력이 인민혁명을 꾀하고 있다고 엄포를 놓으니 인민혁명당 재건위 사건이 일어났고, 저들을 극형에 처해 마땅하다고 악을 쓰니 일사천리로 사형이 집행됐다. 윗사람의 얘기는 곧 법이었다. '대통령 각하의 담화'나 '부장님(중앙정보부장)의 발표문'에 맞춰 철저히 짜맞추는 식으로 수사가 진행됐다. 황우석이 조작을 지시했을 때 연구원은 잘못인 줄 알면서 지시를 따랐다. 연구실은 군대보다 더했다고 한다. 부당한 지시를 거부할 수 있는 권리가 보장되지 않는 비민주적인 분위기에서 절대권력자의 지시에 따라 조작은 이루어졌다.

30년 전의 국가범죄인 인혁당 재건위 사건이라는 조작극과 2005년의 황우석 사건을 비교해보면, 그래도 역사는 발전하는 것이고 우리에게 아직은 희망이 있음을 알 수 있다. 진실은 결국 드러나게 돼

젊은 과학자들의 용기가 거짓의 장막을 벗겨냈다는 점은 황우석 사태가 보여주는 희망이다. 2005년 12월 23일 교수직 사퇴를 밝힌 황우석 박사.

있지만, 인혁당 재건위 사건은 8명이 죽은 뒤 30년의 세월이 흐르고서야 진실이 드러났다. 황우석 파동은 다행히 사람 목숨은 다치지 않은 채 몇 달 만에 진실이 밝혀졌다. 젊은 과학자들의 용기와 성실성이 황우석 신화가 드리운 거짓의 장막을 걷어낸 것이다. 긴급조치와 국가보안법으로 지탱되는 유신체제 아래에서 청년학생과 양심적인 지식인들이 인혁당 사건이 조작되었다고 외쳤지만, 그 소리는 울려 퍼질 수 없었다. 그러나 인터넷 시대에는 젊은 지식인들이 조금씩 지혜와 노력을 모아 그 누구도 통제할 수 없는 힘을 만들어낸 것이다. 진실의 승리였다. 진실이 결코 달콤하지만은 않았지만.

누구나 잊고 싶은 과거가 있다. 기억하고 싶지 않은 과거와 정직하게 대면하는 것은 사실 대단히 고통스러운 일이다. 그러나 가해자의 고통이 피해자가 당한 고통보다 크지는 않다. 지금 고백이 필요한 정말 중요한 이유는 고백이 치료약이기 때문이다. 지금도 고통에 허덕이며 살고 있는 피해자들에게, 당신이 하는 고백은 상처받은 그들의 마음을 치료할 수 있는 유일한 치료제다. 억만금을 보상금으로 준다고 해도 치유될 수 없는 마음의 상처가 가해자의 고백으로 치유될 수 있다.

| 3부 |

기억하지 않는 자와
고백하는 자

'돌대가리'로 박정희를 들이박다
―독재자의 단순·무식·과격한 분신, 김형욱

2005년 5월 26일에 국정원 과거사건 진실 규명을 통한 발전위원회는 전 중앙정보부장 김형욱의 실종사건을 조사한 내용을 중간발표했다. 김형욱의 실종에 대해서 그동안 여러 가지 유언비어가 난무했지만, 대개 '양계장설'이나 '청와대 지하실설' 등 박정희가 직접 지시하여 살해됐다거나 차지철 라인에 의해 살해됐다는 설 등이 유력했다. 이런 설들이 사실이라면 중앙정보부는 김형욱을 살해하는 데 연루되지 않았거나 일부 요원들이 개인적으로 관계된 것이 되므로, 적어도 이 사건에 관한 한 국정원은 기관 차원에서는 면죄부를 받거나 최소한의 책임만을 지게 된다. 그러나 이번 발표는 국정원이 과거 중앙정보부가 기관 차원에서 움직였다는 점을 시인하고, 지난날의 국가폭력에 대해 국가기관으로 져야 할 책임을 분명히 인정했다는 점에서 나름의 의미가 있다. 그렇지만 사건의 핵심에 있는 이상렬 주프랑스공사가 아직 입을 열지 않았고, 주검을 처리한 과정에서 박정희의 지시 여부 등 아직 밝혀야 할 부분들이 많이 남아 있다. 언론의 반응을 보면, 이번 중간발표가 의혹을 풀어주었다기보다 오히려 증폭시킨 것이 아닌가 하는 생각도 든다. 그의 실종사건에 대해서는 많은 언론에서 자세하게 다루었지만, 정작 김형욱, 그가 어떤 사람이었고 중앙정보부를 어떻게 운영해왔는지는 깊이 있게 파헤치지 않았다.

8기의 우등생 김종필, 열등생 김형욱

김형욱, 아직 군정이 실시되고 있던 1963년 7월에 4대 중앙정보부장에 취임한 그는, 3선개헌안이 통과된 직후인 1969년 10월 20일에 해임될 때까지 6년 3개월을 그 자리에 앉아 있었다. 그가 중앙정

김형욱은 다중인격자 박정희의 한 얼굴이었다. 그 둘을 짝지어놓은 것은 박정희의 형벌인가, 김형욱의 형벌인가.

보부장으로 있던 기간은 요즘 대통령 임기 5년보다 더 길며, 역대 중앙정보부장(안기부장 또는 국정원장) 중에서도 타의 추종을 불허한다. 장장 18년에 걸친 박정희의 집권기간 중 3분의 1이 넘는 기간 동안 그는 중앙정보부장이었다. 그러나 박정희가 집권하는 동안 자리를 오래 지킨 사람은 김형욱만이 아니었다. 김형욱의 천적이던 쌍권총 박종규는 육영수 여사의 피격으로 낙마할 때까지 10년이나 대통령 경호실장을 지냈고, 김정렴은 대통령 비서실장을 9년이나 지냈다. 이후락도 비서실장 6년에 중앙정보부장 3년, 신직수는 검찰총장 7년 6개월에 중앙정보부장 3년, 차지철도 경호실장만 5년, 김재규도 보안사령관 2년에 중앙정보부장 3년을 지냈다. 그러니 독재자 박정희는 집권기간이 길어서이기도 하지만, 어쨌든 자신이 선택한 몇몇 인물을 꽤 오래 쓴 편이다. 박정희는 이런 친위 인물들끼리 서로 충성을 경쟁하도록 했다. 그러다가 그들 몇몇과 앞서거니 뒤서거니 하며 저승길로 갔다.

김형욱의 어린 시절과 입대하기 전의 행적에 대해서는 알려진 바가 별로 없다. 고향이 황해도 신천이라는 것 말고는 저마다 설이 갈린다. 가난한 집 출신이라 제대로 교육을 못 받았다고도 하고, 어려서 권투과 승마를 배웠다는 것으로 보아 부유한 집 출신임이 틀림없다고도 한다. 일설에 일본 헌병 보조원 출신인 그가 해방 이후 그러한 경력 때문에 좌익들에게 크게 혼이 나서 월남했다고도 하는데, 이를 뚜렷하게 입증할 만한 자료는 찾을 수 없다.

그가 미국 하원 국제관계소위원회의 프레이저 청문회에 출석해 진술한 바에 따르면, 소련군이 고향에 진주함에 따라 공산 학정을 견디지 못해 1946년에 자유를 찾아 월남했다고 한다. 김형욱은 여순반란

사건 직후인 1948년 12월에 육군사관학교 8기로 입대했다. 육사 8기는 약 6개월 동안 훈련을 받고 소위로 임관됐는데, 특별반까지 합쳐 1,200여 명이 임관되어 육군사관학교 역사에서 최다 임관으로 기록되고 있다. 중앙정보부를 창설하고 초대 부장을 지낸 김종필이 8기의 우등생이었다면, 가장 오래 중앙정보부장 자리를 누린 김형욱은 재학시절에 성적이 최하위권이었다고 한다. 8기의 우등생들이 일찍이 육군본부에 배치되어 박정희와 친밀한 관계를 맺은 반면, 김형욱은 일선을 전전했다. 육사 8기는 한국전쟁 당시 일선 소대장으로 3분의 1가량이 전사했는데, 김형욱이 주장한 바에 따르면, 그는 위관급 장교로서는 처음으로 을지무공훈장을 받았다고 한다.

'촌놈 중령' 김형욱은 대대장으로 생활한 지 7년 만에 육군대학을 마친 뒤 1960년 3월에 육군본부 작전참모부에 배치됐고, 정보참모부 행정과장으로 근무하던 동기생 김종필과 재회했다. 이승만 시절에 이미 군사반란을 준비했다가 4·19혁명으로 기회를 잃어버린 박정희와 김종필 일당은 대신 정군운동(整軍運動)을 들고 나왔다. 그들은 당시 참모총장 송요찬에게 부정 선거의 책임을 지고 물러나라는 서한을 군수기지 사령관 박정희 명의로 보냈다. 김종필의 동기인 8기생이 육군본부에만 120명이 근무하며 수평적 유대를 공고히 하고 있던 점은, 군이 아무리 상하관계가 절대적인 수직적 조직이라 하더라도 큰 힘을 발휘할 수밖에 없었다. 내외의 압력 속에 끝까지 정군을 주장한 김종필, 김형욱, 길재호 등 8기생 여덟 명(8·8그룹)은 국가반란음모죄로 체포됐다. 그러나 군의 중핵을 이루는 8기생을 대거 처벌할 경우 군 내부에 동요가 발생할 것을 우려해 군 수뇌부는 이들을 석방했다. 그 뒤 이들은 7기와 9기 선후배들을 모아 다시 하극상 사건을 일으켰고,

김형욱은 중앙정보부장이라는 자리가 만들어낸 막강한 인물이었다. 중앙정보부장 시절 기자회견을 하고 있는 김형욱. (정부기록 사진집)

그 결과 김종필은 군복을 벗었다. 이러한 일련의 과정을 거치면서 5·16군사반란은 무르익어갔다.

5·16군사반란의 정점에는 박정희가 있지만, 실제 거사는 김재춘, 문재준, 박치옥 등 육사 5기와 김종필, 김형욱, 길재호 등 8기를 양 날개로 해서 이루어졌다. 그러는 와중에 아직 박정희가 절대권력을 수립하지 못한 상황에서 5기와 8기가 대립하는 등 자칭 '혁명주체' 내부에서 권력다툼이 날로 심해졌다. 5기와 8기는 8기가 처음 육사에 입교했을 때 5기가 소대장으로 혹독한 기합을 주던 사이였다고 한다. 5월 20일에 국가재건최고회의가 처음 발족했을 때 김형욱은 최

고위원에 들지 못했다. 그는 중령 이하에 최고위원이 5명만 배치됐다고 거세게 항의하다가 육사 선배인 농림장관 장경순 준장에게 뺨을 맞았는데, 며칠 뒤 최고위원 겸직 금지로 장경순 등 각료 5명이 물러난 자리에 5기 김재춘, 8기 홍종철 등과 함께 임명됐다.

'과소평가' 받은 덕분에 오른 중정부장

당시 김형욱은 홍종철, 길재호와 함께 '김홍길'이라 불리며 최고위원 내에서 8기 강경파를 대표하고 있었다. 그는 김종필의 후원으로 최고회의 내무위원장이 되었고, 중앙정보부가 내무위원회 소관이었기 때문에 중앙정보부와 인연을 맺게 되었다. 김종필이 처음 중앙정보부를 만들 때 8기 동기로 일찍부터 육군본부 정보국에 근무한 이영근, 서정순, 석정선, 전재구 등이 중심이 되었는데, 김형욱은 중앙정보부 창설에 관한 소식이 어두워 오히려 장도영 등 반대세력에게 너는 같은 8기이면서 그것도 모르냐고 핀잔을 받았다고도 한다. 이 일화는 김형욱 자신은 정군운동과 5·16의 주체이자 8기 주류로 자임했지만, 정작 8기 내에서는 일정하게 소외된 측면도 있었음을 말해준다.

김형욱에 앞서 중앙정보부장을 지낸 이는 초대 김종필, 2대 김용순, 3대 김재춘이었다. 능력 있고 언변도 좋은 데다 박정희의 조카사위인 김종필이 너무 앞서가자, 5기는 물론이고 동기인 8기에서도 그를 견제하는 세력이 형성돼 김종필은 중앙정보부장 자리에서 물러나게 되었다. 이때 8기 주류에서는 김형욱을 후임으로 밀고 5기는 김재춘을 밀었는데, 어느 쪽 손도 들어줄 수 없던 박정희는 중도파인 김용순을 임명했다. 그러나 중도파는 양쪽에게 지지를 받기보다 양쪽에게서 비판을 받는 법인지라, 김용순은 그 막강한 자리를 채 두 달도 지키지 못했다. 박정희는 다음으로 5기 김재춘을 선택했고, 김재춘은 중앙정보부장으로서 김종필 세력을 제거하는 것을 최고의 목표로 삼다가 역시 반격을 받아 석 달 만에 쫓겨났다. 이때 박정희는 김재춘의 후임으로 방첩부대장 출신의 장경순을 생각했다고 한다. 그러나 다가오는 대통령 선거를 총괄해야 하는 자리에 앉힐 장경순이 농림장관으로서 거둔 성적이 시원치 않아 농민들의 원성이 큰 데다, 8기 주류들이 다시 중앙정보부장 자리를 되찾기 위해 적극적으로 노력했기 때문에 결국 김형욱이 큰 감투를 쓰게 되었다.

왜 김종필 등 8기는 정보인으로서 가져야 할 명석함이나 분석능력, 세련됨과 거리가 멀어 보이는 저돌적이고 폭력적인 김형욱을 중앙정보부장 자리에 적극적으로 추천한 것일까? 아마도 김형욱을 과소평가했기 때문일 것이다. 이런저런 이유로 지구당 위원장이나 지역구를 '잠시' 내놓아야 하는 국회의원은 그 자리에 절대로 똑똑한 사람을 앉히지 않는다. 뭔가 좀 부족한 사람이어야 그 자리에 추천해준 사람들에게 고마워할 줄 알고, 딴 생각을 품지 않는다는 것이다.

임명된 초기에 김형욱은 8기에 대해 고분고분했고, 자신이 정보에 대해 뭘 알겠느냐면서 무슨 일이 있으면 상의도 잘했다고 한다. 그러나 박정희가 겨우 15만 표 차이로 승리한 1963년 대통령 선거에서 일등공신으로 떠오른 뒤부터 김형욱의 태도는 달라지기 시작했다. 특히 1964년에 6·3사태가 일어난 뒤로는 자신을 추천한 김종필에 대해 노골적으로 적대감을 보이기 시작했다고 한다. 김종필이 박정희에게 김형욱을 교체할 것을 건의한 뒤―박정희는 '친절하게' 김형욱에게 이런 사실을 모두 이야기해준다. 이것이 박정희의 용인술이다―부터는 기회만 있으면 김종필을 제거하려 하거나 타격을 주려 했다.

김형욱은 동백림 사건에서 무리하게 민족주의비교연구회를 연결 지으면서 단순히 학생운동만을 겨냥하지 않았다. 당시 표적이 된 서울대 교수 황성모는 김종필이 공화당을 사전에 조직하는 작업에 깊숙이 연루된 인물이다. 1966년에 장군의 아들 김두한이 국회에서 오물을 뿌렸을 때 김형욱은 김두한의 배후에 김종필이 있다고 박정희에게 보고했고, 김두한에게서 이러한 진술을 얻어내기 위해 모진 고문을 가했다. 장군의 손녀 김을동은 건강하던 아버지가 50대 중반에 세상을 뜬 것이 김형욱의 중앙정보부가 가한 고문 후유증 때문이라고 굳게 믿고 있다. 1968년의 국민복지회 사건은 직접적으로 김종필의 손발을 자른 사건이었다. 아직 3선개헌이 이루어지기 전이었으니 김종필 입장에서 1971년의 대통령 선거를 꿈꾸는 것은 당연한 일이었지만, 박정희의 뜻을 받들어 김종필에게 박해를 가한 김형욱으로서는 김종필이 대통령을 꿈꾼다는 것을 받아들일 수 없었다.

저돌적인 모습은 계산된 것

한편 박정희는 왜 김형욱을 중앙정보부장에 임명했을까? 김종필은 중앙정보부를 창설한 인물이지만, 젊고 능력 있고 야심만만한 그를 막강한 중앙정보부장 자리에 앉혀두는 것은 박정희에게도 불안한 일이었다. 박정희는 전혀 대중적이지 않으며 자신 밑에서 2인자가 되는 꿈은 꿔도 자신의 자리는 탐할 수 없는 사람, 그러면서 자신에게 절대적으로 충성할 사람이 필요했다. 1980년대 초반에 개그맨 김형곤이 '날으는 돈까스'나 '공포의 삼겹살'이라는 말로 사람들을 웃겼는데, 사실 이는 단순함과 무식함, 과격함으로 대표되는 김형욱의 별명이었다. 김형욱이 쓴—사실은 그의 이름을 달고 나온—『대지의 가

3선개헌에 관해 기자회견을 하는 박정희 대통령. 그는 개헌 이후 김형욱을 중앙정보부장 자리에서 끌어내렸다(왼쪽, 정부기록 사진집). 1977년에 미국 하원 프레이저 청문회에서 박정희의 죄상을 털어놓는 김형욱(오른쪽).

교』라는 책에서 그는 조금 우아하게 "외곬, 우직, 직선적 열정형"이라고 자신을 소개하면서, "이 모든 나에 대한 '닉네임'이 무엇을 뜻하는지 나는 잘 알고 있다"라고 썼다. 5·16군사반란을 준비하면서 8기와 9기가 서로 명단을 교환할 때 9기 쪽에서 김형욱의 이름을 보고 저런 '쓸모없는 돌대가리'를 왜 포함시켰느냐고 불만을 토로했다는 유명한 이야기가 있지만, 박정희는 그를 참 잘 써먹었다. 그러나 3선개헌을 성사시키고 어떤 상을 받을지 궁금해하다가 해임된 김형욱은, 1973년에 미국으로 망명해 그 돌대가리로 박정희를 들이박았다.

김형욱이 단순하고 무식하고 과격했다는 데 대해 이의를 제기할 사람은 별로 없겠지만, 한 가지 주의해야 할 것은 그의 저돌적인 모습이 다분히 계산된 것이라는 점이다. 그것은 박정희가 요구한 것이기도 했으며, 김형욱 자신이 즐긴 것이기도 했다. 왜냐하면 그런 무식함, 과격함, 야비함이 권력을 확대하는 수단이었기 때문이다. 어떤 평론가는 중앙정보부장에 전혀 어울릴 것 같지 않은 김형욱이 최장수 중앙정보부장이 된 것을 두고 "어처구니없는 단순성을 무기로 경이적인 성공"을 거두었다고 평했다.

불행히도 그가 거둔 성공은 정보기관인 중앙정보부로서는 불행이었다. 박정희 정권 초기에 중앙정보부 부장을 6년 넘게 지냈다는 점에서 중앙정보부가 갖는 부정적인, 그러나 중앙정보부의 막강한 힘을 상징하는 이미지들이 모두 김형욱이 부장으로 재직하는 동안에 형성됐다고 해도 지나친 말이 아니다. 아니, 어쩌면 군사반란으로 시작한 박정희의 시대가, 그리고 박정희라는 인물의 그릇이 고문과 용공조작, 불법과 도청, 강제연행과 테러, 밀수 등 온갖 부정적인 활동을 자행하는 중앙정보부를 요구했을 것이다.

김종필이 중앙정보부장이라는 막강한 자리를 만들었다면, 김형욱은 중앙정보부장이라는 자리가 만들어낸 막강한 인물이었다. 그의 모든 권한은 박정희에서 나왔지만, 때로 김형욱이라는 독특한 인물은 박정희를 자신이 원하는 방향으로 끌고 갔다. 우연인지 모르지만, 한국전쟁 당시에 이북 지역에서 가장 심각한 민간인 학살이 발생한 신천이 고향인 김형욱은 좌익 전력이 있는 박정희를 색깔론으로부터 보호하는 데 전력을 기울였다.

개인적인 관계로 본다면, 박정희는 북에서 밀사로 내려온 황태성이 너무 가까운 선배이자 둘째형의 친한 친구이기 때문에 도저히 죽일 수 없는 처지였다. 그러나 김형욱이 황태성을 사형해야 한다고 밀어붙였다고 한다. 이런 태도는 김성곤 등 과거에 좌익 전력을 지닌 박정희 정권 내의 많은 실력자들에게 경고를 보내는 것이기도 했으며, 권력투쟁의 유력한 수단이기도 했다. 박정희와 대구사범학교 동기이자 그와 오랜 술친구였던 문화방송 사장 황용주를 같은 혁명주체인 이낙선이 발행하는 잡지 〈세대〉에 실은 논문을 문제 삼아 반공법 위반으로 구속한 것이나, 1964년에 도쿄올림픽에서 북쪽 육상 대표선수로 참가한 신금단과 남에서 간 아버지가 눈물의 부녀 상봉을 이룬 뒤에 국회의원 이만섭이 판문점에 남북이산가족 면회소를 설치하자고 주장한 것을 반공법 위반으로 구속하겠다고 펄펄 뛴 것도 반공의 사상검열관을 자임하면서 권력 내부에서 군기잡기를 시행한 것이었다.

김형욱은 박정희의 3선개헌을 관철하기 위해 온갖 수단을 동원했다. 3선개헌에 반대하는 의원들을 찬성으로 돌리는 데 이용한 악명 높은 수단은 여자 문제로 약점을 잡는 것이었다. 사진을 찍기도 하고, 때로는 사전에 아가씨를 매수해 호텔 방에서 점잖은 나리의 옷이란 옷은 몽땅 들고 도망치게 해서 곤경에 빠뜨리는 장난을 치기도 했다. 여자 문제로 별로 약점이 잡히지 않는 사람에게는 "자네는 무슨 재미로 사나?" 하며 참 별 걱정을 다 해주기도 했다.

박정희의 여자관계만 발설하지 않은 이유

3선개헌 직후에 박정희는 3선개헌을 통과시킨 일등공신이자 그동안 원성이 자자하던 김형욱과 이후락을 전격 교체했다. 가히 토사구팽의 전형이었다. 이후락은 곧 주일대사로 임명됐고, 김형욱은 8대 국회에 공화당 전국구 의원 5번으로 입성했다. 그러나 박정희 밑에서 2인자를 자처하던 김형욱으로서는 국회의원 자리가 성에 찰 리 없었다. 한번은 국회 외무위에서 김형욱이 모 야당 의원과 멱살잡이를 벌인 일이 있었는데, 야당 원로 윤제술이 진한 전라도 사투리로 "무슨 개싸움들이여!"라고 웃겨서 그냥 끝이 났다고 한다. 이 촌극을 두고 어느 언론인은 이게 김형욱 '의원'의 유일한 원내 활동이라고 비꼬기도 했다.

해임된 다음날 새벽에 김형욱이 김종필의 직계로 자신에게 가장 많이 당한 공화당 원내총무 김용태의 집을 찾아가 무릎 꿇고 눈물을 흘리며 빌었다는 일화는 그의 이중성을 잘 보여준다. 워낙 지은 죄가 많았기에 김형욱이 중앙정보부장에서 밀려난 뒤 전전긍긍한 것은 충분히 이해가 간다. 미국으로 망명해 두문불출하고 지내던 김형욱은 1977년에 프레이저 청문회에 등장해 박정희 정권의 악행에 대해 증언했다. 한국 정부의 외환보유고가 3,000만 달러 수준일 때 그가 미국으로 빼돌린 재산이 2,000만 달러에 이른다고 그의 행적을 적은 여러 기록들이 말하고 있다. 그런 그가 무엇을 원해서 증언대에 섰을까? 인기가 눈 녹듯 사라진 흘러간 스타처럼 허탈함 때문에 다시 각광을 받고 싶었던 것일까? 그가 중앙정보부장에서 물러난 지 약 1년 반 뒤에 간행한 『대지의 가교』에는 '김형욱 저'라고만 나와 있을 뿐 아무런 저자 소개가 없다. 그러나 그로부터 다시 1년 반 뒤인 1972년 말에 그의 이름으로 간행된 『공산주의의 활동과 실제』라는 1,200쪽짜리 책에는 시시콜콜한 훈장 목록과 외국여행 기록까지 포함해서 한 페이지에 가득 경력이 소개되고 있다.

김형욱이 지은 『공산주의의 활동과 실제』. 이 책은 그가 받은 훈장 목록과 외국여행 기록까지 포함해서 한 페이지에 가득 경력을 소개하고 있다.

김형욱의 모든 권력은 박정희에게서 나왔다. 박정희가 위임한 권력을 거둬들인 순간, 그는 아무것도 아닌 존재가 되었다. 그가 벌인 모든 악행은 사실 박정희가 요구한 것이었다. 박정희 없는 김형욱을 생각할 수 없듯이, 1960년대의 박정희는 김형욱을 떠나서 생각할 수 없다. 김형욱은 다중인격자 박정희의 한 얼굴이었다. 김형욱은 프레이저 청문회에서 한 증언과 회고록을 통해 모든 것을 다 털어놓았지만, 단 한 가지 박정희의 여자관계만은 털어놓지 않았다. 김형욱이 박정희 정권의 하수인들에게 피살된 것은 기왕의 폭로에 대한 복수였을까, 아니면 아직 남아 있는 추잡한 시한폭탄에 대한 예방이었을까? 박정희와 김형욱, 다시는 만나고 싶지 않은 원수가 된 처지에 그들은 앞서거니 뒤서거니 저승길 길동무가 되었다. 그 둘을 짝 지은 것은 박정희에 대한 형벌이었을까, 김형욱에 대한 형벌이었을까?

그는 언론이 탐나서 몸부림쳤다
－부일장학회와 경향신문사 강탈

국가정보원 과거사건 진실 규명을 통한 발전위원회는 2005년 7월 22일에 5·16군사반란 직후 부일장학회 등 헌납과 〈경향신문〉 매각에 따른 의혹사건을 조사한 결과를 발표했다. 진실위원회가 7개 우선조사 사건 중에서 처음으로 하나를 마무리한 것이다. 사건을 조사하는 데 깊이 관여한 민간위원으로서 시원함과 두려움, 그리고 착잡함을 금할 수 없다. 시원하다고 한 것은 조사 중인 사건인 데다 뒷산에 대밭조차 남아 있지 않아 "임금님 귀는 당나귀 귀"도 외치지 못하던 처지에서 '이제는 말할 수 있다'의 영역으로 들어갔기 때문이다. 두려움은 당연히 우리가 조사한 결과가 혹시 잘못되거나 부족한 것은 없는지에서 비롯된 것이다. 그리고 착잡함은 깡패들이 국가를 장악했을 때 어떤 일이 벌어지는지를 2차 자료로만 봐오다가 피해자와 가해자를 직접 만나보고 1차 자료로 확인하면서 드는 심정이었다. 우리는 일상생활에서 흔히 "칼만 안 둘었지"라는 말을 많이 쓴다. 저들은 분명 칼은 안 들었다. 그러나 탱크를 앞세워 나라를 빼앗은 자들이 아닌가? 칼 든 조무래기 깡패들 잡아넣고.

설립도 안 된 5·16장학회에 헌납하다니

부일장학회 등 사건은 1962년 당시에 첫손에 꼽히던 재력가인 김지태를 사소한 혐의로 구속시켜놓고 부일장학회 명목으로 그가 소유한 토지 10만 평과 〈부산일보〉, 한국문화방송, 부산문화방송의 주식 100퍼센트를 '헌납'받고 풀어준 사건이다. 김지태에게 부정으로 축재

깡패들이 국가를 장악했을 때 어떤 일이 벌어지는가. 부일장학회 헌납과 〈경향신문〉 매각 의혹에 대해 조사한 결과를 발표하는 진실위원회.

한 혐의가 있었다고는 하나 그 혐의는 이미 1961년 말에 일단락됐고, 김지태와 함께 부정 축재로 처리대상이 된 기업인 중 다시 구속됐다가 재산을 헌납하는 조건으로 석방된 사람은 없다.

사실 박정희는 5·16군사반란 이전에 부산 군수기지 사령관을 지냈으며, 대구사범학교 동기동창인 황용주가 〈부산일보〉 주필로 있었기 때문에 김지태와 잘 아는 사이였다. 일부에서는 박정희가 황용주를 통해 쿠데타 자금을 요청했는데 김지태가 이를 거절하여 미운털이 박혔다고 주장하지만, 황용주는 박정희의 부탁을 김지태에게 전하지 않았고 뒤에 그 사실을 박정희에게 해명했기 때문에 이 사건이 박정희가 김지태에게 앙심을 품었기 때문에 벌어졌다고 보는 것은 너무 단순한 해석이 아닐까 한다. 또 일부에서는 김지태가 친일파이니 그의 재산을 몰수하는 것은 당연하다고 주장하지만, 김지태가 친일파인지 아닌지는 사건의 본질과 아무 상관없는 문제일 뿐 아니라, 만에 하나 김지태가 친일파였다 하더라도 어찌 감히 박정희 같은 경력의 소유자가 친일을 이유로 남의 재산을 빼앗는단 말인가?

이 사건의 본질은 박정희가 김지태에게서 빼앗아 5·16장학회로 넘긴 재산의 성격을 보면 잘 나타난다. 김지태는 그 당시에 수십억 대의 막대한 재산을 소유한 사람이었다. 그런데 김지태가 구속됐다가 풀려나는 과정에서 왜 하필이면 언론 3사의 주식을 '헌납'하였는가? 바로 박정희가 언론사를 원했기 때문이다. 박정희가 재산이 탐나서 김지태를 잡아넣고 재산을 내놓으라 했다면, 김지태가 '헌납'한 부산 시내의 토지 10만여 평도 5·16장학회로 갔어야 할 것이다. 그러나 박정희는 5·16장학회를 만들어 장학사업을 하겠다고 표방하면서도 부일장학회의 기본재산이던 이 땅은 국방부로 소유권을 옮기고, 언론 3사의 주식만으로 5·16장학회를 만들었다.

박정희에게 언론의 중요성을 일깨워주고 정권을 유지하기 위해서는 언론을 장악해야 한다는 생각을 불러일으킨 사람은 황용주였다. 〈부산일보〉 주필이던 황용주는 김지태가 〈부산일보〉를 내놓자 〈부산일보〉 사장이 되었고, 이어 한국문화방송 사장이 되었다. 아마도 그가 이 사건으로 박정희 다음가는 이익을 본 사람인지도 모른다. 그러나 황용주가 줄곧 영화만을 누린 것은 아니었다. 박정희와 막강한 친분이 있었는데도 황용주는 5·16군사반란 직후 용공분자로 입건·구속됐다가 병보석으로 석방됐는데, 그 뒤 〈부산일보〉 사장이 되었을 때도 권력의 핵심 내부에서 상당히 견제를 받았다. 황용주는 결국 문화방송 사장으로 있던 1964년 가을, 통일 문제에 대해 잡지 〈세대〉에 발표한 논문이 문제가 되어 김형욱의 중앙정보부에 의해 반공법을 위반한 혐의로 구속됐다.

김지태는 구속된 상태에서 1962년 5월 25일에 포기각서를 쓸 때는 재산을 국가에 헌납한다고 했지만, 6월 20일에 작성된 기부승낙서에는 헌납할 곳이 아직 설립되지도 않은 5·16장학회로 되어 있었다. 5·16장학회와 그 소유로 편입된 〈부산일보〉, 한국문화방송, 부산문화방송의 임원을 보면 박정희, 황용주와 대구사범학교 동창이나 대구 출신 인사들이 유달리 많이 눈에 띈다. 5·16장학회는 박정희의 측근들이나 친인척들로 이사진이 구성됐고, 박정희 사후에는 이름마저 박정희와 육영수에서 한 글자씩 따서 '정수장학회'로 바꾼 채 박정희 유족들에 의해 운영됐다. 국가에 바친 재산이 이렇게 사유화됐으니, "짐은 곧 국가"라고 할밖에…….

강제성 따지는 것 자체가 우스운 일

김지태가 자기 의사에 반해 기부승낙서에 도장을 찍은 이유는 생사(生絲) 등 자신의 다른 재산을 지켜야 했고, 또 자신이 계속 버틸 경우 다른 기업의 경영이 어려워져 수천 명의 종업원이 실업자가 될지도 모른다는 우려에다 일단 소나기는 피해야 한다는 심경에서 형을 면하고자 한 것으로 보인다. 그리고 1962년 당시에 박정희가 1979년까지 20년 가까이 집권하리라고는 아무도 생각하지 않았기 때문에, 김지태로서는 얼마 지나지 않아 박정희가 권력을 놓으면 빼앗긴 재산을 되찾을 수 있다고 믿은 것으로 보인다.

이 사건과 관련해 언론에서 가장 관심이 쏠린 부분은, 첫째 박정희의 지시 여부고, 둘째 재산 헌납의 강제성 여부다. 먼저 첫 번째 문제

박정희가 부일장학회를 탐낸 진짜 이유는 언론을 장악하기 위해서였다. 박정희의 지시로 토지와 부일장학회를 빼앗긴 김지태 씨(왼쪽). 2004년 8월 김씨의 두 아들이 열린우리당 진상조사단과 가진 간담회에서 기자들의 질문에 답하고 있다(오른쪽).

에 대해 당시 중앙정보부 부산지부장 박 모씨는 자신의 명의로 2000년 〈진주지〉에 기고한 글에서 박정희가 직접 지시하여 김지태를 구속했다고 회고했으나, 뒤에 정수장학회 문제가 부각되면서 그의 글이 주목을 끌게 되자 박정희의 지시란 '알아보라'는 정도였다고 한발 물러났다. 진실위원회는 당사자의 조금 다른 주장 중에서 별다른 외부 압력이 없는 상태에서 먼저 나온 주장에 더 무게를 실어주었다. 당시 중앙정보부 부산지부 관계자들은 김지태의 비리에 관한 첩보를 부산지부가 입수해 독자적으로 수사에 착수했다고 주장하나, 그 같은 주장을 입증할 만한 수사계획서 같은 문건이 남아 있지 않다. 반면에 박정희가 부산을 다녀가기 직전에 부산지부가 작성한 '정치인 실태 내사서'에 김지태에 대해 부일장학금을 지급하여 국가에 큰 도움을 주고 있다고 긍정적으로 평가하면서 부정불신 사실 항목에는 '없음'이라고 적고 있는 것으로 보아, 박정희의 지시에 의해 언론사를 소유하던 김지태가 표적수사의 대상이 되었다고 보아야 할 것이다.

정수장학회 쪽은 김지태가 재산을 자진 헌납한 것이라고 강변하고 있으나, 김지태는 석방된 직후부터 경제기획원장 김유택을 찾아가 "선의의 기증 행위가 아니라 강제로 약탈당한 것이니 반환해야 한다"고 강력히 주장했다. 또한 전제왕국 이조시대에도 이러한 행위는 없었다고 분개한 것이 1962년 7월 31일자 경찰 정보보고에도 나와 있다. 이 밖에도 김지태가 1962년 9월, 1963년 12월, 1971년 7월, 1980년 4월 등 여러 차례에 걸쳐 재산을 되찾으려 시도한 증거가 뚜렷이 남아 있다. 사실 김지태의 경우 재산을 헌납하는 과정에서 강제성이 있었는지를 따지는 것 자체가 우스운 일이다. 강도에게 지갑을 빼앗길 때 강도가 내 주머니를 직접 뒤져 지갑을 빼앗아가면 강탈이고, 내가 내 손으로 꺼내주면 '헌납'이나 '희사'일까?

부일장학회 등 사건은 2004년에 정수장학회 문제가 불거지면서 일반에게 비교적 자세히 알려졌지만, 〈경향신문〉 매각사건은 당시에도 그렇고 그 뒤에도 사안의 중대성에 비해 너무나 조용히 묻혀버렸다. 오죽하면 진실위원회가 2005년 2월에 7대 우선조사 사건을 선정하여 발표하는 자리에서 〈경향신문〉 사건을 선정했다는데도, 기자들 중에서 왜 언론사건은 선정하지 않느냐는 질문까지 나왔을까?

1974년 말에서 1975년 초까지 3개월가량 진행된 〈동아일보〉 사건 같은 것이 박정희 정권 때 자행된 대표적 언론 탄압으로 알려져 있지만, 〈경향신문〉 사건은 그보다 훨씬 더 악랄하고 지독했다. 〈동아일보〉 때야 그래도 민주시민들이 관심을 갖고 대대적으로 지원했고, 사주가 간첩으로 몰려 감옥에 가지도 않았으며, 신문사 소유권이 바뀌지도 않았다. 〈동아일보〉 사주가 정권의 압력에 굴복한 것도 어쩌면 〈경향신문〉 사건을 학습한 효과가 아니었을까? 〈경향신문〉 사건은 사장이 간첩사건에 연루돼 구속된 상황에서도 1년 가까이 버티다 보니, 정권과 중앙정보부가 자행한 탄압이 더 드러났다고 할 수 있다.

〈경향신문〉 한 놈만 패기 작전

당시 〈경향신문〉 이준구 사장은 원래 언론인 출신이 아니었고, 신문에 대해 전문적인 식견을 갖춘 인물도 아니었다. 그러나 그는 비상한 수완이 있는 사업가였으며, 어떻게 해야 신문이 잘 팔리는지에 대해서 탁월한 감각을 갖고 있었다. 그는 먼저 우수한 인재들을 등용했고, 젊은 기자들이 비판적인 기사를 쓰도록 적극 후원했다. 이런 적극적인 비판 논조는 정론지로서 〈경향신문〉의 존재를 부각시켰고, 박정희는 〈경향신문〉을 갈수록 부담스러워하게 되었다.

사실 박정희는 김지태의 〈부산일보〉와 문화방송을 빼앗을 무렵, 〈경향신문〉을 인수하려 한 적이 있었다. 〈부산일보〉나 문화방송과 달리, 박정희는 〈경향신문〉을 그냥 빼앗으려고 하지 않고 돈을 주고 사려고 한 것으로 보인다. 이는 아마도 〈경향신문〉이 김지태 같은 개인이 소유한 언론사가 아니라, 천주교라는 거대한 종교가 소유한 것이었기 때문인 듯하다. 박정희는 자신의 친구이자 천주교 쪽에도 신망이 높던 시인 구상을 내세웠는데, 천주교 쪽에서 구상과 계약까지 체결했다가 자금이 박정희에게서 나온 것을 알고는 계약을 파기했다고 한다. 이때 삼성의 이병철도 〈경향신문〉을 인수하려고 뛰어들었는데, 당시 〈경향신문〉에 많은 돈을 빌려준 대가로 사장직에 오른 이준구가 천주교 유지재단 이사장 노기남 주교의 백지위임장을 편법으로 사용해 자신이 인수해버렸다. 〈경향신문〉을 인수하는 데 실패한 뒤 이병철은 〈중앙일보〉를 창간했지만, 박정희는 중앙정보부를 동원해 끝내 〈경향신문〉을 빼앗아버렸다.

　김형욱은 박정희가 젊은 기자들이 자신을 비판하는 것을 못 견뎌 했다고 회고했다. 박정희는 한일회담에 대해 국민들이 반발하자 "일부 언론의 무책임한 선동" 때문이라면서 언론을 규제할 목적으로 1964년 8월에 언론윤리위원회법안을 강행하려 했다. 그러나 이 법안에 대해 〈경향신문〉 등 4개 신문사가 끝까지 저항하자, 임시국무회의에서 정부 광고 중단, 신문용지 배급과 은행 융자 제한, 신문 수송 기피, 신문인들의 사생활 정보 수집, 나아가 정간 또는 폐간 등의 보복조치를 취하겠다는 것을 의결하기까지 했다.

　당시 해당 신문사 편집국장들이 공동성명에서 지적한 것처럼 "그 악랄한 수법은 일찍이 일제 때에도 보지 못한 것"들이었다. 언론윤리위원회법 파동은 박정희가 법안의 시행을 보류한다고 발표함으로써 외형상 언론계의 승리로 끝났다. 그러나 박정희와 중앙정보부는 이 과정에서 언론계의 속성과 대응양식 그리고 약점을 파악하여 더 효과적인 언론대책을 준비했고, 그 결과 나타난 것이 〈경향신문〉 사건이었다.

　박정희는 언론계 전체를 상대로 싸움을 벌인 1964년과 달리 1965년에 들어서면서 〈경향신문〉 하나만을 표적으로 삼았다. 영화 〈주유소 습격 사건〉의 막무가내 정신—"난 한 놈만 패!"—이 발현된 것이다. 〈경향신문〉 사장 이준구는 1965년 5월 8일에 간첩방조죄와 불고지죄 등 국가보안법 및 반공법 위반 혐의로 중앙정보부에 구속됐다. 그 전년 가을에 문화방송 사장 황용주가 반공법 위반으로 구속된 바 있어 길을 닦아놓았다면, 이준구는 단순한 반공법이 아니라 국가보안법(그 당시에는 반공법과 국가보안법이 분리돼 있었는데, 고무나 찬양 등 비교적

반공법과 국가보안법 위반 혐의로 구속된 이준구 당시 경향신문사 사장(왼쪽). 〈경향신문〉 사건은 〈동아일보〉 사건보다 더 악랄했다.(경향신문 50년사)

가벼운 죄는 반공법에 해당했고 국가보안법은 진짜 살벌한 사건에 적용됐다)으로 그 길을 포장한 셈이다. 신문사나 방송사 사장이 어디 보통 자리인가? 전에 '미치도록 잡고 싶었다—간첩의 추억'(『대한민국사』 3권 4부)에서 이야기한 1970년대와 1980년대의 조작간첩 사건이라는 것이 대개 힘없고 '빽' 없어 어디 가서 하소연할 데조차 없는 납북어부들이나 재일동포 유학생들을 주로 희생양으로 삼았다면, 1960년대에는 신문사, 방송사 사장 같은 막강한 지위에 있는 사람들이 중앙정보부의 먹이가 되었다. 한국 사회는 이렇게 위로부터 길들어갔다.

실체조차 없는 〈경향신문〉 간첩사건

중앙정보부는 〈경향신문〉 이준구 사장을 간첩사건 두 개와 연결지었다. 한 건은 당시 〈경향신문〉 체육부장으로 있던 이형백 사건인데, 이형백은 이 사건의 핵심인물이 아니었는데도 이준구를 엮어 넣기 위해 핵심인물인 것처럼 발표됐다. 이형백은 법정에서 자신은 이준구를 포섭할 엄두조차 내본 적이 없다고 진술했다. 이 간첩사건은 이준구

부분을 억지로 끼워 맞춘 것이지만, 그래도 실체라도 있었다.

실체조차 의심스러운 사건은 당시 〈경향신문〉 도쿄지사장이던 재일동포 윤우현을 핵심인물로 한 간첩사건이다. 윤우현은 이준구가 구속되기 훨씬 전인 1964년 12월 25일에 가족과 함께 북송선을 탔는데, 중앙정보부는 윤우현이 모종의 간첩사건과 관련해 일본 경찰의 수사망이 좁혀들어오자 일본을 탈출한 것으로 발표했다. 그러나 진실위원회가 찾아낸 자료에 의하면 당시 중앙정보부 도쿄파견관은, 일본 경찰은 윤우현이 일본 내에서 간첩사건에 관련됐다는 별다른 단서를 발견하지 못했고, 그가 일본을 떠나 북으로 간 사실도 주일한국대표부가 통보하여 알았다고 본부에 보고했다.

이러한 보고가 있었는데도 윤우현은 간첩이 되었고, 그를 도쿄지사장에 임명하고 지사장인 그에게 신문을 보내준 이준구를 간첩방조죄에 불고지죄까지 더해 구속한 것이다. 중앙정보부가 요인들의 동태를 관찰한 관련 문건에서, 늘 온건하며 건전하고 민족주의가 확고하다고 사상을 평가받아왔어도 아무 소용이 없었다.

이렇게 이준구를 잡아넣고 중앙정보부는 거래은행에 압력을 넣어 〈경향신문〉의 대출금을 회수하게 했다. 그리하여 은행들은 이자만 제때 내면 상환일을 자동으로 연장해주던 관례를 무시하고, 〈경향신문〉에 겨우 2~3일만 여유를 주고 대출금을 갚으라는 통고를 보냈다. 아예 중앙정보부가 문안을 작성해주었는지라, 세 은행이 보낸 상환통지서들은 금액과 날짜만 다를 뿐 본문이 토씨까지 똑같다. 국회에서 말썽이 나자 김형욱은 사장이 간첩죄로 잡혀들어가니, 채무자들이 불안해서 채권을 회수하려는 것이라고 발뺌했다. 이렇게 대출금을 갚지 못하자 신문사는 사상 초유로 경매에 부쳐졌다. 이준구의 부인 홍연수는 이 경매에 입찰해 〈경향신문〉을 다시 낙찰받으려고 입찰금을 준비했으나, 중앙정보부는 이 돈이 북으로 간 윤우현에게서 온 것이라며 동결해버렸다. 결국 〈경향신문〉은 1966년 1월 25일에 박정희와 동향으로 이 경매에 단독 입찰한 기아산업 사장 김철호에게 넘어갔다.

중정부의 협박을 녹음한 '여걸'

그러나 홍연수는 주식을 넘겨주지 않았다. 〈경향신문〉 사태가 장기화되자 중앙정보부는 초조해졌다. 그러자 이준구를 구속하여 수사를 담당한 부국장 길 모 검사는 이준구를 죽여버리겠다면서 홍연수를 협박했는데, 여걸 홍연수는 길 모씨가 협박한 내용을 고스란히 녹음했고 이를 김상현 의원이 국회에서 폭로했다. 2005년에 안기부 도청사건으로 세상이 떠들썩했는데, 천하의 중앙정보부가 오히려 한 여인에 의해 녹음을 당한 것이다.

우여곡절 끝에 이준구 부부는 1966년 4월에 〈경향신문〉을 포기했고, 이준구는 며칠 뒤 국가보안법과 반공법 부분은 무죄를 받았다. 그러나 중앙정보부도 체면이 있으니 외환관리법만 선고유예로 하겠다고 김형욱이 약속한 대로 판결을 받고 풀려났다. 홍연수에 따르면 이준구가 석방된 뒤 김형욱이 찾아와서 "이게 다 위에서 시켜서 하는 짓"이라며 "당신 빨갱이 아니라는 건 내가 더 잘 안다. 내가 왜 그렇게 억울하게 빼앗겠느냐? 그거 빼앗아 5·16장학회에 다 갖다줬다. 당장 가져오라고 해서"라고 말했다고 한다. 〈경향신문〉이 공식적으로 5·16장학회 소유가 된 것은 1974년이지만, 실상 김형욱의 말처럼 박정희 주머니로 들어간 것은 더 일찍이었던 것이다.

박정희 시대에 자행된 이런 불행한 역사를 정리하지 못하다 보니 전두환이 나온 것이다. 정치정화법에, 부정 축재자 처리에, 깡패 순화 교육(삼청교육)에, 언론사 통폐합에, 그리고 5·16장학회를 모델로 한 일해재단까지 역사는 그렇게 되풀이됐다. 김지태에게서 언론 3사를 빼앗고, 1962년에 인수하려다 실패한 〈경향신문〉도 결국 손에 넣고, 영남대학까지 갖추었으니, 박정희여, 그 얼마나 청렴한고? 이처럼 노후대책(?)을 든든하게 마련해놓고도 무엇이 부족해 권력에 그리 연연하다가 총을 맞아야 했을까?

조국이 일본에 남긴 38선
-철저히 이용당한 재일조선인의 역사

2006년 5월 17일, 일본 도쿄에서는 하병옥 민단 단장이 총련 본부를 찾아 서만술 총련 의장과 뜨거운 포옹을 나눴다. 민단과 총련이 50년 만에 공식 대면한 자리에서 양쪽 간부들은 자주 울먹였고, 그 바람에 인사말이 종종 끊겼다고 한다. 아직도 일본의 일부 언론은 민단과 총련이 대화를 나누는 것에 대해 대북 압박의 전선이 약화된다며 딴죽을 걸고, 민단 일각에서도 민단과 총련이 화해하는 것은 시기상조라며 받아들일 수 없다고 반발한다는 소식도 들려온다. 2000년에 남북정상회담이 이뤄진 뒤 6년이나 지나서야 일본에서 민단과 총련의 수뇌가 처음 만난 것인데, 이것이 시기상조일까? 역사적인 방문을 한 민단의 하병옥 단장은 70세이고, 귀한 손님을 맞은 서만술 의장은 78세였다. 그 분열과 대립의 세월을 생각한다면 이건 시기상조가 아니라 만시지탄이다. 만시지탄도 이런 만시지탄이 있을 수 없다.

해외이민자 14퍼센트, 철저한 무지

어느 나라의 이민사회든지 본국의 사정에서 완전히 자유로울 수 없겠지만, 일본의 한인 이민사회는 본국이 분단되면서 너무나 크게 영향을 받았다. 38선이 일본에도 그어진 것이다.

동포사회의 힘과 지혜를 다 모아도 일본 사회의 뿌리 깊은 차별과 편견을 넘어서기 힘들었을 상황에, 본국의 분단이 동포사회를 갈가리 찢어놓기까지 한 것이다. 이제 민단과 총련이 동포사회의 배타적인

2006년 5월 17일 반세기 만에 회동한 민단 하병옥 단장(왼쪽)과 총련 서만술 의장(오른쪽). 이 만남은 시기상조가 아니라 만시지탄이다.

두 구심점이던 시기는 지나갔다. 그러니 만시지탄이라는 말이 나오지 않을 수 없다. 물론 화해하지 않고 넘어가는 것보다야 백번 천번 잘된 일이지만 말이다. 많이 늦었지만, 그래서 더 반가운 민단과 총련의 만남의 의미는 고통스럽던 재일동포들의 역사, 그리고 남북 양 정권이 동포사회에 개입하면서 그 역사를 더욱 고통스러운 것으로 만들어온 맥락 속에서 살펴보아야 한다.

　1980년대 이후 한국 근현대사 연구가 매우 빠른 속도로 발전해왔다. 그러나 엄청나게 중요한 분야인데도 근현대사 연구자들이 합당한 관심을 기울이지 못한 분야가 이민사다. 현재 해외에 살고 있는 한민족 구성원은 중국 200만 명, 미국 100만 명, 일본 100만 명, 중앙아시아 등 옛 소련 지역 40만 명, 유럽 및 기타 지역 50만 명으로 약 500만 명에 이르고 있다. 남북한 인구 7,000만 명에 500만 명을 더해 한민족을 7,500만 명으로 잡으면 전체의 6.67퍼센트에 이른다. 1945년에 해방될 당시를 기준으로 하면, 당시 한민족 전체 인구는 3,500만 명이고 해외 거주 인구는 중국 220만 명, 일본 230만 명, 옛 소련 40만 명, 미국 및 기타 지역 10만 명으로 역시 500만 명에 육박해 전체 민족 성원의 14퍼센트가량이었다.

한국 근대사에서 해외이민은 조선 말기인 1860년대 초반에 대기근이 들었을 때부터 시작됐다. 그러니 1945년 당시에 인구의 14퍼센트가 해외에 있었다는 것은 80여 년 만에 인구 일곱 명에 한 명꼴로 해외로 나간 것을 의미하니, 참으로 슬프고도 숨가쁜 '세계화'가 아닐 수 없다. 이렇게 한 민족집단의 다수 성원이 짧은 기간에 해외로 나간 것은, 1840년대에 아일랜드의 대기근으로 10년 동안 100만 명이 굶어 죽고 100만 명이 이민을 떠나 800만 인구가 600만 명으로 줄어든 것을 제하고는, 세계사에서도 유례를 찾기 힘든 민족의 이산이었다. 화교가 세계에 널리 퍼져 있다지만, 1949년에 신중국이 수립되기 전까지 전 세계에 분포된 화교 수를 대략 1,000만 명으로 잡는 것을 보면, 전체 중국 인구에서 화교가 차지하는 비율은 우리의 10분의 1 정도에 지나지 않는다.

단지 양적으로만 보더라도 한국 근현대사에서 해외이민이 이처럼 중요한 문제인데, 역사 쪽에서는 제대로 연구되지도 가르치지도 않고 매우 등한시됐다. 해외의 독립운동사도 사실 해외 동포사회를 기반으로 한 것인데, 동포사회에 대해 본격적으로 연구하기 시작한 것이 10여 년 남짓 되었을 정도이다. 대학의 경우 사학과에서 '한국이민사'라는 과목을 가르치는 곳이 거의 없고, 주로 인류학과에서 디아스포라 문제에 관심을 갖는 교수가 있을 경우에 이따금 과목이 개설되는 듯하다. 우리가 해외이민사에 관심을 가져야 하는 이유는 그 자체로 중요하기 때문이기도 하지만, 또 하나의 이유가 있다. 바로 지금 우리 곁에 있는 이주노동자들의 모습이 이주노동자로 해외로 나간 우리 동포들의 모습이기도 하기 때문이다.

지금 많은 사람들이 한민족 공동체 운운하면서, 전 세계, 특히 미국·중국·일본·러시아 4대 강국에 무시 못할 이민집단을 형성하고 있는 한인 이민들에게 한민족 공동체의 번영을 위해 어떻게 '기여'하게 할 것인가 그리고 그들을 어떻게 '활용'할 것인가에 관심을 기울이고 있다. 그러나 그에 앞서 각 이민집단이 한국의 근현대사와 이주해 간 나라의 근현대사의 격동 속에서 어떤 과정을 겪어 오늘에 이르렀는지를 겸허히 살펴보아야 한다. 특히 역사적 특수성 때문에 한반도의 분단이 그대로 재현되고 본국의 분단정권이 각각의 필요에 의해 치열한 남북대결의 현장에 끌어들여 '이용'한 일본의 이민사회에 대해서는, 사실 남북의 정부가 각각 동포들께 머리 숙여 사죄해야 할 것이다.

재일조선인인가, 재일한국인인가

일본 내 한인 이민사회의 역사를 여기서 한번에 정리하기에는 매우 복잡하다. 먼저 용어부터 보자. 그들을 어떻게 불러야 하나? '재일동포'인가, '재일교포'인가? '재일조선인'인가, '재일한국인'인가, '재일코리안'인가, 아니면 이도저도 아닌 그냥 '재일(자이니치)'인가? 재미 한인에게 하듯이 '한국계 일본인'(Korean-Japanese)인가? '교포'라는 말은 임시로 거주한다는 뜻으로 현실로는 어려워도 마음만은 항상

고국으로 돌아가고자 한 1세들이 주류를 이루던 때에 많이 사용하던 명칭이므로, 일본에서 나서 자란 2, 3세들에게 적용하기는 어렵다.

재일동포는 또한 지나치게 핏줄 중심인 용어인지라, 현재 동포끼리 결혼하는 비율이 전체 결혼 건수의 10퍼센트에도 못 미치는 것으로 추정되고 동포와 일본인 간의 결혼이 90퍼센트 이상인 현실을 얼마만큼 담아낼 수 있을까 하는 의문이 제기된다.

재일한국인과 재일조선인의 문제는 남북이 직접적으로 분단되어 있는 현실을 반영하는데, 문제는 그보다 더 복잡하다. 일본 내 한인 이민사회의 국적 문제는 크게 볼 때 네 가지 범주로 나눠볼 수 있다. 대한민국 국적과 조선민주주의인민공화국 국적을 가진 사람들, 그리고 일본으로 귀화해 일본 국적을 취득한 사람들 외에도 무국적자인 '조선적'(朝鮮籍)이 따로 있다. 조선적은 흔히 이북 국적을 갖고 있는 총련 동포들과 오인되는데, 이들은 이런저런 이유에서 적극적으로 대한민국 국적이나 조선민주주의인민공화국 국적을 취득하지 않고 원래의 호적을 그대로 두고 있는 사람들이다.

어느 한쪽의 국적을 의미하는 호칭이 문제가 있다고 해서 한동안 일본의 이민사회에서는 '재일한국 · 조선인' 또는 '재일조선 · 한국인'이라는 말이 사용되기도 했다. 〈한국'일보〉가 문제 없고 〈조선'일보〉라는 이름도 허용될 수 없는 게 아니라면 호칭 문제에 좀 관대해질 수 없을까? "우리는 대한민국입니다"라는 말이 월드컵 응원 구호가 되는 한국에서는 헤아리기 어려운 문제이겠지만, 민족적 차별이 심한 일본 사회에서 "나는 한국(또는 조선) 사람입니다"라고 선언하는 것은 엄청나게 부담스러운 일이다. 그런데 고국은 그런 부담을 조금이나마 덜어주지는 못할망정, '조선'과 '한국' 둘 중에서 하나를 선택하라고 충성서약처럼 들이댄다. 재일조선인도 '괜찮고', 재일한국인도 '일없는' 그런 날은 언제쯤일까?

1910년에 일제가 한국을 강제로 병합할 당시 재일본 한국인 수는 채 1,000명이 되지 않았다. 일본은 조선인의 일본행을 제한하는 '도항(渡航) 규제'를 했지만, 현재 한국 사회에서 외국인 이주노동자가 필요한 것처럼 일본 내에서 저임금 조선인 노동자의 수요가 존재하는 한 조선인 노동자가 도항하는 것을 막을 길이 없었다.

재일조선인의 역사에서 최대의 비극은 너무 일찍 찾아왔다. 1923년 9월 1일에 도쿄를 강타한 관동대지진은 10만 명 이상의 인명을 앗아갔는데, 그 중에서 최소 6,000명, 아니 어쩌면 2만 명은 조선 사람이었다. 관동대지진 당시 관동 지역의 재일조선인 수가 3만 명 정도였다는 점에서 당시 조선인이 얼마나 광범위하고 철저하게 학살되었는지를 짐작하게 한다. 그냥 천재지변으로 희생자가 났어도 큰 비극인데, 조선인 피해자의 대부분이 "조선인이 방화한다", "조선인이 우물에 독약을 푼다", "조선인이 일본 여자를 강간한다" 같은 유언비어에 흥분한 일본인들에 의해 학살됐으며, 이 유언비어가 주로 관헌들에 의해 유포됐다는 점은 우리를 전율케 한다.

도쿄 도지사인 이시하라 신타로 같은 극우파 입에서 요즘도 사회가 혼란할 때마다 제3국인에 의한 범죄 운운하는 말이 나오는 것이 끔찍한 이유는 다 이런 비극과 공포의 역사가 있기 때문이다.

담배 스무 갑만큼의 돈으로 쫓아내다

1929년 대공황 이후 일본에서는 실업자가 급증했는데, 재일조선인의 수는 이 무렵 크게 늘어나 1934년에 50만 명에 이르렀다. 일본 사회가 극심한 실업난에 빠져드는 상황에서, 조선인 노동자들은 일본인들에 비해 훨씬 열악한 저임금을 받고 가장 혐오스러운 직종에 종사하게 된다. 재일조선인들은 일본 사회 내에서 전통적인 최하층 신분인 부락민(部落民: 한국의 백정에 해당)과 함께 2대 천인 집단을 형성했다. 전쟁이 본격화되면서 일본 내의 남성들에 대해 징병이 확대되자, 일본은 부족한 노동력을 메우기 위해 조선에서 노동자를 모집했다. 그러나 이런 노동자 모집이 곧 강제연행으로 바뀌었고, 해방 당시에 재일조선인은 230만 명에 이르렀다.

당시 일본에 설치된 연합군 점령군 사령부는 재일조선인 문제에 대해서 잘 알지도 못했고 별 관심도 없었다. 이들은 재일조선인을 우범자 취급하는 일본 제국주의 관료들에게서 정보를 제공받고 그들과 같은 시각으로 재일조선인 문제를 바라보았다. 일본 쪽이나 점령군 사령부 모두 일본의 식민지 지배가 낳은 직접적인 산물인 재일본 조선인 사회의 특수성과 이에 대한 일본의 책임을 인정하지 않은 채, 귀찮고 부담스러운 존재인 재일조선인들을 조선으로 돌려보내고자 했다. 약 230만 명의 재일조선인들 중 4분의 3가량은 귀국했지만, 약 60만 명은 잔류를 희망했다. 1946년 11월에 점령군 사령부는 귀환자가 지참하고 귀국할 수 있는 돈을 1인당 1,000엔으로 제한했는데, 이는 담배 20갑에 해당하는 말도 안 되는 액수였다. 강제로 끌려온 재일조선인 중에서 수많은 잔류자가 나온 것은 이 조치와 무관하지 않다.

재일조선인들은 자신의 권익을 지키기 위해 1945년 10월에 재일본조선인연맹(조련)을 결성했다. 그러나 이 단체가 갈수록 진보적 성격이 강화되자 우파는 청년동맹 등을 만들어 대항하다가, 1946년 10

월에 재일조선인거류민단(민단)을 조직해 조련과 대립하기 시작했다. 당시 재일조선인들이 주력한 것은 민족교육이었는데, 1947년 10월 현재 조선인학교가 소학교 541개, 중학교 7개, 청년학교 22개, 학원 3개 등으로 대부분 조련의 영향력 아래 있었다. 그런데 조련이 일본 공산당과 밀접히 연결되어 좌경화하자 연합군 사령부와 일본 정부로부터 탄압을 받았고, 1948년에 대부분의 조선인 학교에 폐쇄령이 떨어졌다. 이에 많은 조선인들이 격렬하게 저항하자 효고 현 일대에 계엄령이 선포되는 등 오사카와 고베 일대에서 '한신교육투쟁'(阪神教育鬪爭)이라고 부르는 대대적인 운동이 벌어졌다. 결국 조련이 주도한 이 격렬한 투쟁을 겪은 일본 정부는 1949년에 조련에 대해 해산 명령을 내렸다.

조련이 해산된 뒤 1951년 1월에 재일조선통일민주전선(민전)이 결성됐는데, 민전 안에는 두 흐름이 있었다. 한 흐름은 일본의 해방 없이는 재일조선인이 해방을 달성할 수 없다며, 일본 공산당과 긴밀하게 유대를 맺고 활동해야 한다는 입장이었고, 다른 한 흐름은 민족문제를 중시하면서, 일본 공산당에 지도를 받기보다 북과 손을 잡으려 하는 입장이었다. 제2차 세계대전 이전의 일본 공산주의운동이나 급진노동운동에서 조선인이 차지하는 비중은 매우 높았다. 특히 1930년대 중반 이후 일본 공산주의운동 내에 전향이 유행병처럼 퍼졌을 때 조선인 공산주의자들이 없었다면, 일본 내 공산주의운동이 명맥을 유지할 수 없었을 정도였다. 그런 역사적 배경 때문에 민전 내에서 일본 공산당과 유대관계를 강화하려는 흐름이 등장한 것은 어느 정도 당연한 일이었다.

10만 동포가 북으로 간 까닭

초기에는 전자의 흐름이 민전의 주류를 형성했으나, 시간이 갈수록 북과 유대를 강화하려는 민족파의 세력이 강화되면서 1955년에 이들이 주도하여 한덕수를 의장으로 하는 재일조선인총연합회(총련: 일본 사회에서는 총련이라 부르나 남쪽의 보수세력은 꼭 '조총련'이라 부른다)를 결성했다.

한덕수는, 조선민주주의인민공화국의 해외공민인 재일조선인은 다른 나라의 내정에 간섭하지 말고 조국의 일에 관심을 가져야 한다고 주장했다. 총련은 이제 조국의 평화통일을 이룩하고 재일조선인의 기본권을 보호하는 데 주력해야 한다는 것이다. 이는 총련이 일본 혁명에 간섭하지 않는다는 것을 의미했다.

1959년부터 남쪽 출신 재일동포 8만 6,000여 명과 일본인 가족 7,000명이 북으로 갔다. 그들에게 북송선은 '조국'이었다.(격동 한반도 새지평)

총련이 결성된 뒤 북은 북대로 전쟁으로 입은 피해를 복구하느라 매우 어려운 형편이었지만, 교육원조금과 장학금 명목으로 1957년에 2억 2,000만 엔을 보내는 등 1959년 12월까지 모두 7억 엔을 보냈다. 당시 일본 정부가 재일조선인 중 생활보호대상자에게 지급하는 금액이 연간 2억 엔 정도였다고 하니, 북에서 보낸 대규모의 교육원조금은 교육열은 높으나 생활은 중·하층에 머물던 재일조선인들에게 분명 엄청난 '감동'을 주었을 것이다. 재일조선인의 97퍼센트가 38선 이남을 고향으로 두고 있었는데도 총련에 적을 둔 동포가 70퍼센트를 넘던 것이나, 10만에 가까운 재일동포가 자신의 고향인 남쪽이 아니라 북으로 '귀국'한 것은 이데올로기 등 다른 이유로는 설명되지 않는다.

입장에 따라 다르게 사용되는 용어의 문제는 재일동포 '북송' 문제에서 다시 첨예하게 제기된다. 남쪽에서 볼 때는 꼭 저지해야 할 '북송'이고, 일본 입장에서는 한 명이라도 더 보내버렸으면 하는 '귀환사업'이고, 북쪽 입장에서는 감격스러운 '귀국'이었는데, 1959년부터 남쪽 출신 재일동포 8만 6,000여 명과 그들의 일본인 가족 7,000명이 북으로 간 것이다. 이 문제, 특히 북으로 간 일본인 가족 문제는 납치 문제와 더불어 조일수교 교섭에서 중대한 사안으로 제기되고 있지만, 당시 이 '귀국운동'은 상당히 감동적인 분위기에서 전개됐다. 당시 이 운동에 열성적으로 참여했다가 뒷날 총련을 떠나 반북운동을 벌인 사람들도, 첫 번째 귀국선이 니카타 항에 들어올 당시를 회상할 때면 마치 꿈이라도 꾸는 듯 이야기하곤 한다. 차별받던 그들에게는 단순히 배 한 척이 들어온 것이 아니었다. '조국'이 온 것이었다. 지금은 회한으로 남는 일이지만, 적어도 그때는 그랬다.

북송사업에 대해 이승만 정부는 펄쩍 뛰며 반대했지만, 국내에서는 궐기대회를 열거나 일본에서 민단을 동원해 데모하는 것 말고 별 방법이 없었다. 모리스 스즈키 교수가 연구한 바에 의하면, 일본이 생활이 어려운 재일동포들이 한 명이라도 더 많이 귀국하도록 생활보호금을 깎거나 취소하는 등 인도주의를 가장하여 사실상 추방운동을 벌이는 판이었으니 말이다. 이 사업을 통해 북으로 간 재일동포는 다시는 일본 땅을 밟지 못했고, 새로운 이산가족이 되었다. 모두 남쪽 출신이라 해도 과언이 아닌 70만 재일동포사회에서 10만 명 가까운 사람이 북으로 귀국했다는 것은, 그만큼 일본에서 지낸 생활이 고달팠다는 것을 보여주는 동시에, 이제 동포사회 내에 누구나 북에 친척을 두게 되었음을 의미했다. 그리고 이 고삐를 남북의 정권은 모두 잡아당기려 했다. 북은 총련에서 이탈하지 못하게 하는 수단으로, 남은 재일동포 간첩사건을 조작해내는 마르지 않는 원천으로.

박정희, 분열을 책동하다

남쪽 출신의 재일동포들이 대거 북으로 귀국한 데에는 남쪽 정부의 책임도 매우 크다. 오죽하면 버릴 '기'자를 쓴 '기민정책'이라는 말이 동포사회에서 나왔을까? 오죽하면 관변단체로 소문난 민단이 1959년에 자유당 정권을 불신임하기까지 했을까? 1948년 10월에 처음 일본을 방문한 이승만은 일제시대에 징역을 가장 오래 산 유명한 독립운동가인 박열 민단 단장을 접견하지도 않았고, 민단이 주최한 환영대회에 참석하지도 않았다.

이 기민정책은 박정희 정권에도 그대로 이어졌다. 더 나쁜 것은 이승만 정권이 동포사회에 무관심했다면 박정희 정권은 남북이 대결하는 장에 동포들을 동원하기 위해 민단을 장악하려 했고, 이 과정에서 민단 내 반대파들을 중앙정보부를 동원해 모략하고 탄압하여 동포사회를 분열시키고자 부채질했다는 점이다.

이때의 반대파(유지간담회)들이 뒤에 한민통·한통련으로 발전한다. 이들은 1973년 10월에 유신 쿠데타가 일어나고 김대중이 미국과 일본을 전전할 때 김대중을 한민통 의장으로 옹립하려 했는데, 이때 김대중이 내건 전제조건의 하나가 민단에서 떨어져 나온 유지간담회 쪽과 조총련이 '7·4남북공동선언' 기념행사를 준비하기 위해 접촉하는 것을 당장 중단하라는 것이었다고 한다. 남북정상회담을 이끌어낸 김대중 전 대통령이 그렇게 행동할 수밖에 없던 어려운 시절이었고, 이렇게 조심했는데도 김대중 납치사건이 일어나서 그는 오랜 기간 빨갱이의 대명사가 되었다. 남북의 만남도, 일본 땅에서 민단과 총련의 만남도 이렇게 어려운 길을 가고 또 가고 있는 것이다.

박정희 정권은 남북이 대결하는 장에 동포들을 동원하기 위해 민단을 장악하려 했다. 1976년 9월의 재일동포 추석 성묘단 환영대회.

나는 지금 '고백'을 기다린다
―국가폭력을 유산으로 물려주지 않는 유일한 길

 나는 지금 고백을 기다리고 있다. 인생의 가장 가슴 떨리는 순간 또는 가장 짜릿한 순간은, 사랑하는 사람에게 고백을 하거나 또는 그런 고백을 듣는 순간인지 모른다. 그런데 내가 기다리는 고백은 그런 설레고 짜릿한 사랑 고백이 아니다. 내가 기다리는 것은 지금 숱하게 제기되는 과거청산 문제와 관련된 국가폭력에서, 가해 쪽 당사자들이 자신들이 지시받고 행한 행동에 대해 입을 열어주기를 기다리는 것이다. 우리에게는 사랑 고백은 있었을지 몰라도, 고백의 문화가 없었다. 아니, 고백하는 놈은 바보이거나 더 나쁜 놈이다. 오래전에 유행한 드라마의 대사처럼 "민나 도보로데쓰"(모두 도둑놈이야)인 사회에서 도둑질을 고백하는 것은 그들 세계의 '직업윤리'를 저버리는 일이 된다. 관행이라는 이름으로 자행되는 엄연한 범죄와 불법의 악순환은 그래서 절대로 끊어지지 않는다.

'웃음거리'가 된 김근태의 고백

 2002년에 민주당의 대통령 후보 자리를 두고 경선을 치르는 과정에서 김근태 의원이 불법 정치자금 수수에 대해 용기 있게 행한 양심고백은 안타깝게도 그를 '바보'로 만들었다. 오죽하면 '바보 노무현' 조차 대통령이 된 뒤에 대선자금을 공개하자고 제안하는 기자회견에서 김근태 의원의 양심고백에 대해 "일방적 고백으로 '웃음거리'가 되고 말았다"고 말했을까?

정치자금에 대해 고백한 뒤 서울지법을 나서면서 지지자들에게 박수를 받는 김근태 의원. 그는 고백 때문에 '웃음거리'가 되는 수모를 감수해야 했다.

　제 잘못을 스스로 말하지 않고 남의 잘못만 나무랄 수 없고 바깥에서는 속사정을 알 수 없으니, 내부에서 누군가 먼저 고백하지 않고서는 제도를 개선할 수 없다. 너무나 진지해 주위로부터 '김진지'라는 별명이 붙은 김근태는 이 양심고백을 하면서 아마도 1985년에 그 끔찍하던 치안본부 남영동 대공분실에서 당한 고문을 폭로할 때보다 더 망설이고 심사숙고했을 것이다. 사려 깊은 '김진지'가 너무 힘들어 비명을 지르는 심경으로 했다는 양심고백은 그를 순식간에 '순진한 김근태, 철없는 김근태'로 만들어버렸다. 김근태는 노무현 지지자들이 '바보 노무현'을 외칠 때 느끼던 당당함과 자부심은 빠진, 그냥 '바보'가 되어버린 것이다. 그냥 바보만 되고 말았다면 그래도 다행이었다.

　자기 입으로 지난날 정치자금을 수수했다고 고백한 김근태의 '범법행위'를 '인지'한 검찰은 '공소시효'가 남아 있다는 이유로 그를 기소했고, 그는 경우에 따라 의원직을 박탈당할 수도 있는 위험 속에서 한동안 곤욕을 치러야 했다. 많은 동료 의원들이 김근태가 처벌받아서는 안 된다고 그를 변호했고, 누구라도 범법행위자로 만드는 정치자금법의 비현실성을 소리 높여 성토하며 재판정에 나와서까지 김근태를 응원했지만, 아무도 김근태의 뒤를 이어 자신의 정치자금에 대해 고백하지는 않았다.

20세기 후반기를 흔히 '증언의 시대'라고 부른다. 일본의 전쟁 책임 문제를 끈질기게 파고드는 철학자 다카하시 데쓰야에 따르면, "고대 그리스에서 비극이 그 시대를 상징하듯이, 또 근대 유럽에서 소설이 시민사회를 상징하듯이, 현대는 증언이 상징적인 장르가 되고 있다"는 것이다. 그는 "이제껏 역사 속에서 주체로서 목소리를 낼 수 없던 사람들, 무명의 사람들, 역사라는 맷돌에 짓이겨진 채 침묵할 수밖에 없던 사람들이 목소리를 높여 개인의 이름으로 사람들의 기억에 각인되기 시작"했다고 말한다.

이 증언의 시대를 상징하는 인물 중 한 분이 일본군 위안부로는 처음으로 1991년에 얼굴과 이름을 밝히며 악몽의 세월을 증언한 김학순 할머니다. 재일학자 서경식에 따르면 "동아시아에서 전쟁 피해의 기억이 되살아나면서 그때까지 목소리를 내지 못하도록 억압당하던 '증인'들이 일제히 나타나기 시작"했는데, 이는 "그 이전의 일본과 동아시아의 역사에서는 찾아볼 수 없던 그야말로 새로운 사태"라는 것이다.

세계엔 과거 청산의 물결이 넘치고 있건만

이렇게 증언의 시대가 시작된 것은 냉전의 종식과 깊은 관련이 있다. 또한 1980년대와 1990년대에 걸쳐 세계 도처에서 상당히 진전된 민주화도 이름 없는 피해자들이 당당히 나서서 자기 이야기를 할 수 있게 하는 여건을 만들었다. 자본주의나 신자유주의만 세계화한 것이 아니라, '회개의 세계화' 또는 '사죄의 지구화'가 이루어지면서 각 나라별로 또는 나라 사이에 과거 청산 문제가 광범위하게 진행된 것이다.

한편에서는 소련 국가보안위원회(KGB)나 동독 슈타지의 문서고를 열어젖혀 사회주의 국가의 비밀경찰기구가 저지른 죄행을 밝히는가 하면, 다른 한편에서는 칠레나 아르헨티나의 군사독재정권이 시민사회를 상대로 자행한 '더러운 전쟁'을 파헤쳤다. 오스트레일리아나 뉴질랜드에서는 원주민에 대한 박해 등 과거의 비인도적 행위에 대해 회개하는 움직임도 있었다. 얼마 전 선종한 교황 요한 바오로 2세는 2003년 3월에 '기억과 화해―교회와 과거의 잘못'이라는 역사적 문서를 발표하도록 했다. 그는 사순절 예배에서 '용서의 날' 미사를 거행하며 그리스도인들의 분열, 진리에 봉사한다는 미명 아래 사용한 폭력, 다른 종교 신봉자에 대한 소극적 태도와 적대 행위 등에 관해 용서를 청했다.

그러나 민주화는 어느 정도 발전을 보았지만 세계에서 예외적으로 냉전이 과거의 영역이 아니라 현재의 영역을 지배하고 있는 한국은, 어쩌면 아직 증언의 시대를 제대로 열지도 못했는지 모른다. 대략 100만 명의 희생자를 낸 것으로 추정되는 한국전쟁 전후 민간인 학살의 경우, 유족회에 나와 피해를 증언하는 유족의 수가 이제 얼마 되지 않는다. 방송에서는 〈이제는 말할 수 있다〉가 인기리에 방영되었지만, 실제 유족들 상당수는 '아직도 말할 수 없다'라는 태도를 보이고 있다.

사실 피해 당사자들이 증언을 거부하거나 기피하는 것이 꼭 권력이 두려워서만은 아니다. 간신히 재워놓은 기억을 불러내서 죽도록

부천서 성고문사건을 폭로한 권인숙은 폭로 뒤에도 끔찍한 꼴을 당했다. 과거 종군위안부였음을 고백한 할머니들도 마찬가지의 고통을 겪어야 했다.

고통스럽던 과거와 다시 대면하는 것 자체가 당사자에게는 너무나 고통스러운 일이다. 그 치욕스럽던 순간을 다시 떠올려야 한다니! 이 글을 썼던 그날도 국정원 과거사건 문제와 관련해 고문 피해자 한 분을 면담했는데, 이야기가 수십 년 전 그 순간에 가까이 갈수록 목소리가 떨리고, 손이 떨리고, 끝내는 눈물을 떨어뜨리셨다. 그런데 가해자 쪽은 기억의 창고에서 아픈 기억을 그냥 불러내는 것도 힘겨워하는 피해자들의 가슴에 다시 한번 못을 박는다. 그자들은 이런 식으로 말한다. "홀로코스트도, 난징대학살도 다 없었다. 강제로 끌려간 '종군위안부'란 존재하지도 않는다. 다 돈 벌러 제 발로 간 매춘부들이다." 이들은 과거만 부정하는 것이 아니다. 용기를 내어 과거의 아픈 기억을 불러낸 증언자들에게 돈 뜯어내기 위해 "부끄러움을 모르고" 자신의 과거를 드러낸다거나, 일본을 모함하려는 북한 공작원이라느니 가짜라느니 하면서 갖은 험담을 늘어놓는다.

고발로서의 증언을 죽이는 비열한 수법은 증언의 시대가 열린 요즈음의 일만은 아니다. 1985년에 김근태가 다시 고문당할 위험을 무릅쓰고 감행한 폭로를 고문기술자의 친구들은 '엄살'이라고 비아냥거렸다. 그 무렵에 잡혀갔다 나온 사람들은 "진짜 많이 당한 사람들은 입도 뻥끗하지 않는데, '별로'(!) 당하지도 않은 김근태가 엄살을 떤다"는 취조관들의 음산한 말을 전하기도 했다. 1986년에 부천서 성고문사건을 폭로한 권인숙은 폭로한 뒤에도 참으로 끔찍한 꼴을 당했다. 독재권력은 권인숙을 부끄러움도 모르고 성을 혁명의 도구로 삼는 좌경극렬 용공분자로 연일 매도했다.

이렇게 가해자들이 피해 당사자의 증언조차 죽여온 사회에서 가해자 쪽의 반성이나 고백을 끌어내는 것은 쉬운 일이 아니다. 전체 숫자를 헤아리는 것조차 쉽지 않을 만큼 수가 많은 친일파 중에서 자신의 과거를 공개적으로 반성하고 친일행위에 대해 고백한 사람은, 손으로 꼽을 수 있을 정도다. 자신의 행위에 대해 구체적으로 이야기하지 않더라도 두루뭉술하게나마 그 시절의 잘못을 인정한다면, 한국의 상황에서는 그나마 아주 양심적으로 고백한 셈이 된다. 친일파들이 분단 정권의 주축이 되어 국가권력을 장악해가는 상황에서 친일행위에 대해 고백하고 반성하는 것은 좌익에 대해 투항하는 것이요, 우익 진영을 약화시키는 반역행위였다.

과연 대한민국이 수립된 초기에 남쪽에 남은 사람들로서, 자신이 태어나보니 또는 철들어보니 일제가 점령하고 있는 상황이었는데 그런 시절에 학교 다니며 배운 대로 행동한 것이 해방되고 생각해보니 그것이 민족 앞에 죽을죄까지는 아니더라도 잘못한 것이었다고 말하는 것이 그렇게 어려운 일이었을까? 정상적인 사회라면 그렇지 않았을 것이다. 그러나 친일파들이 살기등등하게 눈을 부라리고 있는 상황에서 자신의 친일활동을 고백하고 회개하는 것은 경우에 따라 목숨이 위험하기까지 한 행동이었다.

'양계장' 같은 엉뚱한 고백만이

이제 광주민중항쟁도 25주년을 맞지만, 아직 우리는 광주의 진상을 모른다. 처벌도 하고 보상도 했다지만, 정작 누가 발포하라고 명령을 내렸고 또 어떤 계통을 통해 전달됐는지 우리는 아무도 모른다. 전직 대통령 두 명을 감옥으로 보내고 하늘을 찌르는 기념탑을 세우고 막대한 보상금을 풀었지만, 정작 죽은 사람들만 있을 뿐 죽인 사람은

처벌도 하고 보상도 했다지만 우리는 아직도 광주민중항쟁의 진상을 모른다. 1988년 광주항쟁 청문회 장면.

없다.

　성공한 쿠데타는 처벌할 수 없다는 기막힌 논리를 내세우며 전두환 일당의 무장반란을 조사하지 않던 검찰이 따가운 국민 여론에 못 이겨 소환장을 발부하자, 전두환은 1995년 12월 2일에 자신의 집 앞 골목에서 졸개들을 병풍처럼 둘러 세우고 그 유명한 '골목성명'을 내며 버텼다. 전두환은 스산한 겨울비를 맞으며 '갑자기' 5·18특별법을 제정한 김영삼을 겨냥하면서, "만일 제가 국가의 헌정질서를 문란케 한 범죄자라면 이러한 내란세력과 야합해온 김 대통령 자신도 이에 대해 응분의 책임을 져야 하는 것이 순리가 아니겠습니까"라며 호기를 부렸다. 이렇게 반성이나 고백은커녕 당당하게 자신의 '구국의 결단'을 옹호하던 전두환이, 그 뒤 10년이 지난 지금 드라마 〈제5공화국〉이 방영되면서 쿠데타 과정에서 보여준 '단호함'과 '추진력'으로 인기를 누리며 팬클럽까지 생겨났다는 어이없는 소문이 들려온다. 비자금 사건이 터지자 연방 죄송하다고 굽실거리며 눈물까지 찔끔대던 노태우는 돈도 거의 다 추징당하고 지금 죽었는지 살았는지조차 모를 관심 밖의 인물이 되어버린 반면, 전두환은 "내 전 재산은 29만 원뿐"이라고 버티며 호화생활을 즐기고 있다.

　100만의 민간인 학살 희생자들이 다 자살한 것이란 말인가? 죽은 사람은 즐비하건만, 죽인 사람은 없다. 100만의 죽음에 대해 아무도 책임지지 않고 아무도 고백하지 않는 것이 한국 사회다. 몇 해 전에 〈한겨레21〉이 베트남전에서 한국군이 저지른 민간인 학살 문제에 대해 진상을 규명하고 공식적으로 사죄하고자 '미안해요, 베트남' 운동을 진행했다. 이 과정에서 몇몇 참전용사들이 소중한 고백을 하기도 했지만, 같은 참전군인들의 비상한 '전우애'와 압력 때문에 일부는 나

중에 증언을 번복하기도 했다. 2000년 6월에는 이 문제를 집중해서 다뤄온 한겨레신문사에 참전군인 수천 명이 난입을 시도하기도 했다.

관련자들이 고백하지 않더라도, 대한민국이라는 국가가 지난 시기에 자행한 국가폭력에 대해 반성하는 과거 청산 작업은 어렵지만 이루어질 것이다. 사안에 따라 남아 있는 자료의 질과 양에 차이가 있지만, 마음먹기에 따라서는 가해자를 상당한 수준에서 밝혀낼 수 있을 것이다. 물론 국제형사법에서 인도(humanity)에 관한 범죄에 대해서는 공소시효를 적용하지 않는다지만, 현재의 국내 정세에서 처벌을 포함해 가해자의 책임 문제를 가리는 작업은 진실을 규명하는 것 이상으로 새로운 과제와 갈등을 던질 수밖에 없다.

많은 사람들이 남아프리카공화국의 진실과 화해 위원회를 모델로 삼자고 이야기하지만, 현재진행형의 갈등에 대해 가해자 쪽에서도 수습하고 타협하고 조직적으로 퇴각할 의지가 있던 남아공과, 가해자 쪽이 과거의 잘못을 인정하지도 않고 반성하지도 않고 사과하지도 않고 피해자들과 화해하려 하지도 않는 상태에서 빨갱이 잡다가 실수 좀 한 게 뭐가 잘못됐느냐고 뻗대는 한국의 상황은 너무나 다르다. 진짜 고백할 사람들이 하지 않으니, 얼마 전 세상을 떠들썩하게 한 양계장 사건처럼 엉뚱한 사람이 나서서 엉뚱한 고백을 하여 믿는 사람을 닭으로 만들어버린다.

당신의 양심을 피하지 말라

가해자가 과거와 정직하게 대면하는 일은 당혹스럽고 또 고통이 따를 수밖에 없다. 전두환처럼 당당하게 버티는 흉물도 있지만, 많은 사람들이 불안해하기도 하고 괴로워하기도 하고 또 그런 마음을 달래려고 종교에 귀의하기도 했을 것이다. 그때는 그렇게 하는 것이 애국이고 나라에 충성하는 길이라 믿어 의심치 않았건만, 돌이켜보니 속절없이 흘러간 젊음을 어떻게 해야 할 것인가? 교회나 성당에 나가서 마음을 달래보려 하지만, 예수님도 "예물을 제단에 드리다가 거기서 네 형제에게 원망 들을 만한 일이 있는 줄 생각나거든 예물을 제단 앞에 두고 먼저 가서 형제와 화목하고 그 뒤에 와서 예물을 드려라"(마태복음 5:23-24)라고 말씀하시지 않았던가? 어느 종교든 다 마찬가지일 것이다.

 제2차 세계대전이 끝난 뒤 독일에서는 나치 국가의 거대한 국가범죄와 그 악의 조직에 빠져들어 가서 국가범죄의 하수인이 된 사람에게 개인적 책임을 어떻게 물을 것인가가 상당히 중요한 윤리적 과제로 제기됐다. 나치 국가를 쳐부수고 그 구성원을 처벌하는 과정에서 당연히 제기될 수밖에 없는 문제였다. 그러나 한국의 경우는 상황이 다르다. 친일파와 그 계승자들이 장악한 국가를 혁명의 방식이 아니라 한 걸음씩 민주화해서 드디어 국가로 하여금 과거의 국가폭력에 대해 사죄하도록 한 한국에서는, 직·간접으로 국가범죄에 관여한 개인들의 문제를 단지 공소시효 만료에 기대지 않고 사회적 합의에 따라 처리할 수 있을 것이다. 왜냐하면 진짜 책임을 져야 할 국가가 건재하고, 또 책임을 지겠다고 나서고 있기 때문이다.

 지난날의 국가범죄에 관련된 사람들 대부분이 공안기관원이었고, 그들은 모든 비밀을 무덤까지 안고 가겠다고 한다. 그러나 자신들이 충성을 바친 국가나 기관 모두가 과거의 기관원들에게 고백해줄 것을 강력히 권하고 있다. 몇몇 특수한 사건은 당사자들이 고백하지 않으면 진실을 규명하는 데 어려움을 겪겠지만, 많은 사건의 경우에 가해자들의 고백 없이도 사건의 진상에 가까이 다가갈 수 있을 만큼 자료가 남아 있다. 고백을 하여 진실을 규명할 수 있도록 협조한 사람과 그렇지 않은 사람을 처리하는 방법은 처벌, 사면, 구상권 행사, 역사 기록 등에서 달라질 수밖에 없다.

누구나 잊고 싶은 과거가 있다. 기억하고 싶지 않은 과거와 정직하게 대면하는 것은 사실 대단히 고통스러운 일이다. 그러나 가해자의 고통이 피해자가 당한 고통보다 크지는 않다. 지금 고백이 필요한 정말 중요한 이유는 고백이 치료약이기 때문이다. 지금도 고통에 허덕이며 살고 있는 피해자들에게, 당신이 하는 고백은 상처받은 그들의 마음을 치료할 수 있는 유일한 치료제다. 억만금을 보상금으로 준다고 해도 치유될 수 없는 마음의 상처가 가해자의 고백으로 치유될 수 있다. 그리고 피해자와 국가를 향한 고백은 비록 당장은 고통스럽겠지만, 가해자와 그 후손들이 고백 없이 이름이 밝혀질 때 입을 상처를 막아주는 예방약이 될 것이다. 왜 내가 고백해야 하는가, 왜 나여야 하는가 물을 수 있을 것이다. 당신이 이런 물음을 던지는 것은 아직 당신의 양심이 살아 있기 때문이다. 그 양심이 수십 년 전 당신에게 얻어터지며 왜 나냐고, 왜 내가 고문당해야 하느냐고 수없이 묻던 피해자의 질문에 아주 늦게나마 천천히 응답하고 있기 때문이다.

고백하면 바보가 되고 고백을 거부한 자는 떵떵거리고 사는 이 땅에 윤동주라는 청년이 잠깐 다녀갔다. 그의 절절한 시 한 수. "나는 나의 참회(懺悔)의 글을 한 줄에 줄이자./ ―만(滿) 이십사 년 일 개월을/ 무슨 기쁨을 바라 살아왔던가.// 내일이나 모레나 그 어느 즐거운 날에/ 나는 또 한 줄의 참회록을 써야 한다./―그때 그 젊은 나이에/ 왜 그런 부끄런 고백(告白)을 했던가." 지금 이 땅에서 고백을 거부하는 사람들은 윤동주의 '참회록'을 고백을 하지 말라는 말로 잘못 읽은 것은 아닐까? 늘 떨리고, 늘 서투를 수밖에 없는 고백. 그러나 나는 지난 시기의 국가폭력과 관련된 사람들이 자기 당대의 부정적 유산을 자녀들에게 물려주지 않는 길은 스스로 고백하는 것밖에 없다는 말씀을 드리고 싶다.

국립묘지를 보면 숨이 막힌다
-계급별로 차별받으며 묻히는 사람들

광복 60돌 기념 '8·15민족대축전'에 참가하기 위해 서울에 온 북쪽 대표단이 동작동 국립현충원을 찾아 묵념을 드렸다. 아무도 예상하지 못한 일이었다. 남쪽이 먼저 요구한 것도 아닌데, 북쪽이 스스로 국립현충원을 찾겠다는 의사를 밝힌 것이다. 참으로 놀랍기도 하고, 가슴 벅차기도 한 일이다. 국립현충원! 한국전쟁의 희생자들만이 아니라, 과거 남북 간에 상호 비방이 극심하던 시절에 북쪽이 입만 열면 떠들어대던 '남조선의 이승만 괴뢰 도당', '박정희 괴뢰 도당'의 '괴수' 이승만과 박정희가 잠들어 있는 곳이 아닌가? 짧은 시간이었지만, 북쪽 거물들이 국립현충원을 방문해 머리를 조아리고 간 것이다.

북쪽의 현충원 참배가 '생쇼'라고?

2000년에 남북정상회담을 준비할 당시에 김대중 전 대통령이 김일성 주석의 주검이 안치된 금수산 기념궁전을 참배할 것인지를 두고 남북이 팽팽한 줄다리기를 한 바 있다. 금수산 기념궁전이 아니라 혁명열사릉이나 애국열사릉처럼 북쪽의 국립묘지에 해당하는 추모시설이었다 하더라도, 남쪽 대통령이 그곳을 참배하기는 어려웠을 것이다. 그래도 남북의 정상은 뜨겁게 껴안았다. 모든 게 하늘 아래 처음 있는 일이었지만, 휴전 체제에서 대한민국의 국군통수권자 김대중 대통령은 조선민주주의인민공화국 군 의장대를 사열했다. 당장 통일이 될 것 같던 그날의 감격에 비하면 참으로 더디지만, 북핵 문제나 서해에서 벌어진 충돌 등 여러 가지 어려움을 이겨내며 남북대화는 이어졌다. 그리고 북쪽 대표단이 남쪽의 국립현충탑 앞에 섰고, 머리를 조아렸다.

과거 수구언론은 북쪽 대표단이 서울을 방문할 때 국립묘지에 참배하지도 않는다고 비난해왔다. 그러던 수구언론이 사설을 통해 "무엇보다 북의 '깜짝쇼'가 남쪽을 상대로 이미 진행 중인 '이념 해체' 작업의 촉매제로 이용될 가능성이 걱정이다"라며 우려를 표명한 것은 차라리 아주 점잖은 일이었다. 우리의 조갑제 선수는 자신의 홈페이

국립현충원을 찾은 북쪽 대표단. 남북이 서로의 국립묘지를 찾는 것이 비방할 일인가.

기억하지 않는 자와 고백하는 자 …… 175

지를 통해 이번 일을 "전범 집단의 철면피한 국립묘지 참배 생쇼"라고 비난했다. 일부 반북단체들은 북쪽 대표단이 국립묘지를 찾는 시간에 맞추어 반대시위를 벌이기도 했다.

한편 조선사회민주당 초청으로 북한을 방문한 민주노동당 대표단은 신미리 애국열사릉을 참배했는데, 이때 김혜경 민주노동당 대표가 방명록에 "애국의 마음을 새기겠다"고 쓴 글이 남쪽에서 논란을 일으켰다. 우리의 김용갑 의원이 김혜경 대표를 수사하라고 목청을 드높여 '누가 좌우대립이라 부추기는가'(『대한민국史』 1권 3부)에 이어 또다시 제2의 방명록 파문이 일어나나 싶었지만, 그동안 세상이 좋아진 탓인지 다행히 큰 탈 없이 넘어갔다.

이래저래 남북의 국립묘지가 조용하지 않다. 일본으로 고개를 돌려보면 국립묘지는 아니지만, 일본의 극우세력들이 국립묘지보다 더 극진히 여기는 야스쿠니신사 참배 문제까지 겹쳐 골치가 아파진다. 왜 슬픔을 곱씹는 고요한 장소여야 할 추모시설들이 시끄러운 소동의 진원지가 되는 것일까?

북쪽 애국열사릉 앞에서 묵념하는 민주노동당 대표들.

국립묘지란 전 세계적으로 근대 민족국가가 성립한 뒤에 등장한 새로운 장소다. 전근대에도 물론 국가가 관리하는 묘지가 있었다. 조선의 경우 왕과 왕비를 모시는 능이 있고, 그보다 격이 낮은 세자나 왕비가 아닌 왕의 생모를 모시는 원이 있었다(어떤 호사가들은 왜 북의 국립묘지는 열사'릉'이고 남의 국립묘지는 현충'원' 이냐고 시비를 건다). 그러나 이러한 전근대 국가의 국립묘지는 어디까지나 왕이나 왕비 급의 특수한 신분을 가진 사람들에게만 허용되는 특별한 공간이었다. 반면에 제1차 세계대전 이후 널리 퍼진 국립묘지는 하급병사 등 전몰자들이 중심을 이루기 마련이다.

국립묘지는 근대 민족국가가 출범하고도 한참이 지나서야 보편화되었다. 전몰자를 국가가 한데 모아 추도하고 숭배하는 일이 민족국가를 수립하면서 곧장 시작된 것은 아니다. 죽음과 장례에 대해 방대한 연구를 진행한 필리프 아리에스에 따르면, 민족주의의 시대인 19세기에는 대부분 묘지는 여전히 사적인 측면이 지배적인 공간이었으며, 장교들의 유해나 겨우 전장에서 가까운 교회에 묻히거나 가족들에게 송환되었을 뿐 일반 병사들은 대부분 자기가 죽은 장소에 묻혔다는 것이다.

국가의 토대가 군대라는 근대적 믿음

근대에 들어와 출범한 민족국가가 국립묘지라는 공간을 만들어낸 것은 민족국가끼리 여러 차례 전쟁을 치르고 난 뒤, 아니 앞으로도 이런 전쟁을 여러 차례 치러야 한다는 것을 깨닫고 난 뒤의 일이다. 베네딕트 앤더슨은 근대 민족주의의 문화적 상징에서 가장 대표적인 것으로 무명용사 기념비나 무덤을 꼽았다. 근대국가에서 병역의 의무란 시민적 권리와 표리의 관계를 이루는데, 민족국가는 전쟁이 일어났을 때—전쟁이 저절로 일어나는 법은 절대(!) 없다. 민족국가가 일으킨다—그 구성원들에게 목숨을 내놓으라고 요구하고, 또 적을 죽일 것을—이 행위를 굳이 '살인'이라고 표현하거나 총을 들기를 거부하는 자는 민족국가에서 '비국민'이 된다—요구한다. 이 과정에서 자국 병사들의 죽음에 대해 민족국가는 상징적인 의미를 부여해야 한다. 최초로 학술논문에서 한국의 국립묘지 문제를 비판적 시각으로 고찰한 김종엽에 따르면, "전몰자들을 한곳에 모아놓고 그들을 기념하는 전몰자 숭배를 조직함으로써 국가는 국가의 토대가 바로 군대이며 희생이라는 이데올로기적 주장을 전파하고, 그렇게 함으로써 계속해서 요구될 동원과 희생을 정당화할 수 있는 상징적 지배를 이룩한다"는 것이다.

라이언 일병 한 사람의 목숨을 구하기 위해서 수십 명의 인명을 희생하는 것도, 국가가 한 사람의 생명을 소중히 여긴다는 신화를 만드는 작업이다. 전 세계의 어느 나라보다도 미국이 멀리 한국이나 베트남의 전장에서 수십 년 전에 희생된 자국 병사들의 유해를 수습하는 데 열심인 것은, 미국이 앞으로 많은 전쟁을 치러야 한다는 사실을 보여주는 심란한 모습이기도 하다.

국립묘지가 만들어지면서 하급병사들 또는 신원을 알 수 없는 무명용사들이 국립묘지라는 상징적 공간에서 중요한 자리를 차지하게 되었다. 한국을 포함한 대부분의 나라에서 국립묘지는 군인묘지로 출발했는데, 군인묘지가 국립묘지로 성격이 변화하는 과정은 국가의 토대가 곧 군대라는 믿음이 퍼져나가는 과정이라고 할 수 있다. 과거의 국립묘지가 왕이나 왕비만을 위한 공간인 반면, 현대의 국립묘지는 자국의 하층민 병사들을 받아들인다. 이는 분명 민주주의가 발전했음을 반영하는 진일보한 측면이다.

그러나 똑같이 전쟁에서 희생되었다 해도 어떤 옷을 입었느냐가 매우 중요하다. 국립묘지에 관한 한, 군복이 아니라 사복을 입은 민간인은 불행하게도 글자 그대로 해석하면 전쟁에서 죽은 사람이라는 뜻인 '전몰자'에 해당하지 않는다. 자국의 민간인도 포함되지 않는데 하물며 적국 병사들이야……. 도조 히데키 같은 에이급 전범이 합사돼 있다 하더라도 야스쿠니신사가 일본이 일으킨 침략전쟁에서 희생된 조선이나 중국의 민간인까지 포함하는 위령시설이라면, 일본 수상이 날마다 참배를 간다 해도 아무도 문제 삼지 않을 것이다.

국립묘지가 자국의 병사를 중심으로 국가가 기억하고 싶은 죽음만을 받아들인다는 것은 어느 나라나 같지만, 국립묘지 안에서 그 죽음들을 어떻게 대우하는가는 국립묘지를 만든 권력의 성격에 따라 매우 다르다. 한국의 국립묘지는 이승만 때 군인묘지로 출발했는데, 이승만은 미국의 알링턴 국립묘지를 모델로 군인묘지를 만들었다고 한다. 알링턴 묘지에는 케네디 대통령도 묻혀 있는데, 그 묘지가 크기나 모양에서 일반 병사들의 묘지와 크게 다를 바 없다. 대통령이 일반 병사와 나란히 같은 면적에 묻혀 있는 모습을 보여주는 것보다 일반 병사들을 높여주는 것은 없을 것이다. 그리고 역으로 그런 대통령의 모습은 존경을 자아낸다.

"절대로 국립묘지에 묻지 말라"

이승만은 근대 민족국가의 산물인 국립묘지제도를 도입했지만, 여기에 한국식 전근대적 유산을 남겨놓았다. 한국 최초의 서양식 철학박사지만 "지관으로서도 식견이 높던"(이승만이 국립묘지에 안장될 때 이를 보도한 〈조선일보〉의 기사에 나오는 표현) 까닭에 국립묘지를 풍수지리상의 명당에 자리 잡았고, 자신의 묏자리를 명당 중의 명당에 미리 잡아놓았다. 그리고 박정희도 육영수 여사가 피격을 받고 서거하자 명당을 찾았다. 박정희는 자신이 묻힐 자리를 정할 때 이승만보다

이승만은 국립묘지에 한국식 전근대적 유산을 남겨놓았다. 언덕 위의 널찍한 장군묘와 평지의 작은 일반묘가 이를 보여준다.

후임자이면서 이승만의 묘소보다 훨씬 높은 곳에 묏자리를 잡았다. 박정희가 어떤 지관을 택해서 자리를 잡느냐가 그 동네에서는 누가 최고의 지관이냐를 결정하는 것이나 마찬가지였던지, 지관들 사이에 온갖 음해와 유언비어가 난무했다.

동작동 국립묘지의 주산(主山)인 공작봉의 산세는 장군이 군사를 거느리고 있는 듯한 장군대좌형(將軍對坐形)으로 천군만마가 줄지어 서 있는 형상이라고 한다. 나라를 위해 목숨을 바친 일반 사병들에게는 겨우 한 평을 주고, 장군들에게는 8평을 주고, 자신은 왕릉이 부럽지 않은 80평에 누워 천군만마를 호령하고 있는 것이다. 알링턴 국립묘지는 생존시의 계급과 신분에 따라 묘역을 구분하지 않는 반면, 국립현충원은 대통령, 장군, 영관급 이하를 기준으로 묘역의 크기를 정하고, 영관급 이하에서도 장교나 사병이냐에 따라 상석과 묘비의 크기와 모양이 다르게 되어 있다.

최근 국립묘지에 안장하는 기준이 다소 완화되기는 했지만, 어떤 죽음을 놓고 국립묘지에 안장돼야 하느냐 말아야 하느냐에 대한 논쟁은 계속되고 있다. 남극기지에서 희생된 젊은 넋이 국립묘지에 모셔져야 하는가를 둘러싼 논쟁은 여러모로 안타까움을 자아냈다. 기를 쓰고 안 된다고 주장하는 편도, 반대로 국립묘지에 가야만 의미 있는 죽음이라고 생각하는 쪽도 모두 안타깝기는 마찬가지다. 국가의 부름을 받고 입대했다가 이러저러한 이유로 자살한 병사도 국립묘지에 갈 수 없다. 친일파가 애국지사로 둔갑해 애국지사 묘역에 누워 있는 것은 차라리 문제가 간단하다. 장군 묘역에 가면 화려한 일본군 경력을 가진 사람들이 많이 있다. 오죽하면 임시정부의 마지막 국무위원인 조경한 선생은 친일파들이 즐비한 국립묘지가 싫다며 당신이 돌아가신 뒤 절대로 국립묘지에 묻지 말라고 유언을 남겼건만, 독립유공자 예우에 관한 법령에 의해 국립묘지에 '안장'돼야 했다.

우리 사회의 모든 부문에서 일제 잔재가 나타난다지만, 국립묘지 역시 예외는 아니다. 정호기 박사의 지적에 따르면 상석 위에 입석 묘비를 세운 국립묘지 방식은, 1938년 5월에 육군묘지규칙이 발표되기 전에 육군매장규칙에 의해 건립된 일본 군인묘지의 묘비와 유사하다고 한다. 그에 따르면 일제 총동원 체제의 전쟁 상황이 해방되고서도 평화 체제로 재편되지 않은 채 한국전쟁까지 약 8년간 계속되었는데, 그리하여 일제가 조선에서 실시한 전쟁 관련 희생자를 추모하는 방식이 해방 이후까지 이어졌다는 것이다. 일본 잔재가 청산되지 못하고 일본군이나 만주군 출신이 국립묘지를 만들고 관리한 셈이니, 국립묘지에 일제 잔재가 짙게 남아 있는 것은 당연한 일이다. 국립묘지의 온갖 휘호나 헌시, 조각물 상당수가 박정희를 포함해 뚜렷한 친일 경력을 남긴 사람들에 의해 만들어졌다. 하긴 '국군은 죽어서 말한다' 같은 시를 '황군은 죽어서 말한다'로 고쳐 읽는다 해도 아무런 지장이 없고, 대동아전쟁 당시 일본군 병사의 '돌격! 앞으로' 모습을 그린 것과 똑같은 이미지의 그림이 같은 화가에 의해 그려져 오랫동안 국방부에 걸려 있었으니, 어디 국립묘지에서뿐이리오.

지금 한국에는 모두 다섯 개의 국립묘지가 있다. 국립묘지의 대명사인 서울 동작동의 국립현충원과 국립대전현충원은 국방부에서 관할하고, 4·19국립묘지, 5·18국립묘지, 3·15국립묘지는 보훈처에서 관할한다. 그런데 이들 두 계열의 묘지는 관할기관만 다른 것이 아니라, 내용도 많이 다르다. 사회에서도 기성 세력과 민주화 세력의 대립을 반영하듯, 보훈 체계에서도 호국유공자와 민주유공자 사이에 긴장이 존재한다. 국립현충원에는 광주에 진압군으로 투입되었다가 사망한 이들의 묘비에 "1980년 5월 ○일 광주에서 전사"라고 적혀 있는 반면, 진압군에 살해당한 시민들이 묻힌 광주 망월동 묘지 역시 국립묘지로 '승격'된 것이다. 동의대 사태 관련자들이 민주화운동 유공자로 인정되자, 그 사건 당시에 희생된 전경들의 가족들이 우리 자식을 국립묘지에서 파가라는 말이냐며 거세게 하기도 했다.

북쪽 대표단의 국립현충원 참배와 남쪽 민주노동당 대표단의 애국열사릉 참배가 일으킨 소동을 보면서, 나는 통일조국의 국립묘지를 떠올려보았다. 적화통일도 아니고, 흡수통일도 아닌 상호 존중하는 통일을 이룬 '우리나라'는 어떤 국립묘지를 가져야 할까? 각각이 가꾸어온 국립묘지는 있는 그대로, 아니 남북이 대립하는 과정에서 희생된 모든 희생자들, 민간인뿐 아니라 미군과 중국군까지도 포함하도록 확대해서 모든 죽음을 추도하는 국립묘지를 만들어야 하지 않을까?

"뼈에 무슨 이념이 있는가"

마드리드에서 한 시간쯤 떨어진 곳에 있는 로스카이도스 계곡에 가본 적이 있다. 흔히 '망자의 계곡'이라 부르는 곳이다. 독재자 프랑코가 스페인내전에서 승리한 뒤 공화파 포로들을 강제로 동원해 지은 우파들을 위한 묘지였다. 그러나 프랑코는 나중에 뼈에 무슨 이념이 있냐며 이곳을 스페인내전에서 죽어간 모든 희생자들을 추모하는 공간으로 바꾸었고, 그 자신도 여기에 묻혔다. 사실 망자의 계곡도 많은 문제를 가진 공간이지만, 너무 많은 사람이 묻혀 있는 너무 많은 국립묘지를 그것도 남북에 갖고 있는 나라에서 온 나는 솔직히 스페인이

독재자 프랑코가 스페인내전에서 승리한 뒤 지은 우파들을 위한 묘지 '망자의 계곡'. 그러나 프랑코는 이곳을 죽어간 모든 희생자들을 위한 추모의 공간으로 바꾸었다.

기억하지 않는 자와 고백하는 자 …… 183

부러웠다. 어쩌다 내가 프랑코의 스페인을 다 부러워해야 하나? 반백 년 전의 전쟁에서 스러져간 영혼들은 북녘 대표단의 참배를 보며 '생 쇼'를 한다고 욕했을까? 아니면 너희들 왜 이제 왔냐고 반가워했을까?

경산의 코발트 광산에는 지금도 몇천 구의 유골이 방치돼 있다. 전쟁으로 인한 희생자는 군인만이 아니다. 그들의 죽음을 국가라는 공동체는 기억할 수 없는가? 기억해서는 안 되는가? 국가가 기념하는 죽음만이 아니라 국가에 의해 직접적으로 살해당한 죽음까지 국립묘지에 가면 안 되는가? 죽음 앞에서 자연스러운 감정은 슬픔이어야지, 찬미는 아니다. 왜 국가는 전쟁에서 죽은 젊은이들을 어머니의 품으로 돌려보내지 못할까? 죽어서도 군복을 벗지 못하는 젊은이들을 보며 나는 목이 멘다.

역사는 변하지 않는 것 같으면서도, 우리가 생각하는 것보다 빨리 그리고 많이 변하고 있다. 1875년에 태어난 이승만이 장기 집권을 하더니, 그 최고 권력이 40년을 뛰어넘어 1917년생 육군소장 박정희에게 갔다. 박정희가 18년 동안 장기 집권을 하더니, 그 권력을 다시 1931년, 1932년생 육군소장인 전두환과 노태우가 주거니 받거니 했다. 그러고는 거꾸로 1927년생 김영삼이 대통령이 되더니, 1926년생 김대중이 그 자리를 이었다. 그리고 20년을 뛰어 1946년생인 노무현이 대통령이 되었다. 군사독재 30년이 지속되고 거기에 40대 기수론을 들고 나와 맞선 양 김씨의 시대가 그만큼 오래가더니, 20대 젊은 나이에 세상을 뒤엎은 4·19세대를 건너뛴 것이다.

| 4부 |

그때 그 사람들

| 신영복, 김형률, 유시민, 그리고 386 |

신영복의 60년을 사색한다
-한국 현대사와 통혁당 사건의 내막을 듣는다

은근과 끈기의 민족이 어느새 '빨리빨리'를 입에 달고 살게 되었을 정도로 숨가쁘게 달려온 세월, 그 세월 동안 사색이니 성찰이니 하는 것은 모두 사치스러운 장식물이었는지 모른다. 군사독재정권이 앞을 내다보고 역할을 분담해놓은 것이라고나 해둘까? 쫓기듯이 바쁘게 사는 바깥 사람들이 꿈꾸지 못할 차분한 사색과 깊은 성찰을 바깥 사람 몫까지 대신해야 했던 분이 있다. 1988년에 세상이 조금 좋아진 뒤, 〈평화신문〉에 그의 사색의 편린이 실리기 시작했다.

그리고 그가 세상 밖으로 나왔다. 징역은 나오는 맛에 산다는 말을 위로로 건네기에는 너무 긴 20년 세월을 뒤로하고서. 20대 청년으로 1968년 생일날 잡혀간 그는 꼭 20년 세월을 보내고, 1988년 생일날 석방됐다. 그리고 20년 가까운 세월이 또 흘러 『감옥으로부터의 사색』으로 우리에게 친근한 신영복 교수가 2006년에 정년을 맞았다.

장래 희망은 조선인 총독?

선생님과 같은 학교에 근무하는 나는 동료 교수들과 더불어 선생님의 정년을 기념하는 조그만 문집을 만들기로 했는데, 거기서 한국 현대사 속에서 선생님의 삶을 정리해보라는 권유를 받았다. 그래서 자주 뵙는 사이에 정색하고 마주 앉아 인터뷰하는 쑥스러움을 무릅쓰고 자리를 마련했다. 선생님께서 기억하기 싫어하는 부분까지 캐물어야 하는 곤란한 순간도 있었지만, 선생님께서 살아내신 한국 현대사를 가까이서 듣는 소중한 시간을 갖게 되었다. 얼마 전에 한명숙 국무총리가 취임하는 과정에서 그의 부군인 박성준 교수의 전력을 놓고 말이 많았는데, 신영복 교수는 통일혁명당 사건에서 박성준 교수의 '상부선'이기도 했다.

신영복은 1941년에 경상남도에서 태어났다. 고향은 밀양이지만, 출생지는 의령이었다. 아버지는 대구사범을 졸업하고 경상북도에서 교사로 근무했는데, 일본인 교장이 조선 학생을 차별하는 것에 항의하다가 파면됐다. 몇 년 지난 뒤에 같은 경상북도는 안 되고 도를 달리해 경상남도에 정식 '훈도'가 아니라 '촉탁'으로 복직시켜주더란다. 아버지께서 교사 한 명뿐인 간이학교의 '교장'으로 의령에서 근무하실 때 교장 사택에서 신영복이 태어난 것이다. 고등학교에 진학해 부산으로 유학을 떠날 때까지 어린 신영복은 교장 선생님의 아들로 밀양 등지의 사택에서 자라게 된다.

아버지의 사랑에는 유열, 이극로 등 저명한 한글학자들—모두 월북했다—도 드나드셨는데, 아버지 친구들은 꼬마 신영복에게 장래희망을 묻곤 하셨다. 이럴 때 아이들은 처음에야 자기 희망을 솔직하게 얘기하지만, 조금 지나면 어른들이 바라는 '정답'을 말하게 되는 법. 일제 말기의 암울한 시절, 그가 가진 희망은 일본 총독이 되어 일본인들에게 한글을 가르치고 싶다는 것이었다. 일본 총독이 뭐냐고? 조선이 독립되고 일본을 식민지로 삼게 된다면 일본을 다스리는 조선인 총독이 된다는 얘기다. 해직교사인 아버지와 그의 민족주의자 친구들의 장난기 어린 조기 '의식화' 교육을 받으며, 신영복은 세상과 만나기 시작했다.

다섯 살 꼬마 신영복의 머리에도 해방의 기억은 또렷하게 남았다. 비가 엄청나게 온 그날, 동네 청년들은 어린 신영복을 집에서 조금 떨어진 교장 사택으로 데려가 그곳을 지키게 했다. 해방이 되자 일본인 교장은 어디론가 사라져버렸는데, 집 안은 책상 서랍이 다 열려 있는 채로 급히 떠난 흔적이 역력했다. 동네 청년들이 다섯 살 난 어린 신영복에게 왜 일본인 교장의 텅 빈 사택을 지키게 했는지는 지금도 이해가 잘 되지 않지만, 아무튼 그는 적산을 접수하고 보호하라는 중대한 임무를 충실히 수행했다.

신영복 교수가 2006년 정년을 맞았다. 20대 청년시절에 감옥에 들어가 20년의 세월을 보내고, 다시 20년의 세월이 흘렀다.

전쟁은 그가 열 살 때 터졌다. 그러나 밀양은 인민군 수중에 들어가지 않아 '인공' 치하를 겪지는 않았다. 그래도 전쟁의 기억은 끔찍했다. 서북청년단원들이 어느 날 좌익으로 몰린 청년들을 잡아 죽이고, 그들의 머리를 벤 뒤 귀에 철사를 꿰어 영남루 부근의 다리 양쪽으로 가로등마다 묶어놓은 것이다. 다리에 잘린 머리가 스무 개 남짓 걸려 있다 보니 여학생들은 겁에 질려 다리를 못 건너고 우는데, 어린 남학생들은 그래도 다리를 건너갔다고 한다. 신영복은 무서움 속에서도 머리를 하나하나 자세히 살폈다. 실제로 자세히 바라보니, 피가 다

빠져 백지장처럼 하얘진 얼굴은 생각만큼 무섭지 않았다.

"총탄이 이마를 뚫고 지나간 혁명"

신영복이 베어진 머리를 유심히 살핀 까닭은 거기에 누군가 있을 것 같은 느낌 때문이었다. 해방 직후 떠들썩한 분위기 속에 신영복 집에 모이던 수많은 청년들, 그 중에 특히 기억나는 사람이 있었다. 동네 토박이는 아니고, 떠돌이로 다니다 동네로 흘러들어와서 궂은일 해주고 밥 얻어먹던 청년이었다. 토끼도 잘 잡고 팽이도 잘 만들어주던 청년, 그러나 늘 천대받던 그가 기세등등해진 모습을 보고 세상이 바뀐 걸 실감할 수 있었다. 그렇지만 미군이 들어오고 사라졌던 친일파들이 다시 나타난 뒤로, 신영복은 그 청년을 다시 볼 수 없었다. 앞장서서 친일파 집을 때려 부수던, 그러나 달아난 친일파가 미군을 앞세워 돌아오면서 사라진 청년. 어린 마음에 사라진 그가 꼭 거기 있을 것만 같았다. 아직 너무 어려 해방과 전쟁의 의미를 이해할 수는 없었지만, 기억만큼은 또렷이 그의 잠재의식 속에 각인돼버렸다.

밀양군 교육감이 되신 아버지가 무슨 바람이 불었는지 국회의원에 출마했다가 낙선하면서 가세가 기울었고, 그는 자형이 교사로 근무하던 부산상고로 진학하였다. 시인으로 5·16군사반란 뒤 교원노조운동을 하다가 구속된 살뫼 김태홍 선생이 당시 국어 선생님이었는데, 그분이 권유하여 한국은행 면접시험 대신 서울대 상대에 시험을 치고 합격한 것이 1959년이었다.

대학에 들어간 지 꼭 1년 만에 4·19가 일어났다. 그것은 엄청난 감동이자 충격이었다. 처음에는 '부정선거 다시 해라', '자유당 정권 물러가라' 정도에 약간의 민족주의적 감정이 가미된 정도였지만, 세상이 바뀐 것을 경험한다는 것은 큰 감동이었다. 4·19에서 5·16까지 비록 1년여의 짧은 기간이었지만 푸른 하늘을 보았다는 것, 그것을 직접 보았을 때의 그 감동은 지금까지 그를 지탱해준 중요한 원동력이었다. 4·19는 그야말로 "총탄이 이마를 뚫고 지나간 혁명"이었다. 비록 독일어 원서를 교재로 썼지만 『자본론』 강독이 정식 과목으로 개설되기도 했고, 학생들은 '공산당 선언' 같은 문건을 번역해서 세미나를 시작했다. 한국전쟁으로 완전히 초토화된 지식사회에 새싹이 돋아나기 시작한 것이다.

그리고 5·16이 왔다. 처음에는 사람들이 지주 아들 윤보선과 가난한 소작농의 아들 박정희를 대비시키기도 하고, 박정희의 좌익 경력을 이야기하며 기대감을 표시하기도 했다고 한다. 그러나 이른바 혁명재판소를 만들어 〈민족일보〉 조용수 사장을 사형시키는 등 사태가 진전되어가는 꼴을 보니, 박정희는 영락없이 "권총 찬 이승만"일 수밖에 없었다. 그리고 배후에는 미국이라는 외세가 있었다. 그 거대한 힘이 4·19를 누르고 있었다. 4·19의 감동 속에 총알이 우리의 이마를 뚫고 지나갔다고 진보적 청년들은 생각했지만, 5·16의 현실 속에서 그들은 다시 깨달았다. 총알은 그저 모자만 뚫고 지나갔다고! 5·16이 무너뜨린 것은 무능한 장면 정권만이 아니었다. 5·16이 진정 짓밟은 것은 4·19 이후 돋아나기 시작한 통일운동, 노동운동 등 각 부문 운동의 새싹이었다. 해방 정국에서 활발하게 펼쳐진 변혁적 운동을 복원해낸 4·19가 군부세력에 의해 짓밟힌 것이 5·16이었다.

1, 2학년 때까지 가정교사를 하느라 학교 공부를 따라가기도 바쁘던 신영복은, 5·16이 일어난 3학년 때부터 본격적으로 후배들의 세미나를 지도하기 시작하는 등 학생운동에 몰두하게 된다. 그는 군사정

권이 들어선 현실에서 장기적인 학생운동이 필요하다는 것을 절감하면서, 서울대 상대에 본격적인 독서 동아리를 만들었다. 마오쩌둥의 '모순론'이나 '신민주주의론' 같은 논문도 번역해서 대학공책에 베껴 적어(복사기와 컴퓨터가 없던 시절!) 돌려 읽고, 고리키의 소설 『어머니』도 영문판을 구해 대학공책 네 권에 깨알같이 번역해서 돌려 읽곤 했는데, 나중에 통혁당 사건이 터지면서 모두 중앙정보부에 압수됐다.

통혁당 간부들은 만난 적도 없었는데

3학년 때부터 거의 날마다 세미나의 연속이었다. 상대 학생들로 조직된 경우회, 대학생선교회(CCC) 산하의 경제복지회, 정읍 출신들이 모인 동학연구회 등 나중에 통혁당 사건 때 연루된 동아리들 말고도 고려대와 연세대의 학생 동아리 세미나에도 자주 가서 지도했는데, 이런 모임이 예닐곱 개가 되다 보니 각각 일주일에 한 번씩만 있어도 날마다 불려다니느라 정신없는 나날을 보낸 것이다.

대학원에 진학한 뒤에는 주로 다른 대학이나 연합 동아리를 지도하는 데 주력했다. 당시 경제과는 150명이나 되었지만, 대학원에는 지금과 달라서 3명만이 진학했다. 그런데 같이 입학한 동기들 중 한 명은 학생군사교육단(ROTC)으로, 다른 한 명은 해군장교로 입대해버려 대학원에는 혼자만 남았다. 경제과 대학원의 한 해 선배로는 안병직과 사회학과를 졸업한 신용하가 있어 친하게 지냈는데, 지금 뉴라이트의 깃발을 내세운 안병직은 당시에 아주 좌파적인 입장이었다.

대학원을 마치고 숙명여자대학교에 강사로 나가던 시절, 아마 1965년 2학기나 1966년 초에 〈청맥〉이라는 잡지의 예비 필자 모임인 새문화연구회 모임에 안병직을 비롯한 선배들을 따라 나갔는데, 여기서 서

1968년 11월 28일에 열린 통혁당 사건 공판. 당시 군 장교였던 신영복 교수는 통혁당의 주요 간부들을 만난 적도 없었다. (격동 한반도 새지평)

울대 사회학과 출신의 김질락을 만나게 되었다. 김질락은 신영복보다 6~7년 선배였다. 〈청맥〉은 통혁당 핵심들이 당의 합법적 기관지로 설정한 잡지인데, 반미적인 논설이 종종 실렸다. 당시 신영복은 대학원을 갓 졸업한 신출내기 강사이다 보니 잡지의 필진을 이루던 새문화연구회에서 막내인지라, 적극적인 역할을 할 입장이 아니었다.

김질락과 그의 후배 이진영 등은 신영복이 학생운동에 깊이 관여하고 있는 것을 알고 그를 유심히 관찰하면서 접근하기 시작했다. 어느 날 김질락이 정색하고 혁명을 지지하느냐고 물어왔고 신영복이 그렇다고 하자, 그날부터 김질락, 이진영과 따로 만나게 되었다. 이것이 나중에 통혁당 산하의 민족해방전선으로 발표된 모임이다. 통혁당 사건으로 김종태, 이문규, 김질락 등이 사형됐으니, 무기징역을 선고받은 신영복은 살아 있는 사건 관련자 중에서 가장 핵심 인물이 된다.

그런데 나도 이번에 인터뷰를 하면서 처음 알았지만, 신영복은 최고 책임자로 발표된 김종태나 민족해방전선 책임자로 발표된 이문규 같은 핵심 간부들을 사건이 날 때까지 만나본 적도 없다는 것이다. 이문규야 학생운동 선배라서 이름 정도는 들어보았지만, 김종태에 대해서는 이름도 들어보지 못했다고 한다. 신영복이 김질락과 만난 횟수는 〈청맥〉 잡지사에서 여러 사람이 같이 모인 것까지 합쳐 전부 열 번 안팎일 것이고, 김질락의 집에서 이진영과 함께 따로 만난 것은 다섯 번 정도라 하니 참으로 비싼 징역을 산 셈이다.

자술서 자체가 고문이었다

그런데도 공안당국의 기록은 물론이고, 진보 진영에서 나온 통혁당 관련 일부 서적에는 신영복이 김종태, 이문규, 김질락 등과 함께 통혁당의 강령을 정하는 등 당의 핵심 성원으로 활동했다고 나온다. 신영복은 민족해방전선이 조직한 산하단체라고 발표된 경제복지회나 경우회, 동학연구회 등은 각각 역사가 오랜 자생적인 단체로 자신과 개인적인 관계를 맺었을 뿐이고, 김질락 등과 만난 모임에서 학생운동 동향에 대해 논의하면서 이야기했을 뿐인데, 사건에 연루돼 고생했다면서 미안해했다. 중앙정보부가 엄청나게 부풀린 것이냐는 질문에 대해서는 그런 측면도 분명 있지만, 또 한편으로는 김질락 등이 북에 산하단체라고 보고한 것 같다고 덧붙였다. 남과 북 관료집단의 성과주의와 자기 활동을 과장해서 보고한 통혁당 지도부의 합작으로 사건이 확대됐다고나 할까? 북과 관련되어 있다고 무조건 부풀리려는 공안당국이나, 통혁당을 북의 지도성이 관철된 조직으로 그리려는 진보 진영 일각이 각각 다른 입장에서 역사를 왜곡하고 있는 것이다.

통혁당 사건에서 핵심은 북과 관련이 있는가 하는 문제이다. 신영복은 통혁당에 대해서 자신은 전혀 알지 못했고, 중앙정보부에 가서야 들었다고 했다. 또 민족해방전선이라는 조직의 명칭을 명시적으로 합의한 적은 없지만, 분단된 베트남을 보면서 그런 성격의 조직이어야 한다는 논의는 있었다고 회고했다. 그는 민족해방전선의 지도부라고 발표된 김질락, 이진영과 논의하는 과정에서 이미 남과 북이 질적으로 다른 단계에 있기 때문에 일국일당주의를 취해 북이 중앙이 되고 남에 지역당을 건설하는 방식은 옳지 않으며, 남쪽에 자생적인 운동의 구심이 서야 한다고 합의했다고 말했다. 김질락이 김종태나 이문규 등과는, 또는 북에 가서는 어떤 식으로 이야기했는지 알 수 없지만, 적어도 민족해방전선 모임에서 북으로부터 직·간접적으로 지도받는다는 것에 대해서는 논의한 바도 없으며, 북과의 관계는 대등한 혁명의 구심 정도로 이야기됐다는 것이다.

중앙정보부에서 당한 수사는 혹독했다. 이미 김질락이 다 불은 터라, 저들은 신영복이 전혀 모르는 것에 대해서도 다 알고 있었다. 당시 현역 장교로 근무하고 있던 신영복이 북에 갔다 올 수 없음을 누구보다도 잘 알고 있는 저들이 북에 갔다 온 날짜를 대라고 구타와 전기고문을 하여 까무러치기도 했다. 고문도 힘들었지만, 조사 자체가 고문이기도 했다. 청년기의 고민과 방황이 어린 수많은 만남과 토론, 그리고 서로 빌려주고 빌려서 보던 수많은 책들이 몇십 장의 자술서와 몇십 장의 조서와 몇 줄의 법률용어에 의해 온통 조직적인 관계로 규정됐다. 지난 몇 년간 자신이 행한 활동을 담은 것이건만 수사기록은 외국어보다도 낯설었다. 그리하여 '이런 방식으로 한 사람의 복잡한 사상과 의식이 규정되고 단죄되는구나' 하는 것을 뼈저리

군 장교 시절의 신영복 교수(왼쪽)와 그가 옥중에서 보낸 편지. 군 법무사들은 사형을 구형하면서도 걱정하지 말라고 했다.

게 느끼게 된다.

신영복은 그때 당시 아이들 사이에서 유행하던 '원숭이 똥구멍' 노래가 생각났다고 한다. 신영복이 수사를 받을 때 초등학교 3학년이던 나도 친구들과 많이 부르며 놀던 노래다. "원숭이 똥구멍은 빨개/ 빨가면 사과/ 사과는 맛있어/ 맛있으면 바나나/ 바나나는 길어/ 길으면 기차/ 기차는 빨라/ 빠르면 비행기/ 비행기는 높아/ 높으면 백두산!" 수사기관의 논리학을 지배하는 것은 흑백논리도 삼단논법도 아니었다. 무엇이든 갖다 붙이면 척 붙어버리는, 도저히 벗어날 수 없는 수사기관의 연상법 놀이여!

사형 구형하면서도 "걱정하지 말라"

당시 육사교관으로 현역 장교 신분이던 신영복은 군사재판에 회부된다. 김형욱의 중앙정보부는 이문규를 구출하러 북이 파견한 공작선의 암호를 해독해 격침시키면서 두 명을 생포했는데, 이들도 통혁당 관련자로 사형을 언도하는 등 이 사건을 할 수 있는 한 크게 부풀리는 데 주력했다. 그러다 보니 직접 북에 내왕한 것은 아니지만, 민족해방전선의 지도부 격으로 위치 지은 신영복에게도 사형을 선고해야 했던 것으로 보인다. 수사 당시에는 주로 불고지죄, 곧 김질락이 북과 관련 있다는 사실을 알고도 고발하지 않은 죄가 중심이던 것이 기소 단계에서는 반국가단체 구성 예비음모죄가 중심이 되었고, 1심과 2심에서는 반국가단체 구성죄로 사형이 선고됐다.

재미있는 것은 최고형이 징역 2년 이상의 유기징역형인 반국가단체 구성 예비음모죄로 기소된 사람에게, 군사재판에서 기소 죄목이 아닌 반국가단체 구성죄를 적용해 사형을 구형하고 선고한 점이다. 형사소송법의 기본원칙을 정면으로 어긴 것이기에 대법원에서는 당연히 파기환송. 군 법무관들이 사형을 구형하면서 미안한 표정을 지으며 너무 걱정하지 말라고 한—사형을 구형하며 걱정하지 말라는 놀라운 인도주의와 여유!—이유를 알 것 같았다고 했다. 파기환송심에서 군 검찰은 죄목을 구성죄로 바꾸는 공소장 변경 조치를 취했고, 재판부는 정상을 참작해 최고형 대신 무기징역을 선고했다. 변호사가 학생 동아리

1998년에 석방된 신영복 교수. 그의 삶은 한국 현대사 속에서 다시 정리될 필요가 있다.

를 반국가단체로 규정하는 나쁜 대법원 판례를 남기는 것은 좋지 않다고 권유하여 상고는 포기했다.

통혁당에 가입한 적도 없고—실제 통혁당은 그가 투옥된 뒤에 조직된 것으로 북에서 발표됐다—김질락 외에는 통혁당 지도부인 김종태나 이문규를 만난 적도 없으면서도, 대표적인 통혁당 지도간부로 인식되는 무기수 신영복은 이렇게 탄생했다. 상고를 포기하여 무기징역이 확정된 것은 1970년 5월 5일 어린이날이었다. 이날 그는 재판을 죽 지켜본 호송 헌병의 호의로 남산에 들러 아이스크림을 사먹고 무기징역의 기나긴 터널로 들어가게 된다. 사형수일 때는 무기만 되어도 원이 없다고 생각했건만, 무기징역은 어떤 의미에서 사형보다 더 암담했다.

감옥으로부터의 자기 개조
-신영복 교수의 20년 감옥생활과 '대학시절'

사형은 사람의 목숨을 빼앗는다는 것이다. 국가가 공식적으로 죽여버리겠다는 법적 결정이다. 사람이 죽음 앞에서 얼마나 의연할 수 있을까? 뒤에 민청학련 사건 당시 서울대 상대생이던 김병곤이 사형을 선고받고 "영광입니다"라고 되받아 전설을 남겼지만, 그 받아침은 진짜로 죽이지는 못할 것이라는 확신이 있었기 때문이 아니었을까? 사형을 구형받은 김대중도 선고의 순간에 최대한 의연한 척하려 했지만, 눈은 판결문을 읽는 판사의 입으로 가더란다. 무기징역이라 하려면 입이 삐죽 앞으로 나오고 사형이라 말하려면 입이 옆으로 찢어지는데, 그 짧은 순간에 입이 앞으로 삐죽 튀어나오길 간절히 바라게 되더라는 것이다. 드라마〈모래시계〉의 잊혀지지 않는 명대사 "나 떨고 있니?"처럼, 아무리 사상범이라 한들 죽음 앞에선 떨리기 마련이 아닐까? 20대의 청년 신영복은 1심과 2심인 보통군법회의와 고등군법회의에서 각각 구형과 선고, 그리고 군법회의의 형 확정 절차인 관할관 확인을 거치며, 모두 여섯 번이나 자신의 이름에 사형이라는 무거운 꼬리표가 붙는 것을 들어야 했다.

초등학생 친구들을 위해 글을 쓰다

처음에는 사형이 근거 없다고 생각했지만, 곧 '아, 이 정권은 충분히 사형을 집행할 수 있겠구나' 하는 생각이 들었고, 신영복은 그 뒤로 심각하게 죽음의 문제를 생각하는 시간을 보내야 했다. 실제로 그가 남한산성의 육군교도소에 갇혀 있던 1년 반 동안 일상을 같이 보낸 여

2006년 6월 8일에 고별 강의를 하는 신영복 교수. 그는 교도소에서 보낸 20년을 '나의 대학시절'이라고 종종 표현한다.

섯 명이 차례로 사형 집행을 당했다고 한다. 그들의 죄목은 대개 상관 살인이었는데, 신영복은 이처럼 1960년대의 억압적인 병영문화가 낳은 가슴 시린 비극을 연속적으로 가까이서 지켜봐야 했다.

사형이 확정되는 순간 참으로 말로 표현하기 힘든, 너무 짧은 삶으로 끝나고 만다는 애석함과 쓸쓸함이 밀려왔다. 당시의 젊은 언어로는, 죽음은 삶을 완성하는 것이기에 논리적으로 사형이 삶의 단절로 귀결된다는 생각은 들지 않았다. 또한 당시 혁명적 의식에 투철하던 청년의 낭만적인 정서로는, 척박한 식민지 땅에 태어나 군사정권에 항거하다가 형장의 이슬로 사라지는 것이 식민지 청년들 앞에 놓인 삶의 당연한 한 형태라고 합리화해보기도 했다. 그러나 어느 날 접견을 마치고 돌아가는 노부모의 쓸쓸한 뒷모습을 바라보면서, 신영복은 자신의 죽음이 자신에게야 삶을 완성하는 것일 수 있지만 부모님께는 감당할 수 없는 충격과 상실일 수밖에 없지 않는가, 죽음이란 것도 결코 한 개인의 죽음일 수는 없구나 하는 생각을 하게 되었다.

죽음을 앞둔 마지막에는 도대체 어떤 생각이 들까? 신영복은 지금 생각하면 의외지만, 혹시 돈 빌리고 안 갚은 것은 없는지, 약속해놓고 지키지 못한 것이 있나 하는 생각이 들었다고 회상했다. 그가 아직 사형수이던 시절에 쓴 글 중에 '청구회 추억'이라는 것이 있다. 감옥에서 휴지에 적어 이제는 이름조차 가물거리는 헌병의 도움으로 집에까지 전해진 이 글은, 신영복이 우연한 기회에 사귀어 지속적으로 만나던 당시 초등학생 꼬마 친구들을 위해서 쓴 것이다. 매달 마지막 토요일 장충체육관 앞에서 2년 넘게 만나던 꼬마 친구들은 신영복이 왜 갑자기 자기들 앞에 나타나지 않는지 모를 것이 아닌가?

신영복은 사건 당시 현역 육군 중위였기 때문에 그의 사형을 집행하는 형식은 교수형이 아니라 총살형이었다. 교수형이 아니라 총살형이라는 것이 그나마 위안이라면 위안거리였다. 프랑스혁명의 선봉에 섰다가 옥사한 대수학자 콩도르세는 '찬란한 햇빛 아래 죽는 것'을 그렇게 바랐다지 않는가. 모든 사형수가 철학자가 되는 것은 아니겠지만, 우리 마음의 깊은 곳에 와 닿는 신영복의 사색은 총살형을 그나마 다행으로 여겨야 하던 처연한 낭만과, 갈라진 현대사의 처절한 아픔이 안겨준 젊은 날의 임사체험(臨死體驗)으로 얻은 결과라고 할 수 있지 않을까?

대법원에서 상고 포기로 형이 확정된 뒤 신영복은 1970년 9월에 안양교도소로 이감되었다. 그는 안양교도소에서 전향서에 도장을 찍었다. 신영복은 당시에는 전향이 어떠한 정치적 의미를 갖는지에 대해 심각하게 생각하지 않았다고 했다. 육군교도소에서는 전향을 권유하지도 않았고, 그런 고민을 하지도 않았다. 당시 안양에는 사상범이라고는 신영복 한 사람뿐이었다. 전향 문제에 대해 이야기해줄 수 있는 선배도 없었다. 교도소 당국은 김종태, 이문규, 김질락을 비롯하여 다른 사람들도 이미 다 전향을 했다며 도장을 찍으라고 했고, 가족들도 통혁당 사건의 다른 관련자들도 전향서에 날인하였다는 사실을 들어 강력히 권하였다. 그래서 인적사항을 적고, 북한 공산주의에 반대하고 대한민국을 위해서 살아가겠다는 간단한 내용으로 '전향의 변'란을 메우는 것으로 전향서를 작성했다.

『엽서』에는 왜 고친 자국이 없는가

신영복이 전향 문제에 대해 다시 생각하게 된 것은 대전교도소로 이감된 뒤에 비전향 장기수들을 보게 되고, 특히 박정희 정권이 강제 전향 공작을 본격화할 무렵이었다. 그는 한 사람이 자기의 사상을 끝까지 견지하는 일이 얼마나 중요한지를 새삼 깨달으면서, 반성하고 고민하고 때로는 자기 합리화도 했다. 세상을 바꾸겠다는 사람이 자신의 사상을 끝까지 견지하는 것의 중요성에 대해 굉장히 쉽고 편의적으로 생각하긴 했지만, 그 중요성을 더 일찍 깨달았다고 해도 자신은 결국 전향할 수 밖에 없었을 것이라는 점을 그는 부인하지 않았다. 그가 조직성원이었다면 좀 더 심각하게 고민했을지 모르나, 그는 조선노동당원도 아니고 통혁당원도 아니었다. 비전향을 택한 남파 공작원들은 빈농 출신으로 정치 일꾼이 되어 온몸으로 사회주의 세상의 짜릿함을 맛본 적이 있었고, 게다가 그들은 북에 가족을 두고 있었다.

신영복이 20년 감옥생활에서 꼬박 15년을 보낸 대전교도소로 이감된 것은 1971년 2월이었다. 안양과 달리 대전은 한국의 모스크바라 불릴 만큼 좌익사상범이 많았다. 그는 이미 전향서를 쓴 상태에서 대전으로 이감왔기 때문에 특별사동에 수용되지는 않았다. 그러나 교도소 당국은 전향했지만 통혁당 사건 무기수인 신영복을 바로 공장에 출역시키지 않았다. 한 1년 정도 독방과 혼거를 거듭하면서 관찰한 뒤에야 교도소 당국은 출역을 허락했다.

『감옥으로부터의 사색』을 인쇄본으로 읽을 때는 그런 느낌을 갖기 어렵지만, 감옥에서 보낸 편지를 그대로 영인한 『엽서』를 보다 보면 고친 자국이 거의 없다는 점

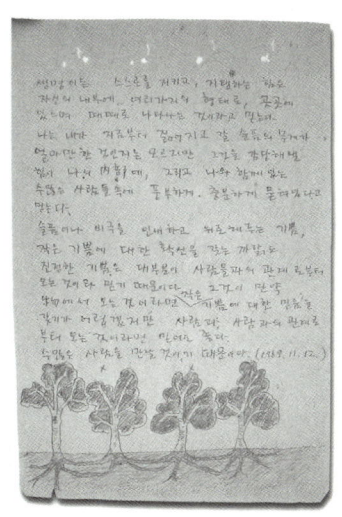

감옥에서 쓴 신영복의 엽서는 고친 흔적이 없다. 명상을 통해 머릿속에서 교정까지 다 봐두고 적었기 때문이다.

에 문득 깜짝 놀라게 된다. 글 쓰는 사람 입장에서 볼 때 정말 있을 수 없는 일이다. 여기에도 다 사연이 있었다. 20대 후반의 지식청년 신영복은 감옥이라는 새로운 환경에서 생활하기 시작하면서 여러 가지 충격적인 경험을 많이 하게 된다. 그냥 두면 다 잊어버릴 것 같은 이 경험을 어딘가 기록해둬야겠다고 생각했는데, 분단된 조국의 감옥에서 그런 생각을 담아둘 수 있도록 유일하게 허용된 공간은 한 달에 한 번 보내는 엽서였다. 밖으로 보낸 엽서가 모여 있으면 언젠가는 다시 읽어보리라 하는 생각에서, 감옥시절을 잊어버리지 않으려는 노력의 하나로 엽서를 쓰기 시작한 것이다. 주제를 하나 잡으면 한 달 내내 감방 안에서 면벽 명상을 통해 생각을 거듭하고 미리 머릿속에서 교정까지 다 봐두었다가 엽서를 쓰는 날, 머릿속에 완성된 문장 형태로 갖

고 있던 것을 토해냈다고 한다.

　면벽 명상이나 독서를 하기에는 독방이 좋을 것 같지만, 20년 감옥생활 중 5년여를 독방에서 보낸 신영복에 따르면 독방의 징역살이가 더 힘들고 때로는 정신적으로 위험하기까지 하다고 한다. 혼자 있으면 언어를 잃어버릴 것 같아서 방을 왔다갔다하며 혼잣말을 하는데, 그러면 교도관은 통방하는 줄 알고 앉으라고 야단을 치기도 한다. 혼자서 이야기하다 보면 종종 이상한 생각에 빠지는데, 스스로에게 깜짝 놀라서 후딱 그쳤다가 다시 혼자서 말을 하기를 반복하는 일도 많았다고 한다. 사람이란 역시 같이 대화하고 부대끼며 사는 존재인 것이다.

장기수들의 역사와 만나다

　신영복이 파기환송 후 재심을 받고 대전교도소로 이감되었을 때, 친구들이나 후배들 중에 이미 대전에 와 있는 사람들이 제법 있었다. 이들 중 상당수는 징역살이가 인생에서 조금도 마이너스가 되지 않도록 밤잠 줄여가며 열심히 공부하겠다는 사람들이었다. 이들은 감방에 있는 사람들과 어울리거나 공장에 출역하는 것보다 오로지 독서에 열중하려는 태도를 취했다. 교도소 재소자란 물론 우리 사회의 하층민이긴 하지만 룸펜적 성격을 벗지 못하고 있는 사람들이기에, 그들과 접촉하는 것이 별로 의미가 없다고 생각한 것이다.

　그러나 신영복은 이런 생각에 동의하지 않았다. 신영복이 보기에도 재소자 대부분이 룸펜적 성격이 강해서 사회를 변혁할 의지라든가 노동계급으로서 갖는 건강한 자부심 같은 것은 찾아보기 힘들었지만, 그들 역시 민중이었고 그들의 삶을 통해 우리 사회의 억압구조를 충분히 읽어낼 수 있었던 것이다. 신영복은 그들 한복판으로 들어가 그들과 맨살을 맞대고 부대끼면서 자신이 지식청년으로서 가지고 있던 관념성에 대해 통절하게 반성하게 된다.

교도소에서 사람을 만나고 같이 지내는 것은, 바깥의 도시에서 만나 잠깐 악수하고 헤어지는 그런 사이와 다르다. 온몸을 부대끼며 살아가는 징역생활에서 도덕적 가식을 부리거나 무언가를 숨기고 감추는 일은 불가능하다. 어쩔 수 없이 정직한 알몸 그대로가 될 수밖에 없다. 한방에서 대개 몇 년을 같이 보내며 서로의 삶과 살아온 내력을 공유하면서 그 개인에 대해 이해하는 것을 넘어, 우리 사회의 가장 밑바닥을 사는 사람들을 통해 또 다른 사회가 있음을 깨닫게 된 것이다. "아하, 목수가 집을 그릴 때는 지붕부터 그리는 게 아니라 일하는 순서대로 주춧돌부터 그리는 거구나" 하는 깨달음은 책이나 교실에서 인식한 것과 다르게 펄펄 뛰는 세상에 대해 새롭게 인식할 수 있게 했다. 교장 선생님의 아들로 학교 사택에서 쭉 자라고 책을 통해 정서를 키워온 사람으로서, 자신이 만들어온 인식의 틀이 그렇게 깨어진 것은 감옥 초년에 그가 겪은 가장 충격적인 일이었다.

신영복이 육군교도소 시절이나 독방에서만 있은 안양 시절에는 잘 몰랐다가 대전에 와서 새삼 발견한 사실은, 교도소에 노인들이 그렇게 많다는 사실이었다. 공장에서건 사방에서건 그들의 사연을 들으면서 신영복은 개인의 성격과 범죄를 연결시키던 그때까지의 단순한 논리를 반성했다. 그들의 파란만장한 일생에 관해서 이야기 듣노라면 죄를 범하지 않을 수 없던 그 혹독한 사연에 고개를 끄덕이면서, 범죄가 개인의 성향보다 사회나 시대를 반영하는 것이라는 생각을 하게 되었다.

신영복은 밑바닥 인생들과 맨몸으로 부대낀 오랜 감옥생활을 통해 젊은 시절의 관념성을 깨고 인간과 사회에 대해 새롭게 이해하게 되었다. 감옥은 청년 신영복에게 여기에 더해 어떤 새로운 역사의식을 일깨워주었다. 1970년대 초반은 아직 해방으로부터 채 30년이 지나지 않은 시절이었다. 조국이 찢어진 상황에서 전쟁의 격동에 몸을 내던진 사람들, 또는 그 격랑에 휘말린 사람들 중에 아직 감옥생활을 하는 이들이 많았다. 세월이 흘러 이제는 물론 50대, 60대를 넘긴 노년이었다. 그들 중에는 한국전쟁 당시의 부역사건으로 들어온 사람도 있었고, 빨치산 출신도 있었다. 빨치산 중에도 한국전쟁 때 입산한 '신빨치'만이 아니라 전쟁이 발발하기 전에 입산한 '구빨치'들도 어렵지 않게 만날 수 있었다. 또 북에서 내려온 공작원과 안내원 들도 있었다. 신영복은 해방 전후의 분단 현실을 온몸으로 담아내고 있는 분들과 일상을 같이 했다.

막연하게 책에서 보던 한국 근현대사의 사람들을 실제로 만나 이들에게서 그 시절의 생생한 이야기를 듣게 된 것이다. 앞날을 기약할 수 없는 노인들로서는 20대의 명석한 신영복에게 참으로 많은 이야기를 전해주었고, 신영복은 마치 체험하듯 역사와 대면하게 된다. 그것은 '생환된 역사'였다. 화석에 피가 통하고 숨결이 이는 듯한 그 느낌!

서구 근대를 뛰어넘는 관계론 구상

신영복은 그 시절 한학의 대가인 노촌(老村) 이구영 (李九榮) 선생과 4년간 한방에서 지내는 행운을 얻게 된다. 박치음이 〈소쩍새〉라는 노래를 헌정한 노촌 선생은 참 특이한 분이셨다. 명문 연안 이씨 집안의 종손으로 조선 봉건사회에 태어나 일제 식민지 사회를 거쳐 전쟁을 체험하며 월북하고, 사회주의 사회를 몸소 겪고 분단의 현실 속에서 남파되고, 일제 때 그를 체포한 형사가 알아보는 바람에 다시 체포돼 20여 년을 감옥에서 보내고, 그리고 고도로 발달한 1980년대의 자본주의 사회로 튕겨져나온 분이 이구영 선생이시다. 한학을 공부한 사람들은 대개 보수적이기 쉽지만 노촌 선생은 드물게도 더불어 고르게 잘사는 대동의 꿈을 간직한 채 사회주의적 사고를 체화하셨고, 또 고전에 대해 진보적 해석을 내리셨다.

신영복이 동양 고전에 관심을 갖게 된 것은 물론 노촌 선생을 만나기 전부터였는데, 1960년대 대학시절의 문화에 대한 반성과도 관련이 깊다. 일제 식민지 시절부터 한국 사회는 근대화 모델을 따라 줄달음쳐왔다. 해방 이후의 격동과 한국전쟁, 그리고 전쟁 뒤의 부패와 가난을 겪는 동안 한국 사회는 오로지 서구적 문화, 서구적 가치 등을 이상적인 모델로 삼아 그쪽에만 몰두했지, 우리 것에는 자부심을 갖기 어려운 시절을 보냈다. 자존심이 없는 개인, 자부심이 없는 민족처럼 불행한 인간은 없을지도 모른다. 이런 반성 속에서 신영복은 감옥에 들어가서 동양 고전을 깊이 읽어보자는 결심을 하게 된다. 서구 자본주의 사회를 비판적으로 성찰하는 준거를 동양 고전의 지혜와 가치에서 찾아보려는 생각이었다.

그런데 이런 거창한 문제의식 말고도 옥중의 신영복이 동양 고전에 빠져든 데에는 아주 현실적인 이유가 있었다. 당시의 교도소 규정은 재소자가 책을 세 권 이상 소지할 수 없게 하는 아주 까다로운 것이었는데, 징역 초년의 왕성한 지식욕에 하루 한두 권씩 책을 읽을 나이였으니 책을 당해낼 재간이 없었다. 자연히 곁에 두고 오래 읽을 수 있는 책을 붙잡을 수밖에 없었는데, 그런 점에서 중국 고전이 딱 맞았다. 노자의 『도덕경』 같은 책은 모두 합해 5,200자에 지나지 않지만 몇 달을 두고 읽을 수 있지 않는가. 신영복은 동양 고전을 통해 얻은 내용과 징역살이에서 깨달은 내용을 '관계론'이라는 개념으로 정리해간다. 서구 사회는 개별적 존재성을 패러다임으로 하는 사회인 반면, 동양이나 근대를 뛰어넘는 사회는 관계론을 기반으로 하는 사회일 것이라는 생각이 바로 2004년 말에 출간한『강의』의 핵심적 내용이다.

신영복은 현재 서예가로도 이름이 높다. 곳곳에 들어서는 건물, 특히 민주화운동과 관련된 기념물은 그가 도맡아 글씨를 쓰고 있다. 어디 기념물뿐이랴. 최근 대박을 터뜨린 소주 '처음처럼'도 그의 글씨다. 얼마 전 어느 서예학회에서 '서예의 실용화'라는 주제로 학술대회를 연다는 기사를 보고 신영복 선생님 생각이 나서 혼자 웃음 지은 적이 있다. 그의 '작품'으로 처음 '전시'된 것은 아마 '동상예방 주의사항'이나 '재소자 준수사항' 같은 소내 게시물들이 아니었을까?

어려서 할아버지께 잠시 배우다가 잊어버린 붓글씨를 신영복은 옥중에서 다시 만났고, 감옥에 서도반이 생기면서 만당(晩堂) 성주표(成柱杓), 정향(靜香) 조병호(趙柄鎬) 선생에게서 체계적으로 지도를 받게 된다. 특히 풍양 조씨 노론 대가 후예인 정향 선생은 추사의 서법을 이은 민형식(閔衡植) 선생이나 한말의 서화 대가이자 독립운동가인 오세창(吳世昌) 선생에게 배운 분이었다. 교도소장이 글씨 한 점 얻을 욕심에 서도반이 생긴 뒤 한 번 모신 것인데, 교도소란 살인범이나 도둑놈이 가는 곳으로만 알던 정향 선생이 신영복 같은 사상범들이 옥중에 있는 것을 알고 깜짝 놀라셨다고 한다. 그리하여 "아, 이분들은 귀양 온 사람들이구나" 하고 생각하시고는 7년간 매주 교도소에 오셔서 글씨를 지도해주셨다고 한다.

글씨 스승 정향 조병호 선생을 찾은 신영복 교수. 신 교수의 한글 글씨는 우리 서예 발전사에서 중요한 위치를 차지한다.

민체, 우리 서예의 중요한 경지

　신영복의 한글 글씨는 우리 서예의 발전사에서 매우 중요한 위치를 차지한다. 그 전까지 한글 글씨는 궁체가 주류를 이루었다. 정적이고 귀족적인 미학을 지닌 궁체는 시조나 별곡, 성경 구절을 쓰면 내용과 형식이 썩 잘 어울리지만, 신경림이나 신동엽의 시, 민요, 또는 투쟁 현장의 목소리 같은 것을 쓰면 내용과 형식이 전혀 맞지 않는다. 신영복은 그런 내용과 형식 사이의 문제를 두고 고민하던 중에 어머니께서 보내는 모필 서간체 글씨를 보며 깊이 느낀 바 있어, 어릴 적에 춘향전 필사본 등 어머님이 갖고 계시던 두루마리 글씨를 생각하면서 한문 서도에서 익힌 필법을 도입해 새로운 서체를 창안했다. 이를 궁체에 대비되는 민체(民體), 또는 연대체(連帶體), 어깨동무체라 부르는데, 서민적 형식과 민중적 내용을 담아내는 독특한 경지를 보여준다.

신영복은 교도소에서 보낸 20년을 '나의 대학시절'이라고 종종 표현한다. 사람과 세상을 보는 눈을 새롭게 키우고, 생생한 역사의식을 길렀으며, 게다가 양화·봉제·목공·영선·페인트 등 여러 가지 기술까지 익히고 나왔으니 그럴 만도 했다. 1988년 8월 14일에 잡혀간 지 꼭 20년 20일 만에(그러나 어머님 말씀에 따르면 음력으로 꼭 20년 만이다. 생일날 잡혀가서 생일날 풀려났다고 한다) 출옥했다.

그는 20년의 징역살이가 헛된 것이 아니었다고 생각한다. 그가 자위를 넘어 일종의 성취감을 느낀 부분은 자신이 완전히 다른 사람이 되어 나왔다는 것이다. 레닌을 포함해 수많은 실천가들이 성공하지 못한 자기 개조를 이뤄냈다는 것! 그런데 오랜만에 만난 친구들은 "야, 너 하나도 안 변했구나"라며 칭찬하더란다. 신영복은 그렇게 세상과 다시 만났다.

하나의 나무가 변하는 것도 중요하지만 나무들이 더불어 숲을 이뤄가는 것이 더 중요하구나 하는 깨달음을 차분한 목소리로 우리에게 전해주던 그가, 2006년 6월 8일에 아쉬운 정년 고별 강연을 했다. 20여 년의 청년기, 꼭 20년의 귀양생활, 그리고 귀양이 풀린 뒤의 해배(解配) 기간이 20년가량이었다. 해배 2기라고 할 수 있는 앞으로의 20년, 더불어 숲의 중심에서 신영복은 우리에게 어떤 자유로움을 보여주고 들려줄 것인가?

김형률의 삶은 계속되어야 한다
-원폭 피해자 2세의 죽음이 우리 가슴을 두드리는 이유

김형률이 죽었다. 2005년 5월 29일, 일요일이었다. 일을 하다가 습관처럼 인터넷 뉴스를 클릭하고는 도저히 믿을 수 없는 부음 기사를 보았다. 열흘 전쯤 국회에서 열린 '원자폭탄 피해자 문제 해결을 위한 입법 방향' 토론회에 같이 토론자로 참석했고, 그 며칠 뒤에도 일본에 다녀온다며 평화박물관 사무실에 들렀는데…… . 믿을 수 없었다. 정말 믿을 수 없었다. 문자 그대로 훅 불면 날아갈 것 같이 파리해 보이는 그를 보며 솔직히 몇 년이나 버텨줄까 걱정했지만, 이렇게 갑자기 갈 줄은 몰랐다. 며칠 뒤면 평화박물관과 한국청년연합회 등 몇 개 단체가 그와 같이 준비한 '원폭 60년, 고통의 기억과 연대 그리고 평화'라는 전국 순회 전시회가 열리게 되어 있는데…… .

원폭 피해자 규모도 파악 안 됐다

김형률을 처음 만난 것은 2004년에 늦더위가 한창이던 때였다. 평화박물관에서 해방 60주년이 되는 2005년을 어떻게 맞을 것인가를 두고 같이 일하는 사람들과 고민했는데, 다들 해방 60주년이나 분단 60주년은 정부는 물론이고 통일운동 단체 등 각종 단체에서 요란하게 행사를 할 테니 평화운동은 평화운동의 특성을 살릴 수 있는 방식으로 일을 준비하자는 의견이었다.

2005년은 해방 60주년이기도 했지만 원자폭탄이 떨어진 지 60년이 되는 해이기도 했다. 주위에 알아보니 어떤 단체도 원폭 60주년을

원폭 피해자 진상 규명 및 지원을 위한 특별법 제정을 위해 삶을 바친 고 김형률 씨. 그는 인터넷으로 편지를 보낼 때면 '삶은 계속돼야 한다'는 말을 끝에 꼭 덧붙였다.

되돌아보는 작업을 준비하는 곳이 없었다. 그러면 우리라도 해야 하지 않겠나 하고 다들 합의했지만 막막했다. 평화운동을 하는 사람들이니 그저 막연하게 원폭 문제를 그냥 내버려둬서는 안 된다고만 생각했을 뿐, 우리 자신도 아는 것이 없었다. 뭘 알아야 면장을 하지, 어디서부터 시작해야 하나? 이럴 때는 피해자의 목소리부터 들어보는 것이 순서다. 그래서 소개받은 사람이 '한국원폭2세환우회'의 김형률이었다.

김형률은 2002년 3월에 대구에서 기자회견을 갖고 자신이 원폭 2세로 '선천성 면역글로불린결핍증'이라는 유전성 희귀병을 앓고 있다는 사실을 공개했다. 어머니가 아주 어린 시절에 히로시마에서 피폭됐다고 했다. 김형률은 원래 쌍둥이로 태어났는데, 동생은 태어난 지 20일 만에 세상을 떴다. 그러나 김형률의 두 형과 여동생은 다행히 건강에 별 문제가 없었다. 원폭 1세 문제와 또 다른 것이 2세 문제다. 2세 중에는 건강한 삶을 영위하는 사람들이 많기 때문에, 부모는 우산 장사와 짚신 장사 자식을 같이 둔 마음일 수밖에 없다. 비가 오면 오는 대로 걱정, 안 오면 안 오는 대로 걱정이다. 아픈 자식을 보면 2세 문제가 공론화되어 어떤 대책이 마련되지 않으면 안 될 것 같고, 2세 문제가 사람들의 관심을 끌면 혹시 성한 자식들 혼사나 취업에 영향을 주지 않을까 걱정되고……. 김형률이 밭은기침을 하며 가녀린 몸으로 끝까지 부둥켜안은 것은 이렇게 어려운 문제였다.

민간인 학살 피해자와 유족들, 비전향 장기수, 양심에 따른 병역거부자, 그리고 원폭 피해자들……. 우리가 몇십 년 동안 외면해온 사람들이다. 핵에 관한 한 한국 사회는 놀라울 만큼 무지와 무관심과 무감각을 자랑한다. 나 자신도 관심을 갖고 꼼꼼하게 챙겨본 지가 얼마 되지 않았지만, 주변의 근현대사 전공자들에게 물어보아도 원폭 피해자의 규모를 제대로 파악하고 있는 사람을 보기 어렵다. 그도 그럴 것이 우리의 원폭 피해를 다룬 논문도 거의 없고, 학교에서도 이러한 내용을 가르치지 않는다. 아니, 한국 정부도 일본 정부도 한국인 피해자에 대해 조사 한 번 제대로 한 적이 없다. 그러니 통계도 아주 거친 추정치일 뿐이다.

한국인 피폭자 문제를 선구적으로 조사한 이치바 준코(『한국의 히로시마』의 저자)에 의하면, 전체 피폭자 수는 히로시마 42만 명, 나가사키 27만 1,500명으로 총 69만여 명인데, 그 중 조선인은 히로시마 5만 명, 나가사키 2만 명으로 총 7만 명으로 추산된다. 피폭으로 사망에 이른 사람은 모두 23만여 명이고, 그 중 조선인은 4만 명으로 추산된다. 전체 피폭자 가운데 조선인이 차지하는 비율은 약 10퍼센트이고, 폭사자 중에는 약 17.2퍼센트로, 죽은 사람 6명 중 1명 이상이 조선인이다.

소련을 겨냥해 폭탄을 투하하다

히로시마에서만 우리 민족 3만 명이 죽었다. 제주 4·3사건의 전체 희생자 규모에 육박하는 사람들이 하루아침에 세상을 뜬 것이다.

19세기 말 이래 우리 역사가 아무리 험난했다 해도, 1945년 8월 6일 말고 우리 역사에서 하루에 이렇게 많은 사람이 죽은 날이 또 있었던가?

실제로 조사가 이루어지지 않아 거친 추산치밖에 제시할 수 없지만, 아래 표에서 주목되는 것은 전체 피폭자 중 사망자가 3분의 1 정도인 반면에 조선인의 경우는 피폭자의 절반 이상이 사망했다는 점이다. 왜 조선인 사망자 비율이 이렇게 높을까? 원자폭탄이 폭발한 폭심지 주변에 조선인 밀집지역이 있었던 탓도 있지만, 조선인들은 피폭 이후 적절한 치료를 받을 수 없었던 데다 가난하고 연고도 없기에 피폭지 주변을 떠날 수 없어 지속적으로 방사능에 노출되었기 때문이다. 아니, 방사능에 오염된 지역을 떠나지 않았다니? 지금의 상식으로는 도저히 이해할 수 없는 이야기이지만, 그게 그때 사람들의 운명이었다.

베트남전 당시 참전용사들에게 아무도 고엽제의 독성에 대해 이야기해주지 않은 것처럼, 방사능의 위험에 대해 경고해주는 사람은 없었다. 일본을 점령한 미국은 핵전략을 추진하기 위해 원폭의 가공할 살상력과 파괴력이 공개되는 것을 극력 저지했다. 미국은 원폭을 투하한 뒤 방사능 오염으로 인해 많은 사람들이 사망할 수 있다는 사실 역시 은폐했다.

원폭 피해자와 조선인 피해자 규모

피폭지	전체			조선인				
	피폭자	폭사자	피폭자	폭사자	생존자	귀국자	일본 체류자
히로시마	420,000	159,283	50,000	30,000	20,000	15,000	5,000
나가사키	271,500	73,884	20,000	10,000	10,000	8,000	2,000
합계	691,500	233,167	70,000	40,000	30,000	23,000	7,000

출전(『한국의 히로시마』, 이치바 준코)

미국은 왜 전쟁 막바지에 원자폭탄이라는 가공할 무기를 사용했을까? 지금 미국은 북의 핵개발을 놓고 김정일 정권과 같이 위험한 정권이 핵무기를 보유해서는 안 된다고 펄펄 뛰지만, 인류 역사에서 핵무기를 실제로 사용한 유일한 나라가 미국이다. 이라크를 침공하면서 미국은 있지도 않은 대량살상무기에 대해 요란하게 떠들어댔지만, 여태까지 인류가 발견한 최악의 대량살상무기는 핵무기이고 그것을 실제로 사용한 유일한 정부는 바로 미국 정부다.

원자폭탄이 터진 히로시마와 나가사키는 일본 땅이었지만, 불행하게도 '전략무기'인 원자폭탄이 실제 겨냥한 것은 소련이었다. 이미 물밑에서 일본과 항복 협상을 진행 중이던 미국이, 일본의 항복을 받기 위해 꼭 원폭을 사용해야 했을까? 많은 역사학자와 국제정치학자 들은 미국이 시간은 조금 더 걸렸겠지만, 재래식 무기로도 얼마든지 일본에게서 항복을 받을 수 있었다고 보고 있다. 요컨대 미국이 제2차 세계대전이 끝난 뒤 국제질서가 재편되는 과정에서 소련과 필연적으로 대립하게 될 것을 예상하고, 그 경쟁에서 우위를 차지하기 위해 막 개발에 성공한 핵무기를 사용했다는 것이다. 원폭을 전선이 아닌 민간인 거주지역에 사전에 아무런 경고 없이 투하한 것은 그 피해를 극대화해서 최대한으로 정치적 효과를 보겠다는 의도였다. 핵무기가 얼마나 위력적인지는 과학자들이 책상에 앉아서도 계산할 수 있다.

당시 미국만 핵무기를 개발하는 데 열을 올린 것이 아니었다. 소련도, 나치 독일도, 일본도 모두 핵무기를 갖고 싶어했다. 그 위력은 굳이 보여주지 않아도 다 알고 있었다. 두 번에 걸쳐 원폭을 투하함으로써 미국이 증명한 것은 단순히 미국이 이 강력한 무기를 처음으로 손에 넣었다는 사실이 아니다. 1945년 8월 6일과 9일에 미국이 인류에

1945년 원폭 투하로 폐허가 된 히로시마(왼쪽, WORLD WAR Ⅱ)와 당시의 원폭 장면(오른쪽). 히로시마에서만 3만 명의 동포가 죽었다.

게 확실히 보여준 것은, 미국이야말로 이 가공할 무기를 실제로 사용할 수 있는 나라라는 것이었다. 조폭 세계에서 누가 바짓 가랑이에 회칼 차고 다닌다는 것만으로는 별 효과가 없다. 실제로 수틀리면 진짜로 휘두르는 놈이라고 공인되는 것이 힘이다.

원자폭탄이 미국의 은혜라고?

한국이 세계에서 유일하게 핵무기로 공격당한 일본에게 그에 앞서 오랜 기간 지배를 받았고 그 뒤 세계에서 유일하게 핵무기를 사용한 미국을 해방의 은인으로 맞아들인 결과, 한국은 세계에서 유례를 찾아보기 힘들 정도로 심한 핵 불감증에 빠진 나라가 되었다. 어린 시절 우리는 미국이 일본에 원자폭탄을 먹인 덕에 우리가 해방됐다고 배웠다. 그러니 고마운 원폭이다. 한국전쟁 때는 아쉽게도 맥아더 장군이 원자폭탄을 투하하지 못하고 해임돼서 통일이 될 수 없었다고 들었다. 그리고 미국이 한국에 배치한 핵무기 때문에 북한 괴뢰집단이 감히 남침할 생각을 못한다고 철석같이 믿었다. 이런 인식 속에서는 원자폭탄이 사실은 일본 한 나라가 아니라 전 인류를 강타했다는 점도, 피폭자의 10분의 1가량이 우리 동포라는 사실도 묻혀버릴 수밖에 없었다.

미국은 1957년 6월 21일에 군사정전위원회 제75차 본회의에서 '외부에서 한반도로 무기 반입을 금지한다'라는 정전협정 13조 D항을 일방적으로 폐기하고 주한미군의 핵무장과 현대화를 추진한다. 미국이 이북에서는 중국군이 철수하는 마당에 갑자기 한반도에 핵무기를 끌어들인 것은, 이 무렵 일본에서 반핵운동이 거세게 일어나기 시작했기 때문이다. 미군에게 점령당한 패전국 일본은 승전국 미국에 원폭을 투하한 데 대해 책임을 물을 수 없었다.

그러던 중 미국은 1954년에 태평양 한복판의 비키니 섬에서 히로시마에 투하한 원자폭탄보다 1,000배 이상의 엄청난 위력을 가진 수소폭탄 실험을 거행했다. 이때 인근 주민 167명은 미리 대피해서 피해가 없었지만, 미국이 위험지역 밖이라 생각하던, 폭심에서 반경 190킬로미터 이상 떨어진 주변 섬에 살던 주민들이나 인근에서 다랑어잡이를 하던 일본 외항선 제5후쿠류호(福龍號) 등 800여 척에 탄 선원들이 피폭되는 사고가 발생했다. 이를 통해 세계적으로 수소폭탄 실험을 반대하는 여론이 고조되자, 미국은 비키니 섬 수소폭탄 실험으로 피폭자들이 입은 피해를 배상해주었다. 그 동안 미국은 원폭 피폭으로 인한 장애가 없다는 태도를 고수해왔지만, 생각지 못한 사고 앞에서 더는 버티지 못한 것이다. 그런데 일단 비키니 섬 사건 피폭자들에게 배상이 주어지자, 원폭 피해자들도 그럼 우린 뭐냐고 들고 일어나기에 이르렀다.

이런 분위기 속에서 일본은 1957년에 '원자폭탄 피폭자에 대한 의료 등에 관한 법률'을 시발로 일련의 원폭 관련 법률을 제정했고, 주일미군이 보유하던 핵무기에 대해서도 강력한 반대 여론을 형성해나갔다. 그러자 미국은 피폭 국가로서 원폭 알레르기를 보이는 일본에 핵무기를 두는 것이 부담스러웠는지 주일미군이 보유한 핵무기를 주한미군에 넘겨주는 계획을 세웠다. 핵무기를 한반도로 옮긴다 해도 일본에 핵우산을 제공하는 데에는 아무런 지장이 없고, 더구나 이승만 정부가 핵무기가 '이사' 오는 것을 열렬히 환영하는 판이니 미국이야 마다할 일이 아니었다. 그러나 북으로서는 참으로 기겁할 일이었다.

주한미군은 1958년부터 냉전이 끝난 뒤 한반도에서 핵무기를 철수한 1991년까지 그 사이에 600여 발의 핵무기를 보유해온 것으로 알려졌다. 미국은 전통적으로 핵의 존재에 대해서 확인도 부인도 않는다는 '엔시엔디'(NC-ND) 정책을 써왔는데, 가부간에 확인을 하지 않아야 '적'이 미국의 의도를 읽지 못함으로써 판단의 혼란을 일으켜야 미국의 핵전략이 효과가 있다는 것이다. 그러나 미 국방장관 슐레진저는 이례적으로 미국이 베트남전에서 패배하여 침체된 분위기 속에서 1975년에 한반도에 핵무기가 배치돼 있음을 공개했다. 또한 1987년에 미 공군이 미국 의회에 제출한 자료에 따르면 미국은 모두 8개국에 핵무기를 탑재한 전투기가 있는 미군 기지를 갖고 있는데, 유럽을 제외하면 한국이 유일하게 미국에 핵 기지를 제공하는 나라였다.

느닷없이 반핵운동가가 된 우익들

1986년에 대학가에서는 박치음 교수가 작사하고 작곡한 〈반전반핵가〉가 공전의 히트를 하였다. 너나 없이 서너 명만 모여도 그 노래를 부르고 다녀 하루에도 스무 번 이상 들은 것 같은데, 당시 학생들은 "반전! 반핵!"보다 "양키 고 홈!"을 외치고 싶어 그 노래를 불렀던 것 같다. 그런데 핵이 평화를 보장한다고 굳게 믿던 기득권층은 '반전반핵'이 '설익은 구호'로 북의 대남 모략적인 정치선동 구호와 정확하게 일치한다면서, '철부지 소년'들의 '안보불감증'을 탓했다.

당시의 한 신문은 "미국의 핵 우위와 미국의 핵우산이 있기에 우리가 대한민국이 존립하는 세상을 살아온 것"이라며 미국의 핵무기에 대해 완전히 '그대 있음에 내가 있네' 수준의 헌사를 바쳤다. 리영희 선생의 글에 나오는 1970년대 풍경은 더 살벌하다. 소련이 쏘아올린 인공위성의 핵연료 추진장치가 고장을 일으켜 지구로 떨어지게 되어, 전 세계가 전전긍긍할 때, 한국의 한 신문에 "제발 평양에 떨어져주소서" 하고 기도하는 만화가 실렸다는 것이다. 이렇게 기도하던 이들이 21세기 들어 때 아닌 반핵운동가가 되었다. 요즘은 좀 뜸하지만, 북핵 문제가 불거진 뒤로 대규모 '반김반핵' 집회가 열리곤 했다. 그러나 이들의 '반핵'은 '반북핵'일 뿐 미국의 핵은 여전히 숭배 대상이다. 이들은 북으로 하여금 핵을 갖고픈 유혹에 빠지게 하는 미국의 핵은 반대하지 않는다.

원자폭탄으로 4만 명가량이 죽은 나라에서 『무궁화 꽃이 피었습니다』처럼 핵무장을 부추기는 소설이 베스트셀러가 되는 역설을 어떻게 보아야 할까? 미국의 감시로 남은 핵무기를 가질 수 없으니 북이 핵을 가져야 통일을 이룬 뒤에 우리가 핵무장을 할 수 있다고 생각하는 사람들이 의외로 많다. 미국과의 관계 속에서 북이 핵을 협상카드로 쓸 수밖에 없는 사정을 모르는 바 아니나, 북이 핵을 갖게 되기를 제일 바

히로시마 원폭으로 숨진 이들의 유품들. 미국은 인류 역사에서 핵무기를 실제로 사용한 유일한 나라다.

라는 자들이 일본 극우파들이라는 점을 우리는 기억해야 한다. 그래야 일본이 핵을 포함하여 군사적 재무장을 할 수 있기 때문이다. 과거 한반도가 소련을 겨냥한 미국의 핵 기지로 제공됐을 때, 미국의 핵우산 아래 있다고 든든해하는 한국인들에게 한 소련 쪽 인사가 이렇게 경고했다고 한다. 미국에 소련을 겨냥하는 핵 기지를 제공하는 나라들을 소련의 핵무기가 겨냥하고 있다는 사실을 잊지 말라고.

일본은 세계에서 유일한 피폭 국가라는 피해자 이미지를 들고 나와 자신들이 져야 할 전쟁 책임을 가리고 있다. 물론 전쟁을 일으켰으니 원자폭탄 맞아도 싸다는 말은 절대 아니다. 그런데 히로시마에 가면 묘한 비석이 있다. 비석에 적힌 '다시는 잘못을 되풀이하지 말자'는 말, 우리는 이 말을 어떻게 해석해야 할까? 전쟁을 일으킨 것을 반성하는 말일까? 아니면 미국이 원자탄을 사용한 것을 비난하는 말일까? 아니면 전쟁에서 진 것이 잘못이니 다시는 지지 말자고 다짐하는 말일까?

미국과 일본에 앞서 우리가 보듬어야 한다

지금 상황에서는 한국인 피폭자들이 그때 히로시마와 나가사키에 있었다는 사실이 잘못일 뿐이다. 불쌍하게 죽은 미선이, 효순이도 아무도 책임지지 않으니 그때 거기를 지나간 애들 잘못밖에는 남지 않는다. 미국 정부도, 일본 정부도, 한국 정부도 한국인 피폭자 문제를 외면했다. 그들은 끌려간 고통, 원자폭탄에 피폭되어 받은 고통, 그리고 피폭 후 장애와 질병이 초래한 가난으로 인한 고통에다 정부로부터 외면당한 고통으로 3중, 4중의 고통을 받아왔다.

한국 정부는 1965년의 한일협정에서 원폭 피해자들을 철저히 외면하더니, 일제강제동원법에서도 원폭 문제를 빠뜨렸다. 김형률의 활동에 힘입어 원폭 피해자와 원폭 2세 환우들의 문제를 해결하기 위한 공동대책위원회가 구성되고, 이들의 주장을 받아들여 국가인권위원회가 용역을 주어 2세들의 건강실태를 간략히 조사했을 뿐이다. 그래서 김형률은 '원폭 피해자 진상 규명과 지원을 위한 특별법'을 제정하는 데 목을 맨 것이다.

2세 환우 문제는 일본이나 미국도 아직 의학적으로 입증되지 않았다면서 지원하지 않는다지만, 이는 어디까지나 핑계일 뿐이다. 의학적으로 입증하지 못하면 책임이 없다는 것인가? 왜 김형률 같은 피해자가 '선지원, 후규명'을 처절하게 외치다가 국가로부터 아무런 도움도 위로도 받지 못하고 한 줌의 재로 사라져야 하나? 원폭 후유증이 2세에게 대물림된다면 원폭을 사용한 미국이나 피폭자들에 대해 실제로 원호 책임을 지는 일본의 법적·도덕적·재정적 부담이 커질 수밖에 없다. 그러니 그들은 2세 환우에 대해 책임을 인정하는 데 소극적이다.

그러나 한국은 적극적으로 나가야 한다. 실제로 핵을 사용한 미국 같은 나라를, 또는 끝 간 데 없이 재무장을 꿈꾸는 일본 같은 나라를

2005년 6월 3일에 열린 한국인 원폭 피해자 인권과 한반도 평화를 위한 순회 전시회. 정부는 미국이나 일본에 앞서 고통 받는 원폭 2세들을 보듬어야 한다.

 말로 잘 타일러서 핵을 포기하게 할 수 있을까? 전쟁을, 핵을 막는 데에는 도덕을 고양시키는 것보다 전쟁을 일으키거나 핵을 휘둘러서 얻을 것이 없게 하는 것이 지름길이다. 조폭들이 '착하게 살자'라고 다짐하는 게 꼭 마음을 잡아서만 그렇게 되는 것은 아니다. 법이 지켜지고 정의가 세워지면 주먹 휘두른 값이 비싸진다. 깍두기 같은 어깨들이 눈을 부라려도 비실비실한 사람이 "돈 많으면 때려봐" 하고 지나갈 수 있는 세상이 되어야 하지 않을까?
 박정희 시절의 보건사회부에서 만든 문건을 보면 "조국에 돌아온 한국인 피폭자들은 대부분 불구 또는 폐질자로서 생활수단을 얻기 어려워 빈곤 속에서 허덕이는 나날을 보내고 있다"라며, 2세 문제에 대해서도 "또한 이 병은 유전성이 있어 피폭자들의 후손에 대한 건강관리도 크게 우려되고 있다"고 적고 있다. 비록 당시에 현실화되지는 않았지만, 30여 년 전 박정희 군사독재정권 시절에 보사부가 도달한 인식을 민주화된 노무현 정권에서 김근태나 유시민이 이끄는 보건복지부가 넘어설 수는 없는 것일까? 정부는 2세들의 고통을 외면해서는 안 된다. 미국이나 일본에 앞서 고통 받는 원폭 2세들을 보듬어야 한다.

김형률은 주위 사람들에게 인터넷으로 편지를 보낼 때 꼭 '삶은 계속돼야 한다'라는 말을 끝에 덧붙였다. 그때는 그냥 무심하게 넘겨 버렸다. 막상 그가 떠나고 보니 왜 그가 '삶은 계속돼야 한다'라는 말을 되뇌었는지가 가슴 아리게 다가온다. 편히 쉬라, 김형률! 그대의 삶은 우리 가슴속에 계속될지니…….

철들지 않고 사는 즐거움
-너무 빨리 어른이 되어버린 열린우리당의 386형님들에게

종이 신문은 외면했지만, 2005년 열린우리당에서 당의장 자리를 두고 경선을 치르는 내내 인터넷에서는 유시민 의원이 스타가 되었다. 요즘은 둘 다 바빠서 통 볼 수 없는 처지지만, 그와 나는 대학 동기다. 유시민 군이 기억하고 있을지 모르지만, 내 마음 한구석에는 그에게 마음의 빚이 있다. 386의원들이 벌떼처럼 그의 말투와 '싸가지' 없음을 비난해도, 이 기억이 있는 한 나는 386의원들의 비판을 쉽게 수긍하지 못할 것이다. 유시민이 그 유명한 '항소이유서'에서 '잊을 수 없는 그 봄'이라고 단 한 줄로 표현한 1980년 5월의 일이었다.

한홍구와 유시민, 양치기 소년이 되다

벌써 26년 전의 일이라 날짜를 정확히 기억하지는 못하겠지만, 광주학살이 벌어지기 1주일 전쯤인 5월 11일이나 12일이었을 것이다. 이른바 '서울의 봄' 당시의 복잡하던 정세를 여기서 설명하려면 너무 길어지니 간단히 넘어가기로 하자. 당시 서울대에서는 학생들이 거리로 나가기에 앞서 학내에서 농성 중이었다. 학생들이 거리로 나와주기를 고대하던—그래야 '혼란'이 조성되고 군이 출동할 수 있는 기회가 온다고 생각했기에—군부에서는, 학생들을 자극하기 위해 여러 가지 유언비어를 퍼뜨리고 공작을 벌이기도 했다. 계엄군(10·26사건 당시

선포된 계엄령이 당시에도 살아 있었다)이 먼저 학교로 쳐들어와 학생들을 잡아갈 거라는 흉흉한 소문도 많이 돌았다.

그날 서울대에서는 300~400명의 학생들이 철야농성을 하면서 학교를 지키고 있었는데, 밤 9시가 지나 학생회 사무실로 주로 기자라고 하면서 여러 곳에서 전화가 걸려왔다. 오늘 밤 군이 출동한다는 긴박한 정보였다. 지금 생각해보면 보안사의 역정보였던 것 같다. 나는 그날 무슨 일 때문인지 잘 기억이 나지 않지만, 학생회 주변에서 왔다갔다하다가 유시민 군을 만났다.

유시민을 향한 비판들은 민주당 경선 과정 때 노무현을 향하던 비판과 닮았다.

그는 당시 총학생회 대의원회 의장으로 그날 당번이 되어 농성을 이끌던 중이었다. 그날따라 복학생 선배들도 4학년 선배들도 보이지 않았는지, 그는 군이 쳐들어온다는데 농성 중인 학생들을 어떻게 해야 하냐고 의견을 물어왔다. 군이 쳐들어온다는 게 확실한 정보라면 1, 2학년이 대부분인 농성 학생들을 빨리 해산시켜야지 별수 있겠는가? 힘든 결정이야 그의 몫이었지만, 나는 그렇게 답한 것 같다. 아무튼 유시민 군은 해산하기로 결정을 내렸고, 우리는 학교를 빠져나왔다.

그런데 그날 밤 늑대는 오지 않았다. 본의 아니게 양치기 소년이 되어버린 유시민 군과 나는 다음날 아침 7시 조금 넘어 몇몇 친구, 선배와 함께 학교에서 만났다. 민망하고 낯 뜨거워 그저 얼굴을 쳐다보며 웃기만 했던 것 같다. 아무튼 그날 아침에 강의실마다 돌아다니며 양떼를 쫓아버린 전날 밤의 소동에 대해 사과하고 해명하느라 혼이 났다. 그리고 5월 14, 15일의 가두시위에 이어 유명한 서울역 회군이 있었고, 운명의 5월 17일이 왔다. 그날도 나는 무슨 일인지 학교에 늦게까지 남아 있었다. 그날 낮에 이화여자대학교에서 각 대학 총학생회장들의 회의가 경찰의 습격을 받고 참석자 대부분이 연행되는 상황이 발생했고, 학교로는 시시각각 군부대가 이동하고 있다는 제보가 빗발쳤다. 각 언론사 출입기자들도 오늘 밤에 상황이 발생할 확률이 100퍼센트라고 했다.

밤 10시가 다 되어 학교를 나오다가 유시민 군을 만났다. 빨리 나가자는 말에 뜻밖에 그는 자기는 학교에 남겠다고 했다. 어떻게 군인들에게 텅 빈 학교를 내줄 수 있느냐는 것이다. 그래도 그렇지 일단 피해야지 무슨 얘기냐는 내 말에 유시민 군은 단호히 고개를 저었다. 본의 아니게 양치기 소년이 된 그날, 학생회의 책임 있는 위치에 있지 않던 나는 그저 민망한 일로 여긴 반면, 대의원회 의장인 그는 군인들이 의기양양하게 텅 빈 학교에 주둔하는 광경을 머릿속에 그렸던 것이다. 망해가는 나라에서 황현 같은 선비가 목숨을 끊은들 그게 대세에 무슨 영향이 있겠냐마는, 황현처럼 목숨을 끊는 선비 하나 없었다면 조선의 망국이 얼마나 더 참담했을까?

유시민 군을 남겨두고 통금이 다 되어 집에 들어와 텔레비전을 켜니 긴급 뉴스로 비상계엄을 전국으로 확대한다는 소식이 나오고 있었다. 그 뒤로 나는 현실에서건 역사에서건 아무도 책임지지 않는 일을 보게 될 때면, 광주학살의 전야에 그 넓은 관악캠퍼스의 불 꺼진 학생회관에 홀로 남은 유시민을 떠올렸다. 스물두 살 어린 나이의 그는 다가오는 캐터필러의 굉음을 들으며 무엇을 생각하고 있었을까?

그는 어떻게 '폭력학생'의 대명사가 됐나

유시민 군을 다시 본 건 두 달쯤 흐른 뒤였다. 전두환 일당의 '자비' 덕에 그는 감옥에 가지 않고 군대에 가게 되었다. 유시민 군은 합동수사단에서 풀려난 지 며칠 만에 입대했는데, 친구 몇몇과 함께 유시민 군을 만났다. 합동수사단에서 엄청나게 고생했다는 소문에 걱정했지만, 생각 밖으로 그의 표정은 밝았다. 신경림 선생 시처럼 못난 놈들은 얼굴만 봐도 반갑다고 만나자마자 우리는 낄낄댔다. 철이 없어서였는지 위로해줄 말을 찾지 못해서였는지 우리는 유시민 군에게 군대 가서 '좆뺑이'나 잔뜩 치라고 위악을 부렸고, 유시민 군은 "흥, 인생만사 새옹지마야. 니들은 무사히 졸업할 것 같냐"며 지지

군대시절의 유시민. 강제징집된 그는 군대에서 다시 한번 '무림 사건'에 휘말려 곤욕을 치러야 했다.(www.usimin.net)

않고 응수했다. 하느님이 계엄포고령을 위반한 죄로 계엄군이 된 불쌍한 유시민 군의 소원(?)을 들어주셨는지 우리도 그해를 넘기지 못했다.

1980년 12월에 이른바 '무림 사건'이 발생했고, 군대 가는 유시민 군을 놀리던 악동들도 줄줄이 감옥과 군대로 갔다. 유시민 군은 친구라도 만나고 군대에 갔지만, 우리들은 수사기관에서 그대로 군대로 직행했다. 그래도 억울할 것은 없었다. 친한 친구들은 그때 다 같이 잡혀서 보안사에서 같은 버스 타고 군대에 갔으니까.

유시민 군이 말한 대로 인생만사는 역시 새옹지마였다. "니들은 무사히 졸업할 것 같으냐"던 그의 '악담'은 부메랑이 되어 그 자신에게 돌아갔다. 친구들과 선배들이 줄줄이 엮인 무림 사건이 터지자 이등병이던 그도 무사하지 못했다. 보안사에 끌려간 그는 밖에서 일을 저지른 우리들보다 더 심하게 당했다. 게다가 우리는 군대를 반년 정도 늦게 갔지만, 제대는 오히려 유시민 군보다 빨리했다. 전두환 일당의 '자비' 덕에 우리는 제적되지 않고 대학에서 군사 교련을 이수했기에 6개월 복무 단축 혜택을 받을 수 있었던 반면, 유시민 군은 33개월을 모두 채우고 만기 제대한 것이다.

그런데 전두환이 정권을 찬탈한 뒤 처음으로 단체로 군대에 끌려간 우리들의 제대를 앞두고 악명 높은 녹화사업을 실시했다. 나는 정말 운 좋게 사단 보안대에 15일 동안 잡혀가서도 프락치 공작을 강요받거나 뺨 한대 맞지 않고 재미없는 정훈서적 읽는 것으로 녹화사업을 마친 반면, 유시민 군을 비롯한 많은 친구들은 "일신의 안전을 위해 벗을 팔지 않을 수 없도록 강요당하는 가장 비인간적인 형태의 억압"을 당해야 했다. 유시민 군은 그 자신이 고백한 것처럼 "보안대에 대한 공포감을 이겨내지 못하여 형식적으로나마 그들의 요구에 응하는 타협책으로 일신의 안전을 도모"하게 되었고, 그 결과 엄청난 양심의 고통을 받을 수 밖에 없었다.

그를 일으켜 세운 것은 비슷한 시기에 녹화사업을 받은 여섯 명의 젊은이가 의문의 죽음을 당하거나 스스로 목숨을 끊은 충격적인 사건이었다. 언제까지나 자신의 비겁을 부끄러워할 수 없던 그는 녹화사업을 중단하라는 투쟁을 벌였고, 1984년 9월에 제적학생 복교 조치가 있자 학교로 돌아와 복학생협의회를 조직했다. 그러나 유시민의 복학생 생활은 보름을 넘지 못했다. 이른바 '서울대 프락치 사건'이 발생한 것이다. 그때는 참 프락치도 많았고, 가짜 학생도 많았다. 그런데 프락치 공작에서 진짜 무서운 건 프락치가 적에게 물어다주는 정보보다도 프락치 침투에 대한 공포와 적개심 때문에 운동 진영이 스스로 자살골을 넣게 된다는 점이다(시기와 무대는 다르지만, 내 박사학위 논문이 이 문제를 다루었다).

박정희의 유신시절에는 기관원(우리는 그들을 '짭새'라 불렀다)과 전경 들이 공공연히 학내에 상주했다. 교정의 벤치란 벤치는 모조리 그들이 점령하고 있었고, 손바닥만 한 빈 공간은 전경들이 족구나 팩차기를 하는 놀이터가 되었다. 전두환 정권 이후에는 경찰이 이런 식으로 교내에 상주하지는 않았지만, 대신 경찰의 프락치가 엄청나게 늘어났다. 게다가 졸업정원제가 실시되면서 학생 수가 늘어나 같은 과 학생끼리 서로 얼굴을 모르게 되면서 가짜 학생도 덩달아 많이 늘어났다. 교내에서 여학생들이 기관원을 사칭하는 가짜 학생에게 성추행을 당하는 일이 여러 대학에서 벌어지고 있었다.

가짜 학생 또는 학생 신분이 아닌 사람이 적발되면 일단 그가 정보부나 경찰의 프락치가 아닌지 의심할 수밖에 없는 것이 당시 형편이었다. 대단히 잘못된 것이지만, 학생들이 이런 사람들을 조사하는 과정에서 왕왕 폭력이 행사됐다. 그러다가 그 가운데 한 명이 몹시 심하게 얻어맞았는데, 당시 학생들의 거센 저항에 직면한 전두환 정권은 이 사건을 학생운동의 도덕성에 결정적으로 손상을 입힐 기회로 활용하고자 했다. 마침 그 사람을 직접 폭행한 친구가 복학생이었기 때문에 복학생협의회 의장이던 유시민 군이 총학생회 간부들과 함께 구속됐는데, 죄명은 '폭력행위 등 처벌에 관한 법률' 위반이었다.

군사정권 아래에서 학생운동을 하다가 감옥에 간 사람이 한둘이 아니지만, 다들 긴급조치나 집회 및 시위에 관한 법률, 계엄포고령, 반공법, 국가보안법 등 '뭔가 있어 보이는' 법률을 위반하여 감옥에 갔지 '폭처법' 위반으로 감옥에 간 것은 처음이었다.

저들도 학생운동을 정치적 법률로만 탄압하면 오히려 영웅으로 만들어준다고 생각했는지, '프락치 사건'을 대대적으로 활용하여 학생운동의 폭력성과 과격성을 집중적으로 부각했다. 경위야 어쨌든 폭력이 행사되고 사람이 다친 것은 부인할 수 없는 일이었기에 학생운동은 꼼짝없이 당하고 있었다. 일부에서는 "아니, 사람 좀 친 것 갖고 학살정권, 고문정권이 저럴 수 있느냐"며 분개하기도 했지만, 남의 허물이 내 잘못을 덮는 것은 아니지 않은가?

저들의 선전 공세에 분하고 억울하지만 속절없이 당하고 있을 때, 회심의 반격을 날린 사람은 바로 폭력과격 학생의 대명사가 돼버린 유시민이었다. 여기 몇 줄로 줄여서 소개하기에는 너무나 아까운 명문인 '항소이유서'를 통해, 유시민은 "슬픔도 노여움도 없이 살아가는 자는 조국을 사랑하고 있지 않다"는 러시아 시인의 말을 빌려 "조국에 대한 무한한 사랑을 실천하는 행위"로서 학생운동의 도덕성을 옹호했다. 이 글이 어떤 글이냐고 묻는 사람들에게 나는 종종 "원래 착한 유시민이 군사독재의 모략에 맞서 '독한 마음' 먹고 착한 모습을 보인 글"이라고 농담 반 진담 반 말하곤 했다.

추미애나 김영환처럼 잊혀질 것인가

스물일곱 살의 유시민이 쓴 '항소이유서'는 그가 나중에 칼럼니스트로서, 방송인으로서, 저술가로서 눈부시게 활동하게 되고서도 유시민을 규정하는 꼬리표가 되었다. 그리고 17년이 지난 2002년 여름, 그는 "바리케이드 앞에 화염병을 들고 다시 서는 심정"으로 또 하나의 격문을 날렸다. 정규군이 지리멸렬 무너지자 그가 의병의 깃발을 내걸고 뛰쳐나간 것이다. 사람들이 적당히 잊어버려야 역사이야기에 쓸 수 있을 터이지만, 이 일은 너무 가까운 과거의 일인지라 역사에 편입시키기에는 생뚱맞아 보인다. 그렇지만 여의도에 있는 이른바 386의원들은 집단 기억상실증에 걸렸는지 겨우 2~3년 전의 일도 기억하지 못하고 있다.

싸가지 없고, 독불장군이고, 독선적이고, 말을 함부로 하고, 동지 아니면 적이라는 이분법적 사고를 하고, 당내나 원내에 지지세력이라곤 찾아볼 수 없고, 인터넷에서만 극렬 지지세력들을 갖고 있고, 인간이 가볍고, 정통세력이 아니고……. 꼭 4년 전 민주당 대통령 후보 경선 과정에서 노무현 후보를 두고 나온 말이다. 유시민이 노무현이 아닐진대, 그에게 가해지는 비판은 너무 신기할 정도로 똑같다. 어떤 386의원은 유시민을 두고 지지의원이 다섯 명도 안 되는데 당의장 경선에 왜 나왔는지 모르겠다고 비아냥거렸다. 하지만 기억하는가? 노

"열린우리당의 젊은 의원들이여, 쉽게 잊혀지지 않으려거든 철들지 말라."

무현이 경선에 나왔을 때는 노무현 본인이 아예 국회의원이 아니었을 뿐 아니라 그의 곁에 단 한 명의 의원도 없었다. 한때 같은 변호사 사무실에 있던 천정배 의원이 그나마 노무현을 지지했고, 김근태 후보가 경선을 접은 뒤 그의 캠프에서 옮겨간 이재정 의원이 노무현 후보의 옆을 지켰다.

열린우리당 경선을 두고 내가 굳이 이 글을 쓴 이유는 유시민의 옛 친구라서도 아니고, 정치인 유시민이 당의장이 되기를 바랐기 때문도 아니다. 열린우리당 경선 과정을 지켜 보면서 너무 빨리 어른이 돼버린 386의원들에게 한편으로 크게 실망했고, 그래도 독수리 오형제 세대의 막내인 젊은 그들의 앞날이 걱정됐기 때문이다. 탄핵 직후 인터넷을 떠돌며 사람들을 반 죽도록 웃게 만든 '아무개 의원의 탄핵일기' 한 구절이 생각난다. "잘나가는 정치인 말아먹는 기계……, 동전만 넣으면 멀쩡한 인간이 깡통처럼 구겨져 나오는 그 깡패 같은 넘 땜에……, 그 넘 땜에 폐인 된 유능한 정치인이 어디 한둘인가." 솔직한 이야기로 탄핵에 가담한 민주당에도 참 아까운 인물들이 많았다. 지금 그들은 흔적조차 찾아볼 수 없다.

386이나 유시민 군이나 나나 이제 같이 늙어가는 처지인데, 386의원들이 너무 빨리 어른이 돼버려 아직 철이 덜 난 유시민이나 나 같은 사람들이 이제 그분들을 형님으로 모셔야 하는 것이 아닌가 하는 쓸데없는 생각마저 든다. 의원이 되었기 때문에 어른이 된 것인지, 아니면 숱한 386 중에서도 일찍 어른이 된 의장님, 회장님 들만 의원이 된 것인지는 알 수 없으나 그리 마음이 편치만은 않다. 유시민을 오래 알고 지낸 사람으로서 386이 유시민의 어떤 점 때문에 거품을 무는지도, 요즘 말로 안 봐도 비디오다. 그러나 유시민을 비판하는 386의원들에게 꼭 한 가지 물어보고 싶은 것이 있다. 유시민의 잘못을 비판하는 반의반만큼이라도 수구에게 날을 세워 싸우고 있냐고…….

학생운동의 역사를 볼 때 세대로서의 386은 너무 웃자랐다. 민간인 학살의 광풍이 휩쓸고 간 자리에서 1950년대도, 1960년대도, 1970년대도 학생운동이 너무 많은 짐을 져야 했다. 그러나 광주를 거치면서 과대 성장한 국가기구의 대표선수인 군과 발육이 부진한 시민사회의 대표선수인 학생이 가장 첨예하게 격돌한 1980년대만큼 학생운동에 많은 짐이 지워진 적은 없었다. 1990년대 이후 학생운동이 급격히 쇠퇴했다고 하지만, 사실 이는 학생운동 출신들이 다른 분야에 축적돼가면서 다른 부문의 운동이 성장했기 때문이기도 하다. 민족민중운동의 상황이 이제 386의원들처럼 의장님, 회장님 출신의 스타가 나오기는 어려워졌다. 독수리 오형제의 막내인 386들이 김문수, 이재오가

돼서는 안 되고, 추미애나 김영환처럼 나름대로 대단한 활약을 하다가 하루아침에 잊혀져서도 안 되지 않는가?

철들지 않고 살면 즐겁지요

앞서 태어난 조카는 있어도 앞서 태어난 아우는 없다지만, 조폭 세계에 가면 나이 어린 형님을 모시는 경우가 왕왕 있다고 한다. 영화 〈파이란〉의 최민식처럼 늙다리 조폭으로 살다 보면 젊은 형님에게 굼뜨다고 야단맞기도 하는데, 이런 때 울컥 치미는 말이 있다. "형님도 내 나이 돼보슈." 〈한겨레21〉의 칼럼 '오지혜가 만난 딴따라'에서 오지혜가 윤민석에게 한 말을 나는 유시민에게, 그리고 너무 빨리 어른이 돼버린 386 모두에게 하고 싶다. 제발 철들지 말고 살라고……. 아는 의사에게서 철들지 않은 걸로 치면 거의 정신병 수준이라는 말을 듣고 칭찬으로 알았다는 하종강 형님 같은 분도 있지 않은가? 한국 사회처럼 점잔 빼는 사회에서 나이 들어 철들지 않고 산다는 게 그리 만만한 일은 아니다. 그러나 너무 빨리 어른이 돼버린 386형님들도 이 나이가 돼보신다면, 유시민처럼 철들지 않고 사는 사람들의 즐거움 또한 꽤나 쏠쏠하다는 것을 아실 날도 있을 것이다.

사랑도 명예도 이름도
남김없이 나가고 있는 사람들
- '전사'의 시대를 살다 일찍 시들어버린 세대

몇 년간 〈한겨레21〉에 고정란을 갖고 많은 글을 쓰면서, 개혁 또는 반수구 진영 내부의 논쟁에 대해서는 나름대로 거리를 두어왔다. 아마 문부식 씨의 이른바 '치열한 자기 성찰'이 하필 〈조선일보〉에 실렸을 때 요란한 반성의 계보에 대해 한마디 한 게 유일한 예외였을 것이다(『대한민국사』 2권 5부, '자기성찰, 하려면 조용히 하자').

운동 진영 내의 논쟁에 참견할 시간과 정력이 있으면 과거를 청산하는 작업이나 평화운동에 힘을 쏟든지, 아니면 책 한 권이라도 더 보거나 잠 한숨 더 자는 게 남는 거라 생각했기 때문이다. 그러다가 '386'의원들이 유시민을 집단으로 비판하는 것에 대해 철들지 않고 사는 즐거움을 이야기하며 386의원들을 비판했더니, 역사이야기를 연재한 이래 가장 뜨거운(!) 반응을 얻었다.

1980년대, 죽음을 기억하는 시대

앞의 글은 유시민이 일방적으로 얻어맞는 것이 계기가 돼 나온 것이지만, 내가 유시민의 친구라서 쓴 것이라기보다는 386의원들에게 큰 기대를 갖고 있던 사람으로서 쓴 것이다. 그러나 나중에 읽어보니 분량 면에서 유시민에 대한 옛날 이야기가 너무 많이 들어가 글의 균형이 깨진 것은 둘째치고라도, 유시민에 대해서는 '옛날' 이야기만 하고 386의원들에 대해서는 '현재'를 들어가며 비판한 것은 분명 문제가 있었다. 많은 분들이 '386의원 비판'이라는 내 원래 의도와 상관없이 '유시민 옹호'로 읽으실 수 있겠다는 점을 인정할 수밖에 없다. 민족이나 평화 문제에 대한 '현재'의 유시민이 갖는 한계에 대한 내용이 없었다는 점을 지적해주는 분들도 계셨다.

그 다음 호에 실린 함돈균 씨의 내 글에 대한 반론은 내용으로도 그렇고 질문도 나보다는 유시민에게 답하라고 하고 있기에, 꼭 내가 답글을 써야 할 것은 아닌지도 모른다. 그러나 내가 이 글을 쓰는 이유는 열린우리당 경선이 끝난 뒤 386의원 중 한 사람이 인터넷 언론과 한 인터뷰에서 쏟아부은 말 때문이다. 그는 자신의 이름을 거론하며 "○○○을 반동으로 몰면 도대체 누구와 함께 개혁을 하겠다는 겁니까"라고 푸념했다. 말이라는 것이 '아' 다르고 '어' 다른 것이기 때문에 글로 옮겨놓은 짧은 말에 너무 집착하는 것은 바람직하지 않지만, 그 말이 자꾸 마음에 걸렸다. 정말 추락하는 것에는 날개가 없는 것일까?

1990년대에 30대에 접어든 1960년대 출생의 1980년대 학번들을 가리키는 '386'이라는 말은 이들의 상당수가 40대에 접어든 지금에도 여전히 언론에서 널리 쓰이고 있다. '386'이라는 말은 그 시절 대학에 가지 못한 숱한 동년배들을 배제하고 있다는 점에서 1980년대의 민중 지향성에서 한참 벗어난 용어이지만, 한번 붙은 딱지는 쉽게 떨어지지 않는 모양이다. 그 전에도 4·19세대, 6·3세대, 3선개헌 세대, 교련 반대 세대, 긴급조치 세대 등이 있었지만, 4~5년 단위로 끊어서 그룹을 지어주었지 10년을 통째로 한데 묶은 것은 386세대가 처음이 아니었나 싶다. 10년이면 강산도 변한다는데, 질풍노도의 1980년대를 하나의 경험으로 묶어버리기에는 광주와 6월 항쟁과 냉전 체제의 붕괴

이한열 군 노제에 모인 인파는 2002년 월드컵 때보다 더 많았다. 그때의 영광은 어디로 갔을까.

와 1990년 벽두의 3당 합당에 이르기까지 너무 많은 일들이 있었다.

그래서인지 386세대도 가지가지다. '386'이라는 말이 쓰이기 전인 1980년대, 그때는 '백만 학도의 대동단결'이라는 말이 가능했다. 그러나 20년 세월이 훌쩍 흐른 지금, 누구는 국회의원으로, 누구는 청와대나 정부의 고위직으로, 누구는 벤처기업 사장으로, 누구는 변호사로, 누구는 교수로 잘 풀린 사람이 있는가 하면, 아직 학교를 다니는 사람도 있고, 아직도 철이 안 들어 시민단체에서 일하는 사람도 있다. 그리고 대다수의 386세대는 위장 취업할 필요 없이 그 시절 노래마냥 '진짜 노동자'가 되어 있고, 그 상당수는 비정규직으로 일하고 있다. 그래도 같은 것이라곤 눈가에 자리 잡아가는 주름뿐. 무슨 동창회를 하려는 것도 아닐 터인데, 이제 와서 '386'을 커다란 하나의 세대로 묶는 것이 무슨 의미가 있을까?

독재자 박정희의 죽음과 광주학살로 시작된 1980년대는 특별한 시대였다. 한국전쟁을 전후한 시기의 100만 명 학살은 그 기억마저 학살당해야 했지만, 우리는 광주를 그렇게 보내지 않았다. 그

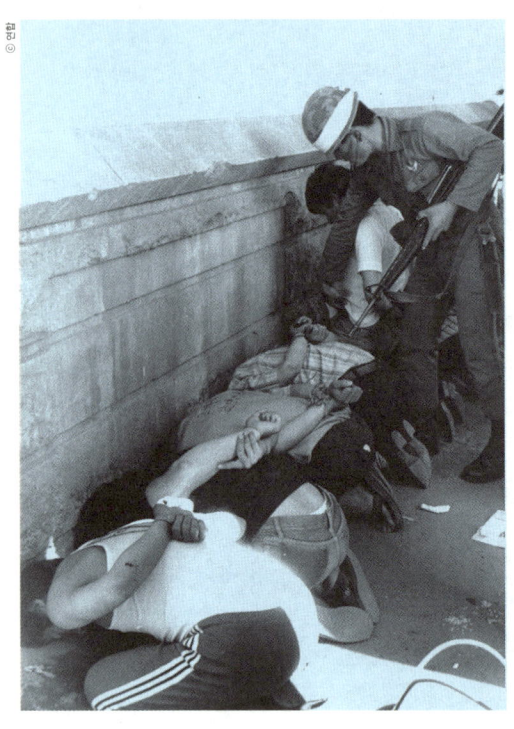

광주학살로 시작된 1980년대는 특별한 시대였다. 사람들은 광주의 기억마저 학살하지는 않았다.

여름에 벌어진 학살은 계엄합동수사단에서 임기윤 목사가 의문사하고 청주보안감호소에서 변형만과 김용성 두 분의 비전향 장기수가 의문사하는 사건으로 이어졌다. 밖에서는 서강대학교 학생 김의기가 진압작전이 시작된 직후인 5월 30일에 서울의 기독교회관에서 몸을 던진 것을 시작으로, 학살정권과 맞선 투쟁에서 숱한 청년들이 목숨을 내놓았다.

1970년대에도 전태일·김상진 열사가 있었고, 인혁당 사건 관련자 여덟 분에 대한 사법살인이 있었고, 장준하 선생 등의 의문사가 있었지만, 학생들이 죽음을 피부로 느끼지는 못했다. 그러나 1980년대는 달랐다. 1981년이 되자 광주에서 친구를 잃은 사람들이 대학에 들어오기 시작했다. 4·19 때 많은 피살자가 발생했지만, 그래도 독재자 이승만은 권좌에서 쫓겨났다. 그렇지만 1980년대 광주학살의 책임자 전두환은 권좌에 앉아 있었다. 그런 전두환 정권을 향해 삶과 죽음의 경계를 체험한 사람들이 목숨을 걸고 싸우기 시작했다. 그 저항은 유시민이 '항소이유서'에 쓴 것처럼 "열여섯 꽃 같은 처녀가 매주 60시간 이상을 일해서 버는 한 달치 월급보다 더 많은 우리들의 하숙비"를 부끄러워하던, 또는 〈모래시계〉에서 혜린이가 술에 취해 노동자들은 단식농성 하는데 자기는 밥해 먹으려고 쌀 사왔다고 괴로워하던 그런 여린 마음에서 시작된 1970년대의 저항과는 사뭇 분위기가 다른 비장한 저항이었다.

'어수룩함'에서 과학적 세계관으로

1980년대 학번들은 박정희 권력이 완전히 공고화된 뒤에 학교를 다닌 사람들이다. 1970년대 학번들이 "바둑아, 바둑아, 이리 오너라"

로 시작하는 국어 교과서로 배운 세대였다면, 1980년대 세대들은 "나, 우리, 대한민국" 하는 식으로 초등학교 1학년 때부터 독재정권으로부터 '국가관'이 철저한 교육을 받아야 했다. 이런 분위기는 대학에서도 마찬가지였다. 그래도 외견상 학생회를 구성할 수 있고, 대동제도 할 수 있는 1980년대 대학이 더 자유로워 보일지 모른다. 교정 곳곳에 닭장차가 서 있고, 중세의 기사를 연상케 하는 갑옷을 입은 우리 또래의 전경들이 공터에서 팩차기를 하고, 벤치는 리시버를 꽂은 '짭새'들에게 점령당해 있던 1970년대 대학, 척 보기에도 그건 대학도 아니었다. 그러나 저항을 꿈꾸던 사람들의 정신 세계는 달랐다.

1980년대 학번들이 보기에 1970년대 학번들의 세미나 커리큘럼은 어수룩하다 못해 황당했을 것이다. 70년대 학번들은 라인홀드 니이버의 『도덕적 인간과 비도덕적 사회』나 이규호(1970년대 의식화 도서의 저자에서 1980년대 전두환의 비서실장이 되어버린 그 이규호)의 『사람됨의 철학』 같은 책을 의식화 입문서로 읽었다. 1980년대에 수많은 사회과학 서적을 찍어낸 진보적 출판사들은 아직 문을 열기 전이었다. 저자가 암에 걸려 유명을 달리하는 바람에 원고가 마무리되지 않은 상태에서 급하게 출간돼 부분부분 암호를 해독하는 듯한 같은 작업을 거쳐야 했던, 최종식 선생의 『서양경제사요론』 같은 책도 1970년대 후반에 가서야 출간됐다. 그러나 돌이켜보면 이런 '어수룩한' 책을 읽으며 해답 없는 길을 찾아야 하던 젊은 날의 방황이나 "쌀나무도 알고 있는 슬기로운 머리"로 부대끼던 모색의 시간은 절대 무의미한 것이 아니었다.

이른바 386세대들은 세미나 커리큘럼부터 달랐다. 과학적 세계관을 철저하게 확립하기 위해 잘 짜인 커리큘럼을 따라 일로매진할 수 있었다. 수천 동포의 학살자가 대통령이랍시고 권좌에 앉아 있는 상황에서 우리가 서야 할 자리는 김남주의 시를 빌리지 않더라도 전선이었고, 감옥이었다. 거칠게 표현한다면 1970년대는 역사가 젊은이들에게 사람이 되라고 했다면, 1980년대는 젊은이들에게 전사가 되라고 한 시기다. 혁명의 전사도 그렇고 군인도 그렇고, 신병을 훈련시키는 목표는 딴 생각을 못하게 하는 것이었다. 어차피 군사독재정권은 학생들을 병영국가의 예비 군인으로 키워내고 있었다. 군사독재정권에 의해 가장 군사주의적이고 반공적인 교육을 받아온 학생들은, 선배들이 '주적'만 북괴에서 군사정권과 자본가와 미국의 동맹체로 바꿔주면 역시 충실한 전사가 되었다. 군사독재에 목숨을 걸고 싸우다가 감옥에 간 민주투사를 수천, 수만 명 배출한 나라에서, 그 시절 민주청년학생 중에서 양심에 따른 병역 거부자가 단 한 명도 나오지 않은 역설도 그 시절에는 어쩌면 너무나 자연스러운 것이었다.

늘 그랬듯이 후생(後生)이 가외(可畏)였고, 장강의 뒷물결이 앞물결을 치는 법이었다. 1970년대 학번들이 〈희미한 옛 사랑의 그림자〉를 노래하게 된 4·19세대나 6·3세대를 우습게 봤듯이, 사회과학적 인식으로 무장한 386세대도 낭만적인 1970년대 학번들을 우습게 보았다.

아무튼 "야, 이놈들아 공부 좀 해라"라고 폼 잡고 후배들을 훈계하던 1970년대 선배들은, 이제 386세대로부터 "아니, 형님은 아직 그것도 안 읽었소?" 하는 구박을 받으며 '원전'을 읽기 시작했다. 한국의 저항적 지식인들이 막 마르크스를 읽고, 레닌을 읽고, 스탈린을 읽고 그 내용을 이해하게 되었을 때 동구에서는 사회주의 체제가 무너지기 시작했다. 어렵게 비싼 입장권을 사고 오페라 구경 갔더니 입장하자마자 막이 내리고 있었다. 누구는 잔치가 끝났다고 했고, 누구는 난파

선에서 쥐떼가 빠져나가는 것 같다고 악담을 했다.

피지도 못한 꽃, 3김이 따다

불행인지 다행인지 나는 이 시절에 한국에 없었다. 이때 상처를 덜 받은 것이 내가 철들지 않은 이유인지도 모른다. 386세대는 불행한 세대였다. 민주화운동의 독수리 오형제 가문에서 386세대는 4·19세대, 3선개헌까지 포함한 6·3세대, 긴급조치 세대에 이은 넷째일 것이고, 막내가 아마 '경대 친구'라고 부르는 91학번 이후 세대라 할 수 있다. 386세대는 집안이 가장 요동칠 때 예민한 사춘기를 보냈고, 형들이 변변치 못한 탓에 민주화의 큰 짐을 누구보다 많이 짊어져야 했다. 이 글을 준비하던 중에 최장집 선생께서 현재 한국 사회의 중추가 된 386들의 무능함과 준비 없음을 질타하셨다는 소식을 들었다. 너무 옳으신 말씀이고 당연히 그런 방향에서 준비돼야 할 것이지만, 참 마

3김이라는 화훼업자들은 채 피지도 못한 꽃을 꺾어 꽃병에 꽂았다. 1989년 당시 세 야당 총재들의 회동.

음을 아프게 하는 말씀이셨다.

 1987년에 6월 항쟁이 끝나고 이한렬 군 장례식이 있던 날이었다. 군사정권이 주검을 탈취해갈지 몰랐기 때문에 청년학생들은 며칠 밤을 새우며 장례식장을 지켰다. 노제를 지내러 시청 앞에 다다랐을 때 인파는 지난 월드컵 때보다 더 많았다. 시청 앞 광장이 꽉 찼는데 아직도 후미는 신촌 언저리에 있었으니까. 관제동원을 제외하고는 단군 이래 최대의 인파가 모인 것이다. 누구도 예상하지 못한 인파였고, 누구도 책임지지 못한 현장이었다.

 그 당시 민청련 기관지 〈민중신문〉 기자로 일하던 나는 왔다갔다하다가 전대협 의장이던 이인영(현재 열린우리당 의원)을 보게 되었다. 재야인사 누구도 방향을 제시하지 못할 때 그래도 그는 백만 인파를 향해 앰프 시설도 제대로 없는 마이크를 잡고 목이 터져라 외치고 있었다. 배운 게 역사라고 3·1운동의 한 장면이 생각났다. 33인은 태화관에서 청요리 시켜놓고 갑론을박 하다가 총독부에 연락해서 모시러 온 차를 타고 가버리고, 탑골공원 현장에서는 나이 어린 청년학생들이 오지 않는 '민족지도자'들을 발 동동 구르며 기다리다가 자신들이 나서서 시위를 주도했다. 1920년대가 민족지도자 33인의 시대가 되지 않고 청년학생들의 시대가 되는 것은 당연하다.

 그러나 한국의 386세대는, 아니 정확하게 말하면 386정치인들은 너무 빨리 시들고 있다. 한 세대로서 '386'이 같이 진출해야 하는데 그러지를 못했다. 뿌리가 뻗어나가고 줄기가 굵어지고 가지가 실해지고 그 끝에서 제철에 꽃이 피어야 하는데, 3김이라는 화훼업자들이 젊은 피를 찾아 채 피지도 못한 꽃을 따다가 꽃병에 꽂은 격이다. 한 송이 꽃이 피려면 뿌리와 줄기와 가지가 다 같이 잘 자라야 하는데, 채 피지 못한 꽃봉오리만 따버리니 꽃도 줄기도 빨리 시들 수밖에 없었던 것일까?

386세대가 다들 자연스럽게 분화되는 과정을 밟고 있지만, 자의인지 타의인지 '386'이라는 딱지를 떼지 못하는 이들은 국회의원이 된 사람들이다. 훈장일까, 아니면 흉터일까? 나이 40이 넘어서도 학생운동의 경력이 그들을 대표하는 이력으로 남아 있다. 3김이 발탁하지 않고 학생회장이라는 간판이 아니었더라면, 그들은 지금 국회의원이 아닌 다른 일을 하고 있었을 것이다.

이제 킹메이커는 네티즌

역사는 변하지 않는 것 같으면서도, 우리가 생각하는 것보다 빨리 그리고 많이 변하고 있다. 1875년에 태어난 이승만이 장기 집권을 하더니, 그 최고 권력이 40년을 뛰어넘어 1917년생 육군소장 박정희에게 갔다. 박정희가 18년 동안 장기 집권을 하더니, 그 권력을 다시 1931년, 1932년생 육군소장인 전두환과 노태우가 주거니 받거니 했다. 그러고는 거꾸로 1927년생 김영삼이 대통령이 되더니, 1926년생 김대중이 그 자리를 이었다. 그리고 20년을 뛰어 1946년생인 노무현이 대통령이 되었다. 군사독재 30년이 지속되고 거기에 40대 기수론을 들고 나와 맞선 양 김씨의 시대가 그만큼 오래가더니, 20대 젊은 나이에 세상을 뒤엎은 4·19세대를 건너뛴 것이다.

양 김씨의 시대에서 노무현으로 이행하는 과정에서 결정적 변수는 인터넷의 힘이었다. 인터넷의 힘은 갈수록 커진다. 이 힘 앞에서 사라진 말이 이른바 '킹메이커'다. 킹메이커를 꿈꾸던 중진들은 다 날아갔다. 예비후보는 정치인들 속에서 나오겠지만, 후보를 정하는 힘은 이미 네티즌들에게로 넘어갔다. 탄핵 사태를 보니 한국 정치의 양대 변수가 군사독재시절의 '공작정치와 돈'에서 '인터넷과 자살골'로 넘어간 것 같다. 너무나 변수가 많은 한국 정치에서 앞날을 예상한다는 것은 무모한 일이지만, 한 가지 확실한 것은 인터넷을 상대로 자살골을 넣는 사람은 그야말로 '즐쳐드셈'이 된다. 역사가 무서운 것은, 역사를 이끌던 사람들이 어느 순간 뒤에 처져 있는 자신을 발견하게 되기 때문이다. 이때 즐겁게 힘을 보태어 뒤에서 수레를 밀고 가면 원로가 될 수 있고, 자기가 계속 끌겠다고 앞에서 막아서면 수레에 깔릴 뿐이다.

〈님을 위한 행진곡〉은 "사랑도 명예도 이름도 남김없이 한평생 나가자던" 386세대의 '애국가'였다. 지금 386국회의원이나 아니면 그들을 비판하는 글을 내 이름을 붙인 〈한겨레21〉 고정란에 쓸 수 있는 나는 이미 "사랑도 명예도 이름도" 다 갖고 있는 사람이 되어 있는 것인지 모른다. 그러나 그 시절부터 지금까지 사랑도 명예도 이름도 남김없이 나가고 있는 사람들도 많지 않은가? 정치를 하다 보면 험한 얘기도 할 수 있다. 386들이 나나 유시민에게 얼마든지 험한 얘기를 할 수 있다. 그러나 당신들은 책임이 있다. 그때 당신들을 무등 태워 학생회장으로 뽑아준 사람들이 있지 않은가? 그 광경이, 당신들의 영광인데 그 사람들에게는 악몽이 되어서는 안 된다. 그 광경을 우리 모두의 추억으로 간직할 수 있게 할 책임, 그것을 당신들에게 요구할 권리 정도는 우리에게 있다.

지금, 그 시절에 꿈꾸던 좋은 세상이 아직 오지 않았는데, 그때 차마 꿈꾸지 못하던 무언가가 돼버린 사람이 너무나 많지 않은가? 그때 같이 싸우던 사람들과 함께 꾸던 꿈은 어디로 간 것일까? 20대의 꿈을 그대로 실현하자는 것은 아니다. 그러나 무엇이 되기 위한 발판으로 운동을 한 것이 아니라면, 지금 차지하게 된 자리의 힘을 동원해 우리 사회의 개혁과 진보를 위한 일을 해야 할 것이다.

| 5부 |

왜곡된 역사의 고리를 끊고

민주화돼서 행복하십니까
-도청사건을 통해 본 시민들과 기득권 세력의 팽팽한 '힘겨루기'

결코 거룩하지 않았던 고요한 밤, 누군가 엿듣고 있었다. 이름하여 '미림팀'. 중앙정보부가 국가안전기획부로, 국가안전기획부가 다시 국가정보원으로 바뀌어도 '미림'이라는 이름은 변하지 않았다. 처음에 그 이름은 1960년대의 '요정정치'에서 나왔다. '미림'이란 특정한 요정의 이름이 아니라 술자리에서 시중을 드는 많은 미녀들로부터 정보를 수집한다고 해서 '미녀들의 숲'이라는 뜻으로 붙여진 이름이라고 한다(동백림 사건이 시초가 되었다는 설도 있지만, 그 뒤에도 무림 사건, 학림 사건, 부림 사건 등 공안사건에 유달리 '림'자 돌림이 많았다). 이 이름이 40년 가까운 세월이 흐르도록 유지됐다는 사실은 엿듣는 습관이 변함없었다는 뜻이지만, 엿듣는 장치는 진화(?)를 거듭해왔다. 초기에 미녀들이 인간 도청기로 쓰였다면, 장비가 발달하면서부터는 고성능 도청기가 미녀들을 대신했다. 미림 팀장의 자술서를 보면 때로 도청기를 설치한 사실이 발각되는 경우도 있었다지만, 도청을 당한 사람들 중 어느 누구도 경찰이나 언론에 도청당한 사실을 밝히지 않았던 것 같다.

공안검사가 도청사건을 조사한다고?

미림팀의 도청 사실이 처음 알려졌을 때에는 정치권과 경제계 그리고 언론 사이의 더러운 유착이 세인의 관심을 끌더니만, 어느 사이엔가 테이프의 내용은 사라지고 도청만이 남게 되었다. 꼭 1992년의 '초원복집 도청사건'을 보는 기분이다. 대통령 선거를 앞둔 상황에서

'초원복집' 도청사건은 오히려 선거를 앞둔 김영삼 전 대통령에게 유리한 계기가 됐다. 1992년 당시 초원복집에서 진행된 현장검증.(보도사진연감 93)

전 법무부 장관 김기춘은 부산 지역의 지검장, 경찰청장, 안기부 지부장 등 힘 있는 기관장들을 초청했다. 이 자리에서 기관장들은 너나없이 김영삼이 아니라 다른 사람이 대통령이 되면 부산, 경남 사람들은 "영도다리에서 칵 빠져 죽어버리자"느니 "우리가 남이가?" 같은 말을 하면서, 철저한 지역감정을 바탕으로 한 공권력을 이용해 대통령 선거에 개입하려고 모의한 것이다.

그 현장이 당시 대통령 선거에 출마한 정주영 현대그룹 명예회장 쪽에 의해 도청된 것이다. 대화 내용이 공개되자 국민들은 충격에 빠졌고, 모두들 이 사건이 김영삼에게 불리하게 작용할 것이라 내다봤다. 그러나 역시 김영삼이었다. 사오정을 능가하는 뱃심으로 그는 자신이 최대의 피해자라며, 불법 도청 문제를 치고 나왔고, 수구언론들도 다 이를 따라갔다. 고위 공무원, 정치인 들이 지역감정을 내세워 불법 선거를 모의한 사건은 사라지고 도청만 남은 것이다. 그리고 실제 선거에서도 부산·경남 지역에서 오히려 김영삼 지지표가 위기의식을 느껴 결집하는 바람에 김영삼은 큰 이익을 보았다.

지금도 일이 돌아가는 상황은 비슷해 보인다. 뇌물로 볼 수밖에 없는 불법 선거자금 수수와 정치·경제·언론의 더러운 유착은 사라지고, 도청의 불법성만 남은 모습이다. 국정원이 일반의 예상을 뛰어넘는 수준으로 과거 불법 도청의 실상을 밝히고 사과했는데도 불똥은 이상한 방향으로 튀고 있다. 김대중 전 대통령이 불법 도청을 근절시킨 대통령으로 기억되는 것이 아니라, 노벨평화상을 받은 '인권 대통령' 시절에도 도청이 자행됐다는 점만 부각되는 것이다.

현상만 보면 〈중앙일보〉 홍석현 사장과 삼성의 이학수 부회장 사이에 오고간 대화를 담은 테이프의 내용은 불법 도청에 묻혀버린 것처럼 보인다. 기득권 세력이 또다시 초원복집 식으로 역전승을 누릴 수 있을 것일까? 그러나 한국의 민주화가 그리 호락호락하지는 않을 것이다. 초원복집보다, 이번의 삼성과 〈중앙일보〉의 도청보다 더 심한 사건들도 덮어버릴 수 있는 것이 독재정치였다면, 몇 명이 덮고 싶어도 덮으려야 덮을 수 없는 것, 이것이 민주주의다. 불법 도청은 불법 도청대로 철저히 근절해야 하지만, 초원복집 사건 때처럼 도청이 피운 안개 속으로 불법 선거라는 더 큰 악이 숨어버리는 일은 있어서도 안 되고 있지도 않을 것이다. 불법 선거와 정치·경제·언론의 더러운 유착에 대해 끈질기게 파헤쳐야 한다.

김대중 대통령이 도청을 중단하라고 지시했는데도 국정원이 따르지 않은 것은 심히 유감스럽고 잘못된 일이며, 왜 그런 일이 발생했는지에 대해 철저하게 조사해야 한다. 미림팀의 도청 테이프가 삼성과 〈중앙일보〉 사이의 더러운 관계만을 보여주는 것이 아니라, 다른 언론사의 '역겨운' 행태에 대해서도 생생한 증거를 담고 있다는 사실이 보도되면서, 수구언론은 도청 자체를 문제 삼기 시작했다.

그러나 김대중 대통령 시절의 도청이 국민들에게 준 충격이 꼭 수구언론이 여론을 조작했기 때문이라고 보아서는 안 된다. 불법 도청이 자행되던 시절에 안기부에 파견 나간 공안검사 출신이 한나라당의 도청사건 진상조사단장을 맡는 현실은 똥 묻은 개가 겨 묻은 개를 조사하려는 '황당한 시추에이션'의 극치를 보여주었다. 그러나 국민들이 김대중 시절의 도청에 더 충격을 받는 이유는 김대중 정권이 겨 묻은 개가 아니라 사람이기를 기대했기 때문이다.

지금의 '쇼, 쇼, 쇼'도 민주화의 부산물

이 점은 김영삼과 김대중 양김 정권에 이어 노무현 정권에서 예외 없이 발생한 부패사건에서도 마찬가지다. 도청이 행해진 범위가 군사독재 시절이나 문민정권 시절과 비교가 되지 않는데도 김대중 정권에 더 타격이 간 것처럼, 부패도 마찬가지였다. 김영삼 정권 시절에 발생한 민주계 인사들의 부정부패사건에 대해 수구언론뿐 아니라 일반 국민들도 민주화운동 세력도 별수 없구나 하는 식의 태도를 보였다. 김대중 시절이나 현 정권 아래에서 적발된 부정부패사건에 대해서 민주화 세력이 오히려 더 심하구나 하고 짜증을 냈다. 이런 분위기에 부패의 액수나 수법을 들이밀며 억울하다고 얘기하는 것은 부질없는 일이다. 어차피 민주화운동을 주요한 정치적 자산으로 삼는 세력이나 개인에게는 더 높은 도덕성이 요구될 수밖에 없기 때문이다.

불법 도청은 철저히 근절해야 하지만, 불법 선거라는 더 큰 악이 숨어버리는 일은 없어야 한다. 미림팀 팀장 공운영 씨의 사무실 컴퓨터를 조사하는 서울중앙지검 수사관들.

흔히 6월 항쟁 이후 지금까지를 '87년 체제'라고 부르지만, 이 1987년 체제 안에서도 끊임없이 민주화는 진행되었다. 지금 한국이 누리는 절차상의 민주주의는 서방의 선진제국이 부럽지 않을 수준이다. 어떤 의미에서는 지금 우리의 정신을 빼놓는 이 모든 '쇼, 쇼, 쇼'가 그동안 민주화되어오며 생긴 부산물이라 할 수 있다.

박정희와 전두환 시절에 중앙정보부나 안기부 퇴직직원이 어디 감히 도청 테이프나 녹취록을 들고 나와 정보부를 상대로 협상을 벌이겠다고 꿈이라도 꿀 수 있었겠는가? "고향 땅에서 쟁기질하는 전직 대통령의 모습은 자라나는 세대에게 큰 교훈이 될 것"이라는 너무나 당연한 발언이 문제가 되어 원내 최다선이던 정일형 의원이 국회에서 쫓겨나야 했던 유신시절에, 어찌 대통령 탄핵을 꿈꿀 수 있었겠는가? 정부를 비판했다고 언론사 사주가 간첩죄를 뒤집어쓰고 감옥에 가고 결국은 신문사를 빼앗겨야 했던 저 '겨울 공화국'이었다면, 어찌 지금처럼

왜곡된 역사의 고리를 끊고 …… 253

대통령에 대해 비판 정도가 아니라 저주에 가까운 언사를 퍼붓고도 무사히 언론의 자유를 누릴 수 있었겠는가? '권력의 시녀' 정도가 아니라 "우리는 개다, 물라면 문다"라는 말을 창피한 줄 모르고 기자들에게 퍼붓던 검찰이 법적인 근거도 없는 평검사회의를 들먹이며 대통령에게 대드는 것도 다 민주화됐기 때문에 가능한 것이다.

법과 양심에 따라 소신대로 판결한 판사들이 줄줄이 법복을 벗는 것을 본 뒤 공안사건의 경우 공소장의 오자까지 베껴 쓰는 참담함을 묵묵히 견뎌낸 엘리트 법관들은, 이제 대법관과 헌법재판소 재판관이 되어 사법 전성시대에 최고의 권력과 영광을 누리고 있다. 독재자에게 밉보이면 국제그룹처럼 하루아침에 공중분해 되기도 하던 재벌들은, 이제 정치자금을 강탈해가지 않는 민주화된 세상에서 신자유주의와 금권 숭배의 날개를 달고 훨훨 날아다니고 있다. 우리 사회가 민주화되지 않았다면 대통령이 아직도 군인 아저씨였을지 모르니, 세상 참 많이 좋아졌나 보다.

죽 쒀서 개 줄 것인가

그러나 권영길 의원 식으로 물어보자. "시민 여러분, 민주화되어 행복하십니까? 살림살이 좀 나아지셨습니까?" 1987년 체제의 한계는 불행하게도 아직까지 민주화돼서 좋은 점을 시민들이나 과거의 민주화 운동 세력이 스스로 느끼지 못하는 점인지도 모른다. 죽은 박정희와 색깔론에만 집착하면서 대안을 제시하지 못하는 수구도 짜증나지만, 희망을 제시하지 못하는 진보도 일반 시민들을 끌어안지 못하고 있다. 이는 아직 우리 사회의 민주화가 철저하지 못하기 때문인지도 모른다.

우리 사회의 민주화가 철저하지 못하다고? 현 정권의 초기를 보면, 민변 출신의 대통령에 민변 출신의 국정원장에 민변 출신의 법무장관이 있었지만, 국가보안법은 여전히 그 질긴 생명을 유지하고 있다. 지금도 민주화운동 출신의 대통령에 총리에 장관에 청와대 비서관에 국회의원이 즐비하건만, 되는 일이 없다. 탄핵 직후의 4·15총선을 거치면서 기득권 세력이 더는 의회를 장악할 수 없게 됨으로써, 한국 사회는 선출되는 권력 면에서는 상당한 수준의 민주화가 이루어졌다. 그러나 사법부를 비롯한 선출되지 않는 국가권력이나 재벌, 언론, 학원, 교회 등 세습되는 봉건적 기득권 세력은, 비록 정권은 놓쳤지만 정치적 영향력은 의연히 유지하면서 선출된 권력, 아니 기득권 세력 대신 새로운 권력을 창출한 시민들과 힘겨루기를 하고 있다.

이 팽팽한 힘겨루기! 동북아 정세는 요동을 치는데, 1987년 체제가 그 틀 안에서 성장하며 만들어낸 이상한 힘의 관계는 한마디로 빼도 박도 못하는 나쁜 균형을 이루고 있다. 그 와중에 도청 테이프가 공개됐다. 때마침 생방송에서 터져버린 아랫도리 노출사건이 스스로 벗어던진 것이라면, 이건 기득권층이 가장 폼 잡고 싶은 순간에 '아이스케키'를 당했다고나 할까? 그러나 밝혀진 내용은 단순히 망신으로 끝날 일이 아니다. 테이프가 274개라니…….

지금 국회의원 명단을 보면 과거에 민주화운동을 한 사람들이 즐비하다. 그 당시에 '20년쯤 지나 내가 국회의원이 될 것이다'라고 생각하며 운동에 투신한 사람은 아마 없을 것이다. 감옥 가기 싫었지만, 저들이 잡아넣으면 할 수 없이 가는 거지 하면서 또 주어진 상황을 피하지 않았을 것이다. 모두가 그랬다고는 할 수 없어도, 적어도 절대 다수는 좋은 세상이 오리라고 믿으며 운동을 했지만, 내가 꼭 어떤 자리에 오르리라고 기대하면서 운동하지는 않았을 것이다.

그런데 지금, 그 시절에 꿈꾸던 좋은 세상이 아직 오지 않았는데, 그때 차마 꿈꾸지 못하던 무언가가 돼버린 사람이 너무나 많지 않은가? 그때 같이 싸우던 사람들과 함께 꾸던 꿈은 어디로 간 것일까? 20대의 꿈을 그대로 실현하자는 것은 아니다. 그러나 무엇이 되기 위한 발판으로 운동을 한 것이 아니라면, 지금 차지하게 된 자리의 힘을 동원해 우리 사회의 개혁과 진보를 위한 일을 해야 할 것이다.

국회가 대통령을 탄핵해버린 데에서 알 수 있듯이 지금 국회의 권력은 최상이다. 그리고 여당은 이 국회에서 과반을 얻고 출범했고, 지금도 제1당의 지위를 유지하고 있다. 그러나 현재의 여당은, 정당정치를 철저히 무시하고 초계급적 지도자로 군림하기를 원한 이승만 집권 초기의 원내 자유당 이래 최약체의 여당이다. 개혁이 혁명보다 어렵다는 푸념일랑은 하지도 말라. 혁명이 개혁보다 쉬우면 혁명을 하지 왜 개혁을 하겠는가? 혁명이 불가능하기 때문에 다들 아프게 그 꿈을 접고 개혁을 택한 것이 아닌가? 우리 사회의 민주화는 충분히 이루어지지 않은 채 민주화의 과실을 재벌이, 수구언론이, 신자유주의의 전도사가 된 관료들이, 야당이 된 구세력의 국회의원들이 다 누리는데, 죽 쒀서 개 주고 배곯면서 억울하지 않은가?

시스템 개혁을 해야 할 때

재벌의 것을 다 빼앗아 민중에게 나눠주자던 과격한 주장이 혁명이라면, 현재 한국 사회에서는 재벌이 가진 만큼만 누리게 하는 것이 개혁일 것이다. 실제 지분율은 3~4퍼센트에 지나지 않는 재벌 일가가 일반 서민들이 이해할 수 없는 놀음을 통해 그룹 전체를 장악·세습하는 구조를 깨고, 그들의 소유권은 존중해주되 그들이 가진 만큼만 영향

현재 한국 사회에서는 재벌이 가진 만큼만 누리게 하는 것이 개혁일 것이다. 2006년 3월 9일 '투명사회협약' 체결식에 참석한 재계 인사들.

력을 행사하게 만드는 개혁이 필요하다. 우리 헌법에 상당한 수준으로 반영돼 있는 경제 민주주의의 정신이 전혀 힘을 못 쓰고 있다. 1인 1표제가 정치적 민주주의라면, 신자유주의 시대의 새로운 '경제' 민주주의는 1인 1표가 아니라 1원 1표로 돈을 가진 자가 지배하는 민주주의가 돼가나 보다. 그러나 제발 가진 만큼만 지배하라.

시스템의 개혁, 정말 중요하다. 상상하기 싫지만, 혹시 기득권 세력이 다시 정권을 잡더라도 함부로 돌이킬 수 없게 시스템을 바로잡는 일이 필요하다. 그러나 현 헌법 아래에서 현 정권이 남은 임기 안에 그 작업을 완수할 수 있을까? DJP 연합이라는 너무나 큰 한계를 갖고 출범한 김대중 정권이 이룬 최대 업적은 물론 6·15공동선언이지만, 다음가는 업적은 정권 재창출일 것이다. 수십 년의 군사독재가 남긴 유산을 개혁하는 일, 이는 단판 승부가 아닌 장거리 릴레이 경주다. 지리멸렬 흩어진 범개혁세력이 지혜를 모아야 할 때다.

자유당의 저주는 풀리지 않는가
-왜곡된 역사의 고리를 끊을 줄 알았던 열린우리당의 생일에

자료를 뒤지다 보니 이 글을 쓰는 오늘이 하필 열린우리당의 창당 2주년 되는 날이다. 신문마다 착잡함, 우울함, 씁쓸함 등의 표현을 써가며 스산한 생일 풍경을 전하는데, 탄생을 축하하던 처지에 생일날 덕담은 건네지 못하고 비판적인 이야기를 해야 하니 나 역시 착잡해졌다. 대한민국이 수립되고 정당정치가 시작된 이래 많은 여당이 명멸했다. 그 가운데 열린우리당은 여러모로 참 독특한 성격을 지니지만, 그래도 가장 두드러진 점은 한국 정당정치 역사에서 1951년 말에 급조된 원외 자유당 이래 최약체 집권 여당이라는 사실이다.

이승만과 한민당의 결별

워낙 그 속을 짐작하기 힘든 인물인지라 장담하기 어렵지만, 많은 연구자들이 이승만이 정당과 정당정치를 비웃었다고 분석한다. 그 자신이 특정 계급의 이익을 대변하는 정당의 지도자가 아니라, 전체 국민의 일반적 이익을 대변하는 초월적 지도자이고 싶어했다는 것이다. 이승만은 분명 지주 계급의 이익을 대변하는 한민당의 조직과 자금을 이용해 정치권력을 잡았지만, 집권한 뒤에는 한민당 출신을 한 명만 각료에 임명하는 등 한민당과 거리를 두었다. 이에 따라 한민당은 이승만에 대한 지지를 거두고 반이승만 세력의 구심점이 되었다. 1980

왜곡된 우리 정당사에서 열린우리당만큼 축복받으며 탄생한 여당도, 그처럼 정치력을 보여주지 못한 여당도 없었다. 2005년 10월 28일 총사퇴를 발표하는 열린우리당 지도부.

년대까지 흔히 들을 수 있던 "한민당의 전통을 계승한 정통 보수야당"이라는 말이 여기서 비롯된 것이다. 자신들이 여당이라고 철석같이 믿고 있다가, 노인 이승만에게 배신당해 권력을 분배하는 과정에서 배제된 한민당이 야당의 시조가 된 것이다.

이승만이 정당을 초월한 지도자이고 싶었기에 한민당을 배제한 것인지 한민당을 장악할 수 없기에 정당을 초월한 척하고 싶어했는지는 단언할 수 없지만, 초대 대통령의 임기가 끝나가자 이승만은 더는 정당에 초연한 척할 수 없었다. 특히 당시에는 대통령이 국민들의 직접선거에 의해 선출되는 것이 아니라, 국회에서 의원들의 선거에 의해 선출되는 간선제였기 때문에 국회를 장악하는 것은 재선을 위해서 필수적인 일이었다.

그러나 2대 국회를 구성하는 의원들의 성향은 이승만에게 매우 불리했다. 이승만의 직계라 할 대한국민당은 24석에 그친 반면, 남한만으로 단독정부를 수립하는 것에 반대해 제헌국회의원 선거를 거부했다가 2대 국회의원 선거에는 개별적으로 참가해 대거 당선된 사람들이 주축을 이룬 무소속은 무려 126명에 이르렀다. 국회의장 선거에서도 이승만이 추천한 오하영은 1차 투표에서 1위를 차지한 신익희가 얻은 표의 절반도 얻지 못한 채 3위로 처졌고, 국무총리로 추천된 이윤영의 임명안은 인준을 받지 못했다.

이승만과 그 주변 인물들을 초초하게 만든 사건은 1951년 5월에 국회에서 실시된 2대 부통령 선거였다. 이 선거는 이승만을 비판해온 임시정부요인 출신의 부통령 이시영이 국민방위군 사건 등을 이유로 부통령직을 사임하여 치러졌다. 선거를 치른 결과, 한민당을 계승한 민주국민당의 실질적 지도자인 김성수가 당선됐다. 1950년대에는 부통령이 매우 중요한 의미를 지녔는데, 이는 무엇보다 이승만이 당시에 내일 죽어도 이상할 것이 없는 엄청난 고령인지라 대통령 승계권자인 부통령이 부각될 수밖에 없었기 때문이다.

이승만이 공개적으로 신당을 창당하겠다는 의사를 밝힌 것은 1951년에 8·15경축사를 통해서였다. 그러나 이승만은 그 전에 이미 안호상이나 윤치영 등 측근들을 각각 불러 신당 창당을 추진하라는 과업을 주기도 하였다. 이승만의 개인 비서 출신으로 초대 내무부 장관을 지내 누구보다 이승만의 속마음을 잘 안다던 윤치영은, 정당을 조선시대의 사색당쟁 정도로 여기며 사당의 이익을 추구하는 사람들을 경멸하는 태도를 보이던 이승만이 정당을 만들어보라고 말해서 깜짝 놀랐다고 회고했다. 일부에서는 이승만이 정당에 대한 견해를 바꾼 이유 중 하나로 미국과의 관계를 들고 있다. 조금 뒤의 일이지만 미국이 한때 이승만을 제거하기 위해 계획을 세울 정도로 둘 사이의 관계가 악화됐는데, 이승만은 "미국이 한국을 무얼 보고 도와줄 것이냐, 자유민주주의 국가니까 도우는 것 아닌가. 민주국가란 의회정치요, 의회정치는 곧 정당정치이니, 내가 정당을 만들어 정당정치 하려는 것은 미국놈들 보라고 하는 것"이라고 측근들에게 말했다고 한다.

그러나 꼭 미국에 보여주기 위해서가 아니더라도, 이승만으로서는 정당을 만들 만한 이유가 충분히 있었다. 2대 대통령 선거를 당시 헌법대로 국회에서 치른다면 이승만은 재선을 기대할 수 없었기 때문이다. 이를 막기 위해서 개헌이 필요했고, 나아가 국회에서 개헌을 추진하기 위해서는 강력한 정당조직이 필요했다. 1951년 8·15경축사를 통해 이승만은 한편으로 국민들이 직접 대통령을 선출해야 한다는 것을 역설하면서, 다른 한편으로는 "전국에 큰 정당을 조직해서 농민과 노동자를 토대로 삼"을 때가 되었다고 강조했다. 이승만은 여기서 "정당한 정당"이라는 표현을 쓰면서, 다른 정당을 정권을 잡기 위한 사당(私黨)으로 몰고 자신이 만들려고 하는 정당만이 "정당한 정당"이라 규정했다. 이는 군자의 당과 소인의 당을 나누어 붕당정치를 정당화한 조선시대 유학자들의 논리를 연상시키는 대목이면서, 지금까지 각 정당의 대변인들이 날마다 쏟아내는 논평의 기초가 되는 시각이기도 하다.

자유당 강령은 반자본주의적이었다!

그렇지만 이승만이 만들려는 정당이 적어도 말로는 농민과 노동자를 토대로 하였다는 점은 눈여겨보아야 한다. 그래서 원래 예정된 당명은 통일노농당이었으며, 당의 기본강령 2항에서 "우리는 독점경제

패자(覇者)들의 억압과 착취를 물리치고, 노동자, 농민, 소시민, 양심적 기업가 및 기술 있는 자의 권익을 도모하여 빈부 차등의 원인과 그 습성을 해부하고, 호조호제(互助互濟)의 주의로써 국민생활의 안정과 향상을 기함"이라고 하여, 지금 수구언론의 기준으로 보면 까무라칠 정도로 반자본주의적이고 반시장적인 언사를 사용했다. 뒤에 자유당의 실력자로 부상한 이기붕의 전기 『인간 만송』에서는, 아예 "우리 자유당이 반공우익 정당이기는 하나, 그렇다고 이른바 보수정당이 아니고 협동주의 사상을 다분히 포함한 진보적인 대중정당"이라고 자임하기까지 했다.

이렇게 1950년대의 극우정당이 반자본주의적 언사를 사용한 것은 당시 일반 대중들의 성향, 특히 한국전쟁을 거치면서 인민군에 의해 토지개혁이 이루어진 경험이나 제헌헌법의 경제 관련 조항이 다분히 사회주의적 색채를 띠고 있던 것과 무관하지 않다. 그러나 자유당이 귀속재산을 처분하고 원조를 배분하는 과정 등을 통해 기득권 세력이 되고 미국의 입김이 세지면서, 대한민국 건국 초기에 극우 집권세력이 보이던 나름의 반자본주의적 색채는 사라진다.

1950년대 초반은 한국전쟁이 치러지던 중인지라 이 시기에 대한 정치사 연구가 많지 않고, 딱히 이 시기를 전공하는 사람이 아니면 헷갈리는 일이 많다. 그 중 대표적인 것이 '원내 자유당'과 '원외 자유당' 문제다. 자유당은 두 개였다. 자유당이라는 같은 이름을 가진 당 두 개가 당시 주무부처인 공보처에 앞서거니 뒤서거니 등록한 것이다. 공교롭게 두 당의 결성대회 날짜도 1951년 12월 23일로 같았다. 사실 8·15경축사 이후 구체화된 이승만의 신당 추진에 가담한 세력은, 이승만이 개헌을 시도하면서 직선제를 수용하는 쪽과 반대하는 쪽의 두 갈래로 나뉘었다. 현역 의원들 다수는 당연히 의원들이 대통령 선출권을 계속 보유하기를 원했고, 이들 원내 의원을 중심으로 결집한 세력이 당명을 자유당으로 정했다. 한편 직선제 개헌을 추진하는 집단은 원외에서 통일노농당을 추진했는데, 통일노농당이라는 명칭이 너무 공산당 냄새가 난다며 당명을 자유당으로 바꾼 것이다.

어차피 원내 세력과 통합을 이룰 것이라는 변명이었지만, 참으로 희한한 당 이름 날치기였다. 자유당, 날치기의 자유만큼은 분명히 옹호하는 사람들의 당이었나 보다. 이렇게 이름을 빼앗은 당이 '원외 자유당'이고, 이름을 도둑맞아 등록하는 데 어려움을 겪다가 결국에는 흡수되고 만 당이 '원내 자유당'이다. 원외 자유당은 이승만을 총재로 옹립한 반면, 원내 자유당은 처음부터 이승만을 당수로 정해놓고 정당을 만들 수 없다고 주장했다. 정당이란 같은 이념을 공유하는 사람들의 결사체여야 하는데, 언제 죽을지 모를 팔십 노인을 당수로 미리 정하고 당을 만든다면, 이승만이 죽고 나면 당도 따라서 죽을 수밖에 없다는 것이었다.

총리와 내무장관을 고발하는 여당

두 개의 자유당이 출발했지만, 이승만을 업은 원외 자유당이 자금과 조직 면에서 원내 자유당을 압도했다. 직선제 개헌안을 표결하기에 앞서 이승만은 내가 아는 자유당은 하나뿐이라면서 원외 자유당의 손을 들어주었다. 그러나 1952년 1월 18일에 표결에 부친 직선제 개헌안은 재석 163명 중 찬성 19명, 반대 143명, 기권 1명이라는 압도적인 표 차이로 부결됐다. 이승만으로서는 예상을 뛰어넘는 대참패였다. 이제 원외 자유당의 주된 활동은 '민의'를 동원하여 원내 자유당

이승만이 급조한 '원외 자유당'은 웃지 못할 쇼를 펼쳐가며 원내 자유당을 누르고 집권했다. 1952년 9월 27일에 열린 자유당 임시전당대회.(정부기록 사진집)

을 분열·와해시켜 포섭하는 공작이 되었다.

이승만은 의회에서 당한 패배에 '민중'을 동원해서 맞섰다. 백골단, 땃벌떼, 민족자결단 등 살벌한 이름을 가진 단체들이 '민의를 배반'한 '반민족적 의회독재'를 규탄하며 '국회의원 소환운동'을 전개했다. 한편 의회 내의 반이승만 세력은 이참에 아예 내각제로 개헌함으로써 이승만의 집권을 원천적으로 차단하려 했다. 이에 이승만은 우익 청년단체인 민족청년단(족청)의 지도자로 이미 국무총리를 지낸 이범석을 내무장관에 임명하고, 족청을 동원하여 의회의 반대세력과 대결하려 했다. 이범석을 내무장관에 임명한 다음날인 5월 25일에 이승만은 곧 '공비 소탕'을 명목으로 임시 수도인 부산 일원에 계엄령을 선포했다. 육군참모총장 이종찬이 군의 정치적 중립성을 강조하는 훈령을 내리는 등 계엄 업무에 협조하지 않자, 이승만은 정치군인으로 악명 높은 헌병사령관 원용덕을 계엄사령관에 임명했다.

5월 26일에 국회의원 50여 명이 탄 버스가 크레인으로 헌병대로 끌려갔고, 많은 의원들이 국제공산당과 연루됐다는 뻔한 누명을 쓰고 구속됐다. 그러자 부통령 김성수가 이시영에 이어 다시 사표를 던졌다. 경찰과 군대가 국회의사당을 포위한 가운데, 7월 4일에 이승만은 의회로 하여금 이미 부결된 직선제 개헌안을 되살려 여기에 의원들이 제안한 내각제 개헌안의 몇 조항을 섞어 '발췌 개헌안'이라는 짬뽕 개헌안을 만들어 의회에서 기립 표결로 통과시켰다. 163명의 의원 중 단 한 명의 반대도 없었고, 세 명만이 기권했을 뿐이다.

이렇게 개헌을 해놓고 이승만은 고령을 이유로 출마하지 않겠다는 쇼를 펼쳤다. 원내 자유당이 사라져 같이 '원외'라는 표지를 뗄 수 있게 된 자유당은, 이승만이 출마하기를 요구하는 탄원서 서명운동을 벌여 350만 명의 서명을 받아냈다. 이것은 완전히 쇼였다. 이승만이 이런 쇼를 벌인 이유는 여당인 자유당이 자신의 러닝메이트로 부통령 후보에 공천한 이범석을 물먹이기 위한 계산에서였다.

족청이라는 거대한 조직을 배경으로 한 이범석은 반이승만 세력을 제압하기 위해 필요한 존재였지만, 사냥이 끝난 뒤에는 부담스러운 존재였다. 이승만은 그가 부통령에 당선되는 것을 원하지 않았다. 이승만은 여당인 자유당이 공천한 이범석 대신 무명의 함태영을 밀었다. 함태영은 이승만이 만민공동회 사건으로 구속됐을 때 가벼운 처분을 내린 재판장으로, 고령의 이승만보다 두 살이나 더 나이가 많은 목사였다. 당시 국무총리로 이범석을 견제하던 장택상은 이승만의 뜻을 받들어 함태영을 당선시키고 이범석을 낙선시키기 위해 관권을 동원했으며, 급기야 여당인 자유당이 총리와 내무장관, 치안국장 등을 선거법 위반으로 고발하는 웃지 못할 일이 벌어졌다. 물론 당선자는 함태영이었다. 우리 국민의 평균수명이 50대이던 1952년에 78세의 대통령과 80세의 부통령을 갖게 되었으니, 아, 이 처절한 '장수 만세'여!

반칙으로 유지된 일당 우위 체제

대한민국 최초의 집권 여당인 원외 자유당의 탄생사는 코미디에 가깝다. 그러나 불행하게도 원외 자유당은, 서중석 교수의 지적처럼 여러 면에서 그 뒤의 정당, 특히 여당의 '전범'이 됐다. 전혀 자생력 없이 권력에 의해 뚝딱 만들어진 것하며, 당명이나 강령, 정책이 당을 만든 이들의 속성이나 실체와 너무나 괴리돼 있고, 당을 만들면서 의원 빼가기를 하고, 이권을 노려 여당에 가입하고……. 이승만의 자유당 시절, 얼마나 자유로웠던가? 박정희의 민주공화당이 얼마나 민주와 공화를 잘했으면, 지금 홍세화 선생이 목이 터져라 대한민국은 민주공화국임을 외치는 걸까? 전두환의 민주정의당, 우리 헌정사에서 이때보다 더 민주와 정의가 짓밟힌 적이 있었던가?

한국의 정당정치사는 흔히 양당제로 이어져왔다고 하지만, 안병영 등 많은 정치학자들이 지적한 것처럼 1.5당제에 가까울 정도로 여당이 우세한 현상이 지배적이었다. 그 이유는 여당이 항상 반칙을 했기 때문이다. 야당이 여당의 독점적 지위를 위협하는 경우, 다시 말해서 양당제를 형성하기 위해 최소한의 조건이 이제 막 갖춰지려는 시점에 이르렀을 때, 여당이 항상 강도 높은 반칙을 통해 체제 자체를 일당 우위로 복원하는 데 서슴지 않았다는 것이다. 자유당의 탄생이 그랬고, 유신이 그랬고, 3당 합당이 그랬다.

각 공화국 초기에는 집권세력이 의도적으로 여러 개의 정당을 만들도록 했으나, 결국 대중들은 1980년대 후반 이후 지역감정에 기초한 지방당이 출현하기 전까지 한두 차례 선거를 치르며 집권당 대 제1야당의 구도를 만들어냈고

권력을 이용해 뚝딱 만들어내고 의원을 빼가는 등 자유당은 이후 탄생할 여당의 전범이 되었다. 1990년 1월 3당 합당을 발표하고 있는 세 당의 대표.

다른 정당들은 유명무실한 정당으로 전락시켰다. 그러나 집권세력은 제1야당의 득표율이 여당을 육박하거나 유신 말기처럼 앞지르게 되면 판을 엎어서 제1야당이 집권할 기회를 사전에 봉쇄했다.

실상 한국에서 정당정치가 발전하지 못한 이유, 특히 여당이 왜곡되게 성장한 것은 최고 집권자가 정당정치가 발전하고 정당체계를 제도화하는 것을 사실상 바라지 않았을 뿐 아니라, 오히려 가로막았기 때문이다. 제도화된 대중정당이 발달하면 당에 대한 정당 지도자들의 통제력을 제한하게 된다. 이런 구조적 제약 요인 속에서 한국의 정당은 특정한 정치적 인물을 중심으로 결성됐고, 제3공화국 시기에 국회의원선거법에서 정당공천제를 제도화하고 무소속 출마를 금지하면서 정당공천권과 비례대표제 후보 선정권을 정당 수뇌부에 부여하자 국회의원과 의원 지망생들에 대한 정당 수뇌부의 통제력이 더욱 강화됐다. 이는 지역감정의 강화와 맞물리면서 한국의 정당정치가 특정 인물을 중심으로 한 지역당으로 후퇴하게 하는 결과를 초래했다.

당신들, 책임이 크다

열린우리당의 탄생은 그런 의미에서 우리 역사에서 정말 새로운 여당이 출현한 것이었다. 그리고 국민들은 과반수 의석을 주어 힘을 실어주었다. 그러나 된 것이 아무것도 없다. 47석의 소수 여당을 3배 이상 불려주었는데, 국가보안법 하나 폐지시키지 못했다. 원외 자유당부터 따져서 헌정 사상 열린우리당보다 더 축복받으며 출발한 여당이 없고, 열린우리당만큼 정치력을 보여주지 못한 약체 여당도 없다. 거품처럼 사라져간 수많은 여당들이 아니라 100년을 내다보는 정당을 만들겠다고 했지만, 이제 앞날을 기약할 수 없는 신세가 되어버렸다.

대통령도 자신이 당선된 것이 신기하다고 했지만, 열린우리당 의원들 중에 정말로 자다가 일어나 허벅지를 꼬집어본 사람이 많았을 것이다. 지금 돌아앉아 버린 지지자들이 왜 2004년 4월 15일에 열린우리당에 표를 찍었는지 자문해볼 일이다. 정치공학, 선거공학, 그런 거 모른다. 그저 개혁을 바라고 찍었을 뿐이다. 그리고 몇 년이 흐른 지금, "죽은 다 줬다. 개 줄 일만 남았다"라는 자조가 들려온다. 생일날 쓴 소리 해 미안하지만, 당신들, 책임이 크다.

박정희가 때린 사학, 딸이 달래나
－사학의 기형적 성장과 족벌사학

2005년 겨울 한나라당이 사립학교법 개정에 반발해 국회를 뛰쳐나가 거리를 방황하다가 두 달 만에 국회로 돌아왔다. 도대체 사립학교법이 뭐기에 유신공주 박근혜가 구국의 결단을 외치며 엄동설한에 거리를 헤매야 했을까? 이번의 개정안보다 훨씬 더 강력하게 사학을 통제하는 법이 유신공주의 아버지 박정희에 의해 처음 만들어진 1963년 이래, 사립학교법은 그 뒤로 서른여섯 차례나 개정됐지만 그 때문에 국회가 파행으로 간 것은 처음인 듯하다. 5·16군사반란 이후 사립학교법이라는 단어를 〈조선일보〉를 통해 검색해보니 모두 540회의 기사가 실렸는데, 그 중 1990년 3월에 실시된 말 많고 탈 많은 개악 이전의 기사는 17건에 지나지 않는다. 근대적 사립학교가 수립된 이래, 사립학교법이 사회적으로 논란을 일으키는 핵심적 쟁점으로 떠오른 것은 한국 사회의 민주화가 어느 정도 진척된 이후인 극히 최근의 일이다.

농지개혁 임박, 보상 노린 지주들

〈한겨레21〉에 '역사이야기'를 연재하기 시작하고 얼마 안 되어 '학교가 원래 니 거였니?'(『대한민국史』 2권 5부)를 통해 사립학교 문제를 다룬 적이 있는데, 그때는 대표적인 비리 사립대학의 기막힌 사례들을 중심으로 이야기를 풀어보았다. 오늘은 왜 사립학교 문제가 이토록 정치적으로 중요한 쟁점이 되었는지에 대해 한국 교육 속에서 사립학교가 거쳐온 역사를 통해 짚어보도록 하겠다.

사립학교법 개정에 반대해 거리를 헤매는 박근혜 대표를 보며 사학에 대해 처음 법적 통제를 가한 박정희는 무슨 생각을 할까. 2005년 12월13일에 열린 한나라당의 규탄대회.

전통적으로 한국은 공교육보다 사립학교가 성했다. 고려 때 12공도가 그랬고, 조선 중기 이후에는 향교가 몰락하고 사립교육기관인 서원이 득세했다. 그러나 근대 사립학교의 탄생은 이와는 좀 맥을 달리한다. 19세기 말에서 20세기 초, 나라가 망해갈 때 많은 지식인들이 재산을 내고 몸을 바쳐 학교를 세웠다. 특히 일제의 침략이 심해져 국가기구가 일제에 장악돼가자 민족적 지식인들은 사립학교를 세웠다. 이동휘 같은 웅변가가 함경도를 한 차례 돌며 교육만이 살길이라고 사자후를 터뜨리고 가면 학교가 100여 개씩 일어났다는 전설이 내려올 정도로 교육열이 높았다.

이런 사립학교를 통제하기 위해 통감부에서 1908년에 '사립학교령'을 제정했는데, 이에 따라 1910년까지 당국에 인가받은 사립학교가 2,250개였다. 일제는 1915년에 기존의 사립학교령을 강화해 '사립학교규칙'을 반포하고 교육 목적과 내용 그리고 교사의 자격 등을 엄격히 통제했는데, 이에 따라 사립학교는 1920년에 689개로 위축됐고 전체 학교 수에서 1919년에 68.5퍼센트이던 사립학교 수는 1945년에는 17퍼센트로 줄어들었다. 한편 사립학교에 대해 일제의 간섭이 심해지자, 반일적 성향의 가정에서는 아이들을 근대식 학교 대신 서당에 보내는 일이 많았다. 그러자 일제는 1918년 3월에 '서당규칙'을 공포해 서당도 통제하기 시작했다.

1945년의 해방은 정치적 해방만이 아니라, 교육받고 싶은 열망의 해방이기도 했다. 그러나 교육에 대한 재정은 투자가 극히 미약했다. 일제는 1930년대 후반 이후 '동화정책'을 실시하고 징병제를 준비하면서 많은 '국민학교'를 세웠는데, 미군정이나 그 뒤를 이은 한국 정부는 당시의 폭발적인 교육 수요에 대해 제대로 재원을 마련하지 못했다. 일제 말기의 취학률은 54퍼센트였고 그때 이미 교실이 부족해 2부제를 실시하던 상황이었는데, 1949년에는 취학률이 81퍼센트에 이르렀으니, 교육 수요가 얼마나 폭발적으로 늘어났으며 그에 따라 얼마나 시설이 부족했는지는 긴 설명이 필요 없다. 1946년에 교육예산 11억 원 중 68퍼센트인 7억 3,000만 원이 초등교육의 경비로 쓰였으며, 초등교육에서도 국가예산으로는 학교 운영비의 30퍼센트만 충당됐고 나머지 70퍼센트는 학부모들이 부담했다. 중등교육 비용은 교원 봉급을 제외하면 80퍼센트를 학부모들이 협조하여 조달했다.

당시 미군정이나 초기의 이승만 정권은 국가가 아니라 학부모들이 교육비의 대부분을 부담하는 것을 '수익자 부담의 원칙'이라는 미명하에 정당화했다. 그러나 교육의 혜택을 입는 자가 학생과 학부모에 국한되지 않고 국가와 사회 전반에 미친다는 점에서, 수익자 부담의 원칙은 처음부터 문제를 안고 있었고 두고두고 말썽이 되었다. 당시 미군정이나 초기 한국 정부는 의무교육의 기반을 닦고 문맹을 퇴치해야 한다는 목표로 사학을 설립하도록 장려했다.

특히 농지개혁이 임박하자 지주들은 제도적으로 보호받으려는 생각으로 토지 형태의 재산을 사립학교, 특히 대학을 설립하는 데 투자했다. 1940년대 말에 지주들이 교육재단에 대해 토지를 기부한 것은, 대개 농지개혁 과정에서 문교재단에 대해 특별보상이 실시될 것을 앞두고 자산을 관리하는 한 방편으로 이루어진 경우가 대부분이었다. 당시의 지주들은 농지개혁 과정에서 국가가 자신들이 기대한 것만큼 사학재단에 기부한 재산을 보호해주지 않았다고 불만을 터뜨렸지만, 국가기구는 농지개혁 과정에서 '문교재단 소유 농지 특별보상법'을 통해 교육자본에 속한 재산을 상대적으로 보호해주었다.

한국전쟁 기간 중에 재학생의 징집을 연기하는 제도 등을 통해 사립대학이 팽창한 이야기는 이미 앞에서 했으므로(『대한민국史』 1권 5부, '상아탑은 병역비리탑?') 여기서 되풀이하지는 않겠다. 전시하에서 교육예산은 정부예산의 2.0퍼센트에서 2.6퍼센트에 지나지 않았는데, 그나마 파괴된 교실을 복구하는 데 사용될 수밖에 없었다. 그러다 보니 사립학교에 대해 국가가 지원하는 재정이 거의 전무한 상태였고, 중학교에 비해 고등학교에서 사립학교가 차지하는 비중이 커졌다. 이는 쥐꼬리만 한 교육예산을 의무교육인 국민학교에 우선 배정하고 남는 부분을 중등교육에 배정하다 보니, 그렇게 된 것이다.

따라서 학생 수를 기준으로 할 때 사립고등학교의 비중은 1952년에 20.3퍼센트, 1954년에 32.9퍼센트, 1956년에 36.1퍼센트로 계속

증가했다. 공교육에서 사립학교의 비중이 크고 국공립학교의 비중이 적다는 것은, 해방 뒤 국가가 공교육기관을 충분히 확충할 수 있는 능력을 갖지 못했다는 것을 의미한다. 지나치게 비대해진 사학은 사학을 우선시한 정책의 산물이 아니었다. 이는 국가 교육재정의 궁핍으로 초래된 국공립교육의 부실에서 온 부산물인 것이다. 이 때문에 1950년대에 사립학교는 특히 중등교육 부분에서 국가의 책임을 대신해 교육기회를 확충하는 데 크게 이바지했다.

학생 수는 증가, 국가재정은 빈곤

1945년부터 1960년 사이에 중·고등학생 수는 10배 이상, 대학생 수는 13배 증가했는데, 이 같은 급성장은 세계적으로 유례를 찾을 수 없는 것이었다. 국가가 이처럼 폭발적인 교육열 앞에서 교육재정을 확보할 의지도 능력도 없을 때, 학교들이 문을 닫지 않은 것은 '사친회'로 결집된 학부모들의 힘 덕분이었다. 미국의 사친회(PTA: Parent-Teacher Association)와 달리, 1950년대 한국의 사친회는 교원들의 생활대책을 강구하고 교사를 건축하며 학교 운영비를 조달하는 등의 목적을 위해 발족한 것으로, 학교를 운영하는 데 필요한 재정적 부담을 지는 것이 주된 기능이었다. 사친회를 통해 학부모들이 학교에 지급한 금액이 학교 수입의 93퍼센트였다. 이는 사학의 재정이 주로 학부모의 교육비 부담으로 유지됐다는 것으로, 한국의 사립학교법이 사학의 자주성보다 공공성을 중시하게 되는 요인으로 작용했다.

사립학교의 자유방임시대에 마침표를 찍은 것은 박정희였다. 박정희 정권은 1963년 8월에 사립학교를 통제하고 감독하기 위해 '사립학교법'을 제정했다. 군사정권은 학원 내에서 부패와 구악을 일소할 것

정부가 공교육 책임을 떠넘기면서 사립학교는 뒤틀린 성장을 하게 된다. 1969년에 중학교 무시험제도가 처음 실시되자 자신의 중학교를 추첨하는 학생들. (정부기록 사진집)

을 공약으로 내세웠으며, '사학의 기업화'를 막겠다는 데 초점을 두고 처음으로 사립학교법을 제정했다. 사립학교법이 제정되기 전까지는 민법과 교육법 등을 적용하거나 준용해왔으나, 학교기관을 감독하는 데 사법(私法)인 민법을 적용하는 것이 공법상의 근거가 약하기 때문에 사학 분규 등을 방지하기 곤란하여 취해진 조치였다. 사립학교법이 제정·공포되자, 사립학교장연합회와 대한교련 등 사학 관계자들은 이 법이 공공성만을 강조하고 자주성을 침해한다고 강력히 반발하면서 법을 개정해야 한다고 주장했다.

사학 쪽은 1964년 3월에 국회에 개정법률안을 제출하는 등 공세를 펼쳤다. 그러나 이 개정안을 논의하는 과정에서 사립대학이 입학정원을 초과하여 모집하는 사태가 적발되면서 물의가 일어났다. 이 와중에 국회는 개정안 원안을 폐기하고 학교법인 임원과 학교장의 승인을 취소하는 조항을 신설하는 등 최초의 법안보다 훨씬 강력한 통제방안을 갖춘 새로운 개정안을 마련했다. 그러자 당황한 사학 쪽은 반대투쟁위원회를 구성하여 공청회를 열고 반대결의문을 채택하는 등 바쁘게 움직였다. 이 개정안이 통과되면 사학법인은 교육에 투자할 의욕을 상실하고, 행정권한이 무제한 확대되며, 교육의 정치적 중립이 위협받고, 법인 임원과 학교장 그리고 교직원과 학교장 사이에 알력과 분규가 조장된다고 주장했다. 사학 쪽에서 이처럼 거세게 반대했지만, 개정안은 11월 10일에 공포되었다.

박정희 정권은 1969년에 중학교 무시험제도를 실시했다. 이 때문에 사립학교는 학생선발권을 박탈당했는데, 경제 성장과 함께 무시험 전형제도를 채택함으로써 중학교 진학률이 1970년에 50.9퍼센트에서 1975년에 71.6퍼센트, 1980년에 95퍼센트로 급격히 높아지는 결과를 가져왔고, 그 상당 부분을 사학이 떠맡게 되어 사립중학교도 급속히 팽창했다. 교육 폭발의 추세가 초등교육을 넘어서 중등교육의 영역으로 파급된 것이다.

중학교 무시험 전형이 실시되자, 사립중학교들은 이 조치가 사학의 독자성을 침해하는 것이라고 반발했다. 이 조치가 실시된 뒤 중학교는 공립과 사립 구별 없이 의무교육기관으로 변해갔는데, 사립중학교에 대해 국가 보조가 실시되지 않아 큰 불만을 초래했다. 1970년 9월에 중고등학교장회는 대의원대회를 열고, 요구사항이 받아들여지지 않으면 신입생 배정을 전면 거부하겠다며 국고 보조를 강력히 요구하기도 했다. 1973년 5월 5일자 〈동아일보〉 사설을 보면, "교육의 책임을 반 가까이 또는 반 이상을 사학에 떠맡기고 있으면서도 이들에 대한 재정적 지원을 전혀 배려치 않은 채 학사감독권만의 구사를 능사로 여겨온 것이 또 하나 우리나라만의 특징이라고 할 수 있다"고 비판하고 있다.

재정 열악한 사학, 우후죽순 생겨나

한편 1974년에는 고등학교 평준화 정책이 시행됐는데, 1979년에 사립고등학교 학생 수는 전체 고등학교 학생 수의 58.7퍼센트에 이르렀다. 무시험 진학제도의 시행에 따라 고등학교 진학 인구가 증가하자 이를 사학이 담당하도록 사실상 위임한 결과인데, 이는 정부가 중등교육 분야에서 고등학교 교육보다 여전히 중학교 교육의 기회를 확충하는 데 중점을 두고 있었기 때문에 생긴 현상이었다. 학교 수를 보면 공립이 사립보다 많았으나 학생 수는 사립이 더 많았는데, 이는 공립고등학교 중에 주로 지방에 설치된 소규모 학교가 많았기 때문이다.

급격한 도시화와 교육열, 그리고 중·고교 무시험 진학제도의 도입으로 인해 학생 수가 크게 늘어나자 정부는 교육재정을 확보하는 대신 민간이 학교를 설립하도록 떠맡겼고, 그리하여 사립학교가 우후죽순처럼 생겨나기 시작했다. 당시는 땅만 내놓으면 정부가 학교 건축비를 지원해줬고, 수익용 재산도 형식적으로 5,000만 원 정도면 학교를 설립할 수 있도록 승인했다. 학교법인을 설립할 때 수익용 기본재산을 한 학급당 130만 원씩 갖춰야 한다는 것이 법인을 인가하는 조건으로 규정된 것은 1980년대에 들어서면서부터였다.

이런 상황에서 사학재단 설립자 쪽이 학교교육을 위해 추가로 투자하는 것이 원천적으로 불가능한 열악한 재정 상태이면서도 앞다퉈 사립학교를 세운 것이다. 이런 사학들이 결국 부실과 부패로 이어진 것은 당연한 귀결이었다. 손인수 교수의 지적에 따르면, "상당수의 사학재단들이 학교를 설립할 당시 재산을 한 번 내놓고 나면 더는 출연하기를 꺼리고, 학생들에게 거둬들인 등록금과 수업료만으로 학교를 운영하려는 태도"를 보였다고 한다. 심한 경우에는 오히려 "학교에서 돈을 빼내 재단 경비로 쓰는 사례"도 없지 않았다. "학교 경기가 좋던 시절에 많은 이익금을 올려 밑천을 뽑아낸 재단들까지도 일단 한 번 뽑아간 돈을 다시 내놓으려 하지 않고 쪼들리는 학교 경비만 줄이려 하다 보니, 재정난이 가중될 것은 당연한 이치"였다.

재단을 설립할 당초부터 열악한 상태에서 출발한 사학재단의 재정은 평준화 정책이 실시된 이후 더욱 악화됐다. 사립학교의 학생 1인당 교육비는 1970년에 공립보다 전반적으로 높았으나, 점차 감소해 1976년 이후 공립보다 낮아졌으며, 1983년에는 공립의 80퍼센트 수준으로 낮아졌고, 해가 갈수록 낮아지는 추세가 되었다. 추첨에 따라 배정된 것이지만, 사립학교 학생들은 공립학교 학생들보다 열악한 환경에서 교육을 받아야 했다.

사립학교의 교육환경은 날이 갈수록 황폐해졌고, 돈벌이를 위해 학교를 시작한 일부 사학에서는 각종 비리가 독버섯처럼 퍼져나갔다. 사학재단들은 비리를 은폐하기 위해 학교의 주요 요직에 친인척을 배치해 족벌체제를 형성했다. 중·고등학교가 평준화된 뒤 사학은 학생 선발권과 수업료를 책정하는 권한마저 상실했다. 결국 사학재정의 악화와 이로 인한 각종 비리 그리고 비리를 감추기 위한 족벌체제의 전횡은 1980년대에 학원민주화운동이나 전교조운동을 낳는 씨앗이 되었다.

한편 광주학살로 등장한 신군부는 자신들의 이미지를 개선하기 위해 사학을 둘러싼 부조리를 강력히 '정화'하고자 했다. 1980년 9월 26일에 문교부가 사립대학과 학교법인에 지시한 '사학운영쇄신기본시책'은 1981년 2월에 사립학교법 개정으로 이어졌는데, 설립자와 학교법인이 재정과 인사 등 학교 행정에 부당하게 간섭할 수 없게 하는 것이 골자였다. 이 조치는 무력화돼버린 사학법인으로 하여금 대학 지원을 위한 책임이나 의욕도 잃어버리게 하는 부작용을 가져왔다.

사학에 더 많은 자율성을 부여한다는 미명하에 자행된 1990년의 사립학교법 개정은 이사장 직계 존비속이 총학장에 취임하지 못하게 하던 조치를 해제하고, 이사 정수 중 친족 비율을 3분의 1에서 5분의 2로 확대하며, 교수임용권을 총장에서 법인으로 옮기고, 비리 임원의 임명승인취소제를 해임 요구제로 바꾸는 등 개정이라기보다 형편없는 개악이었다. 학교의 경영을 설립자 일족이 전횡하는 것을 방지하려던 일련의 노력이 1990년의 개악으로 원점으로 돌아간 것이다. 대학의 자율성을 높인다는 명목하에 법인의 권한만 확대하고 대학의 자율성은 엄청나게 침해한 것이다.

〈조선일보〉 3월 23일자 '만물상'조차 이 개악을 "아무리 뜯어봐도 하나에서 열까지 재단 편이지 대학 편은 아니다. 이제부터 설립자 가족이 톡톡히 재미 볼 수 있게 됐다. 총장 자리에도 오를 수 있게 됐다. 그렇다고 대학이 좋아질 가망은 없다"고 비판했다. 〈조선일보〉조차 "아빠는 총장, 엄마는 이사장, 아들은 처장"이라 개탄한 족벌체제가 이렇게 복귀한 것이다. 여기에 더해 비리사학에 파견되는 임시이사의

족벌신문마저 개탄한 족벌사학. 1999년 사립학교법 개악은 상문고의 분규로 이어졌다.

임기를 2년으로 제한하고 비리 관련자가 재단으로 복귀할 수 있는 길을 터준 1999년의 개악은, 덕성여대나 상문고의 분규로 이어졌다.

박정희도 "돌아가거라" 하지 않을까

현재 중·고교 사학은 학교만 설립자가 세웠을 뿐 재정 구조에서는 국공립이나 마찬가지다. '설립'은 사립이었을지 모르나 운영은 공적 자금으로 운영되는 사립공영학교라고나 할까? 이는 재단전입금이 전무하다시피 한 현실이 말해준다. 사립중·고교의 경우, 1년치 학교 운영비에서 재단이 내놓는 전입금은 고작 3퍼센트에 지나지 않는다. 나머지 97퍼센트는 학생등록금과 국가보조금으로 충당하고 있는 셈이다.

한국에서 사학 문제의 근원은, 국가가 개별 자본을 교육 부문에 적극적으로 끌어들여 과도한 군사비 지출로 인한 교육재정 부담을 줄이려 한 데서 비롯되었다. 마땅히 국가가 투자했어야 할 시설에 교육자본을 활용한 채 운영비를 대주다 보니, 돈은 돈대로 들고 교육은 교육대로 부실해진 것이다. 또한 손인수 교수의 지적처럼 사학재단을 만든 교육자본은 "열악한 재정 상태 속에서 극히 비정상적 방법으로 자기 증식을 꾀할 수밖에 없고, 국가는 이런 비정상적 이윤 추구를 묵인하고 비호하면서 그 대가로 사학에 대한 이데올로기적 통제를 관철"시켜온 것이다.

　전교조 선생님들의 연수에 참가해보면 공립학교지회와 사립학교지회의 분위기가 하늘과 땅만큼이나 다르다. 사립지회의 분위기는 아직도 1980년대, 어쩌면 1970년대를 보는 듯 처연하다. 물론 사립학교 중에 정상적으로 운영되는 곳이 더 많을 것이다. 그러나 돈벌이를 목표로 한 기업들도 외환 위기 이후 사외이사를 받아들여 기업의 체질을 개선하고 경쟁력을 높였는데, 아이들을 키우는 사학에서 투명하게 경영하기 위해 개방형 이사제를 도입하는 것이 나라 망할 일이라는 말인가? 21세기 벽두에 거리를 방황하는 유신공주를 보며, 40여 년 전에 사립학교법을 처음 제정하여 사학을 법적으로 통제하기 시작한 박정희도 "이제 그만 집으로 돌아가거라" 하고 혀를 차지 않았을까?

최 일병, 김 일병, 그 다음은?
-병역제도에 대해 근본적으로 재검토해야 할 때

2002년 가을에 사병들의 월급 문제를 처음 제기하면서 쓴 글의 제목이 '대한민국 사병은 거지인가'였다. 그리고 2005년 2월에 논산훈련소 인분사건으로 '대한민국 사병은 똥개인가'라는 글을 쓰게 되었을 때 스스로도 참 한심했다. 그 뒤로 귀중한 생명 여덟을 앗아간 총기사건이 터졌으니, 또 어떤 제목으로 글을 써야 한단 말인가? 참담하기 짝이 없다.

언론에서는 저마다 원인을 분석하고 대책을 내놓기에 분주 '했'다. 다들 나름대로 일리 있는 이야기지만, 나는 총기사건에 대해 아무런 대책이 없다는 말을 하고 싶다. 가혹행위 금지, 사병 인권 존중, 병영문화 개선 등등 길게는 지난 몇 년간, 짧게는 인분사건 이후 솔직히 군이 안 해본 게 있는가?

사망자, 어떻게 더 줄일까

언론에 거론되는 웬만한 대책은 다 나왔던 이야기들이다. 남은 것은 딱 하나, 진짜로 군을 구조적으로 개혁하는 일이 남아 있을 뿐이다. 구조적인 문제를 건드리지 않는 상황에서 할 수 있는 일을 다 해 보았다는 것, 언론에 남발되는 '특단의 조치' 정도가 아니라 정말 본질적인 문제를 건드리지 않으면 이런 사고를 피할 수 없다는 것, 그런 생각을 하지 않으면 우리는 평온한 일요일 오전에 참담할 만큼 충격을 준 그런 비극적인 사건을 피해갈 수 없다. 대책이 없다는 것, 그 사

과연 우리 군이 아무런 문제가 없었는데 김 일병이라는 정신이상자가 갑자기 나타난 것일까? 김 일병의 동료들이 기자회견장에서 기자들의 질문에 답하고 있다.

실을 인정하는 데서부터 우리는 대책을 마련해야 한다. 젊은 목숨들이 저렇게 스러지는 것을 또 보고 싶지 않다면…….

역사이야기를 연재하면서 누구보다도 군에 대해 쓴 소리를 많이 해왔다. 한국의 군이 여전히 엄청나게 많은 문제를 안고 있는 것도 사실이다. 그러나 나는 지금 군을 비판하는 것이 능사가 아니라는 이야기를 하고 싶다. 그 이유는 두 가지다. 하나는 아직도 많은 문제가 남아 있지만 그동안 사병들의 인권을 개선하기 위해 군이 거둔 성과를 가벼이 봐서는 안 된다는 점이고, 다른 하나는 군을 개혁하는 문제는 군 안에서 해야 할 일보다 군대 바깥에서 해야 할 일이 더 많다는 믿음 때문이다.

인권을 개선하는 문제와 관련해 군이 거둔 성과라니? 군은 여전히 인권의 사각지대 아닌가? 그렇다. 군은 여전히 인권의 사각지대지만, 지난 10년 사이에 군에서 불행하게 목숨을 잃은 사람의 수는 '경이적'으로 줄어들었다. 1980년부터 1995년 5월까지 15년여 동안 군대에서 목숨을 잃은 젊은이의 수는 무려 8,951명이다. 이 기간에 우리가 혹시 다른 나라와 남모르게 전쟁이라도 치렀던가? 전쟁을 치른 것도 아닌데, 해마다 600명 가까운 '군인'이 목숨을 잃은 것이다. 1997년에 우리 군에서 목숨을 잃은 사람의 수는 273명으로 처음으로 200명대로 떨어졌으며, 2000년에는 182명, 2003년에는 150명, 2004년에는 134명으로 점점 줄어들고 있다(아래 표 참조).

좋아진 군대, 하지만 더 좋아진 세상

최근 2, 3년간 한국군의 연간 사망자 수는 150명선으로 1995년에 비하면 절반 이하이고, 1980년부터 1995년까지의 평균 사망자 수에 비하면 4분의 1 정도다. 사망자 수가 이렇게 격감한 것을 보면 한편으로는 화가 치밀어오르고, 또 한편으로는 안도감을 느낀다. 노력하면 이렇게 줄일 수 있었는데도 해마다 몇백 명의 젊은이가 목숨을 잃은 것을 생각하면 억장이 무너지지만, 그래도 이렇게 줄어든 것은 정말 다행스

군내 사망사고 현황

연도	사망자 수	자살자 수/ 군기사고	안전사고
1995	330	100	
1996	359	103	
1997	273	92	
1998	248	102	
1999	240	111	
2000	182	82/086	96
2001	164	66/69	95
2002	158	79/86	72
2003	150	69/77	73
2004	134	66/69	65
2005년 3월까지	30	15/17	13

*군기사고는 자살, 총기사고, 폭행치사, 그 밖의 요인에 의한 사망자를 말한다.
*안전사고는 차량, 항공, 폭발, 추락, 익사, 화재, 그 밖의 요인에 의한 사망자를 말한다.

러운 일이 아닐 수 없다. 문제는 어떻게 더 줄일 것인가다.

그런데 이번 내무반 총기사건이 일어나자 아주 엉뚱한 진단과 대책도 난무하고 있다. 그 가운데 대표적인 주장이 인권이니 민주화니 찾다가 한국군이 군기가 빠져서 이런 사건이 일어났다는 것이다. 또 하나는 남북 화해니 민족 공조니 하고 떠들어대더니 주적 개념이 흔들려서 그렇게 됐다는 주장이다. 이런 주장의 정치적 의도는 차치하고라도, 이들의 주장은 처음부터 성립되지 않는다. 이들의 주장이 말이 되려면, 이들이 그리워하던 시절에는 이런 총기사고 같은 것이 전혀 없었어야 한다. 그러나 이번 사건이 일어난 부대에서 이미 20년 전에 닮은꼴 사건이 먼저 있었을 뿐 아니라, 군기 바짝 들고 남북 대치도 확실하던 그 시절에 해마다 지금의 4배 가까운 인원이 화랑담배 연기 속에 사라져간 것이다.

또 다른 주장은 모든 책임을 김 일병에게 돌리는 것이다. 김 일병을 변호하자는 것이 아니다. 과연 우리 군이 아무런 문제가 없었는데 갑자기 김 일병이라는 정신이상자가 나타나 내무반에 수류탄을 던지고 총기를 난사한 것일까? 이런 사건이 10년 전에도 있었다 하더라도 그동안 군대를 거쳐간 사병이 족히 300만 명은 될 테니, 김 일병 같은 반응을 보인 병사가 매우 드물었다고 할 것이다.

그러나 솔직히 이야기해보자. 군대생활 하면서 수류탄 까서 던지고 싶은, 총으로 긁어버리고 싶은, 그도 아니면 자살하고 싶던 충동을 한번도 느끼지 않은 사람이 얼마나 될까? 눈이 홱 돌아갈 만한 그 순간 수류탄이 없어서, 실탄이 없어서, 또는 어머니 얼굴이 떠올라서 차마 그 짓을 못했을지 모르지만, 군에 갔다 온 사람의 절대 다수는 한번쯤 김 일병 근처까지 간 적이 있었을 것이다.

'최영오 사건'이 일어난 뒤 40년이 지나도 불행한 죽음은 계속되고 있다. 2000년 10월 17일에 '전국군폭력희생자유가족협회' 회원들의 진상 규명을 요구하는 시위.

왜곡된 역사의 고리를 끊고 ······ 285

군 당국도 그렇고 많은 예비역들이 이 사건이 일어나자 구태나 가혹행위가 없었다면서 김 일병을 비난했다. 지난번 인분사건 때도 지적했지만, 요즘 군대에서는 정말 2년가량 복무하면서 뺨 한 대 맞지 않고 제대하는 병사들이 나오고 있다. 그러나 물리적 폭력이 없었다고 가혹행위가 없다고 말할 수 있을까? 이제는 폭력과 가혹행위의 개념이 바뀌어야 한다. 육체적 폭력을 가하지 않고도 얼마든지 사람의 피를 말리고 죽기보다 괴로운 순간으로 밀어넣을 수 있다는 사실을 우리는 직시해야 한다.

다들 그런다. 잘하라고 그런 거라고, 친근감을 표시한 거라고, 귀여워서 그랬다고, 또는 장난이었다고······. 그 정도도 용납되지 않는다면 삭막해서 어디 군대생활 하겠냐고······. 오히려 고참들이 이등병 눈치 보는 세상이 되었다고······. 어쩌면 그렇게 성희롱사건 때 나오는 가해자 쪽 변명과 똑같을까? 과거에는 '아무것'도 아닌 일들이 지금은 다 성희롱의 범주에 들어간다. 관점과 기준이 바뀌었기 때문이다. 권력을 가진 자의 세상에서 힘이 없는 자도 힘 있는 자와 대등한 인격을 가진 사람이라는 점이 인정되면서 세상이 바뀌어온 것이다.

이미 우리는 다른 세상에 살고 있다. 군대가 좋아졌다지만, 세상은 더 좋아졌다. 21세기의 군대에서 무조건적인 복종이란 통하지 않는다. 많은 사람들이 손쉽게 신세대 탓을 하지만, 신세대 장병이라고 해서 군대가 요구하는 규율을 무조건 거부하는 것은 결코 아니다. 납득할 수 없는 명령이나 지시를 받아들이지 못할 뿐이다.

'연애편지'가 부른 학보병 최영오 사건

군대에서 사병들이 받는 훈련 중에서 가장 힘든 훈련은 유격훈련이나 행군일 것이다. 그러나 행군이나 유격훈련이 힘들어서 자살하는 병사는 거의 없다. 예나 지금이나 마찬가지다. 그러나 내무생활이 힘들어 많은 젊은이들이 탈영을 하고 목숨을 끊는다. 그리고 아주 드물지만 그 폭력을 밖으로 돌린다. 김 일병처럼. 전체 사망사건은 줄어든 대신, 그 결과 전체 사망자 수에서 자살이 차지하는 비중이 크게 증가하고 있다. 이에 대해 군 당국은 문제를 자꾸 가정환경이나 개인 문제로 돌리지만, 군대가 원인을 제공하고 있는 것은 아닐까? 이 자살자들 중에 군에 있지 않았더라면 다른 선택을 했을 사람들이 훨씬 더 많지 않았을까? 김 일병은 사회에 있었더라도 흉악한 살인범이 되었을까, 아니면 평범한 우리의 이웃이 되었을까?

지금부터 40여 년 전인 1962년, 세상을 떠들썩하게 한 총기사건이 있었다. 학보병 최영오 일병 사건. 학보병(學保兵)이란 대학에 재학하던 중 입대한 병사를 1년 6개월 만에 제대시키는 제도로, 최 일병 역시 제대를 얼마 남겨놓지 않고 있었다. 그러나 그에게 온 연애편지를 짓궂은 고참들이 뜯어 읽었고, 최 일병은 소원수리를 통해 이에 항의하다가 고참들에게 구타당해 상처를 입었다. 이에 격분한 최 일병이 두 고참을 살해하고 자신은 자살을 기도했으나 미수에 그친 비극적인 사건이 발생한 것이다. 4·19부정선거에 항의해 광화문까지 진출했던 젊은 천문기상학도는 그 꿈을 펴지 못하고 군대에서 살인자가 되었다. 육군참모총장은 특별담화를 통해 사신(私信) 검열은 육군 규정을 어긴 것이며, 사적(私的) 제재를 금지하고 서신의 기밀을 유지함으로써 인권을 옹호하는 데 만전을 기할 것을 강조했다.

그러나 결국 최영오 일병에게는 사형이 선고됐고, 최 일병의 사형이 집행되던 날 그의 어머니는 한강에 몸을 던져 아들의 뒤를 따랐다.

세상에서 가장 불행한 연애편지의 주인공이 된 최 일병의 연인은 기상학도였던 최 일병이 연애시절에 "우리가 만나는 날은 눈이 부시도록 맑게 갰습니다"라는 일기예보를 했다고 전했다. 최영오 일병은 옥중수기에서 이렇게 썼다. "물론 연서가 살인에 피상적인 동기가 된 것은 부인 못한다. 그러나 나로서는 연서 자체 때문에 살인자가 되었다고 생각하지 않는다. 다만 인간 이하의 불의에 항거하였으며, 또 그것을 말살하려고 한 것이다." 이어 그는 "나는 저 인간됨을 죽인 것이 아니라, 인간 이하의 노리개를 갖고 그것을 향락하려는 씹고 싶도록 잔인한 근성을 삭제하고 싶었던 것"이라고 부르짖었다.

사병이 간부의 진급 수단으로 전락

나는 저 불행한 최 일병으로부터 20년이 지난 뒤에 군대생활을 했다. 그리고 대학에서 '군대와 사회'라는 과목을 가르치면서 나로부터 20년이 지난 뒤에 군대생활을 한 복학생들에게서 군대 체험담을 듣는다. 이번 학기 한 학생의 보고서 내용이다. "일병 고참들은 나에게 이유도 말해주지 않고 계속 쪼아댔고, 상병 고참들은 나에게 끊임없는 암기와 움직임을 요구했다. 병장 고참들은 나에게 사람이 아닌 장난감이 되기를 요구하면서 빨래해주겠다며 입고 있던 옷을 모두 벗겼다." 이 학생은 군에 대해 특별히 부정적인 시각을 갖고 있지도 않았고, 군생활이 그래도 자신에게 무언가 도움이 되었다고 믿었다.

다들 이등병 때는 동기들과 우리가 고참 되면 저러지 말자고 다짐하지만, 올챙이 적 기억하는 개구리는 없다. 부대마다 사정이 다르겠지만, 어떤 복학생은 "이등병, 일병 때는 죽을 것처럼 힘들더니, 상병, 병장이 되니 군대라는 곳이 집보다도 편해지더라"고 했다. '인간 리

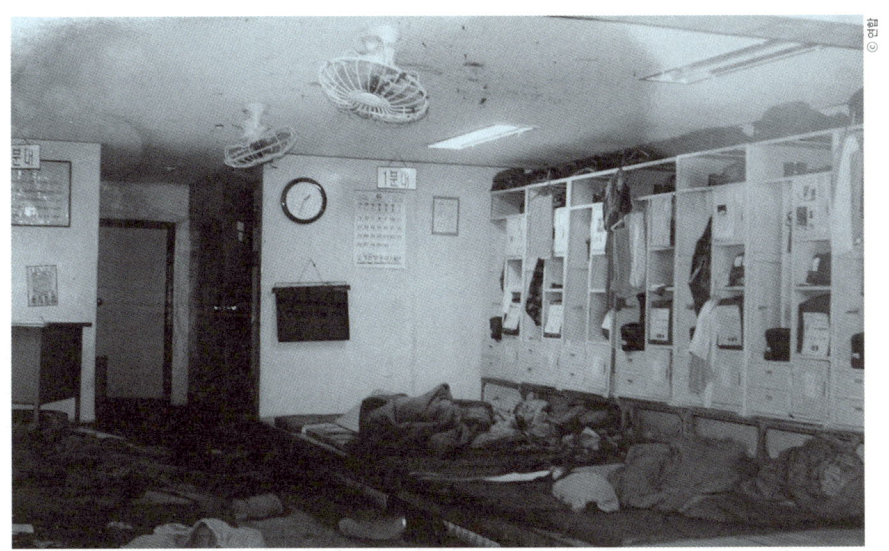

한국전쟁 이후 우리는 단 한 번도 병역제도를 근본적으로 검토해본 적이 없다. 김 일병 총기 난사 현장.

'모컨'까지 있는 군대가 아닌가? 그러나 "병장이 되어 내 세상(?)이 되었을 때 이제는 사병과 사병이 아닌 간부와의 전쟁이 시작"됐다면서 "이등병 때나 일병 땐 잘해주시고 부모님 같기도 하던 간부들이 상병, 병장이 되니 사사건건 문제 삼고 툭하면 시비 걸고 괴롭히더라"고 고백했다.

구타나 물리적인 가혹행위가 없어졌지만, 신세대들은 군대생활을 더 견딜 수 없어 한다. 그들이 나약해져서가 아니다. 일과시간과 자유시간이 구분되지 않고, 입대한 날짜에 따라 고참과 졸병이 나뉘는 불합리한 군대를 견딜 수 없는 것이다. 정보화가 진행되고 교육 수준이 높아지고, 군대가 더는 성역으로 남지 않게 되면서 온갖 병역 비리에 관한 이야기가 사회에 돌게 되었다. 해마다 징집 대상 31만 9,000여 명 중 현역으로는 16만 5,000명만이 가고, 3만 2,000여 명은 공익이나

왜곡된 역사의 고리를 끊고 …… 289

연구·산업요원으로 근무하고, 11만 4,000명은 경비교도나 전투경찰 등으로 전환복무하고, 7,000여 명은 면제받고, 500~600명은 양심에 따른 병역거부로 감옥에 가는 현실에서, 군복을 입는 것 자체가 엄청난 불이익이고 불만인 것이다.

게다가 사회가 민주화되고 나니, 군대 내에서 간부들의 진급 압박은 더욱 심해졌다. 군사독재시절에야 장관이다, 국회의원이다, 국영기업체 간부다 해서 장성급은 장성급대로, 영관급은 영관급대로 갈 수 있는 자리가 많았지만, 이젠 그런 자리가 널려 있지 않다. 옷 벗고 나가도 갈 자리가 없어 군대생활이라도 오래 하라고 계급정년을 늘려놓으니, 이제 진급이 더욱 안 된다. 5·16군사반란을 일으킬 무렵 김종필이 서른여섯 살 고참 중령으로 진급이 안 되어 큰 불만을 가졌다지만, 지금은 그보다 열 살 더 먹은 중령도 이야깃거리가 못 된다.

간부나 지휘관 들이 진급하기가 어려워지니, 진급 평점에 영향을 미치는 검열이나 훈련을 할 때는 물론이고 평시에도 상급 지휘관들의 눈치를 볼 수밖에 없다. 그 와중에 사병들이 진급의 수단이 된다. 자신의 존재 자체가 우주의 존재 이유가 되기는커녕 엉뚱한 사람의 진급 수단이 되어야 한다는 처참한 현실을 머리 큰 병사들은 받아들이지 못한다. 주적 논쟁이 한창일 때 인터넷을 뜨겁게 달군 비수 같은 한마디를 난 잊지 못한다. "대한민국 국군의 주적은 북한이지만, 대한민국 사병들의 주적은 간부"라고……. 훌륭한 간부들도 많지만, 그렇지 않은 간부들도 너무 많다. 군 내부에 존재하는 진급에 대한 부담은 군 자체적으로 해결할 수 있는 문제가 절대 아니다. 민주화의 대가로 우리 사회 전체가 끌어안고 해결책을 모색해야만 한다.

시민사회 전체가 관심을 가져야

지금 국방개혁은 최대의 과제다. 정말 여러 번 강조했지만, 다시 한번 피를 토하는 심정으로 부르짖는다. 병역제도를 근본적으로 재검토하자. 꼭 모병제를 하자는 이야기가 아니다. 한국전쟁 이후 단 한번도 병역제도를 근본적으로 검토해본 적이 없다는 점을 지적하는 것이다. 민주화도, 경제 발전도, 인구 변화도, 세계화도, 교육 수준의 향상도, 남북 화해의 진전도, 전쟁 양상의 변화도 아랑곳없이 한국의 병역제도는 1950년대의 큰 틀을 의연히 유지하고 있다.

군대를 개혁하기 위해서는 군대가 안에서 해야 할 일도 있지만, 밖에서 큰 틀을 잡아주어야 한다. 그런데 일단 군복을 벗으면 군대생활 한 곳을 향해서는 오줌도 안 눈다는 말처럼 군대 문제에 관심이 없다. 의원이 10명이라 여력이 없어서였을까? 기대했던 민주노동당조차 국

이제 병역제도를 개혁하기 위해 시민사회 전체가 나서야 할 때다. 2004년 3월 17일에 열린 군 사망사고 관련 인권단체 간담회.

왜곡된 역사의 고리를 끊고 …… 291

방위원회에 의원을 한 명도 배치하지 않았다. 한국 같은 군사주의 사회에서 군대를 바꾸지 않고 노동운동이 진전하기를 기대할 수 있을까? 이제 시민사회 전체가 군대 문제와 국방개혁 문제에 관심을 가져야 한다. 내 수업을 들은 한 여학생은 "민간인들은 군대 문제에 대해서 무식하다고 할 만큼 무지하며 관심도 없다. 결국 이러한 문제를 개선하고 바꿀 수 있는 힘과 역량은 예비역들에게 있는 것인데, 예비역들도 이런 문제들에 관심이 없는 것은 매한가지"라고 지적했다.

사회 전반의 민주화에 크게 힘입은 것이지만, 군 내부에서 해마다 600명 가깝던 사망자 수를 150명 선으로 줄여놓았다. 그러나 군대체제를 근본적으로 바꾸지 않는다면, 그 수는 이제 그다지 줄어들지 않을 것이다. 멀쩡하게 걸어 들어간 젊은이들이 다시는 이런 비극적인 죽음을 맞이하지 않도록 하는 일이 어찌 군만의 과제이겠는가? 건국 이래 최초로 사병 출신 대통령에 50년 만에 처음으로 해군 출신이 국방장관을 맡고 있는 지금, 시민들은 무엇을 할 것인가? 8명, 젊은 넋을 헛되이 보내지 말아야 한다.

18만 감군, 낯간지럽다
─소극적인 감군과 예산 증액은 문제

2005년 9월 13일에 국방부는 '21세기 선진 정예 국방을 위한 국방개혁 2020(안)'을 발표했다. 이 안의 기본목표는 '국방 전반의 체질 개선'을 통한 '효율적 국방체제의 구축'이며, 그 추진 방향은 첫째, 국방의 문민 기반 확대(군은 전투임무 수행 전념), 둘째, 현대전 양상에 부합된 군 구조·전력체계 구축, 셋째, 저비용·고효율의 국방관리체제로 혁신, 넷째, 시대 상황에 부응하는 병영문화 개선 등이라고 한다. 이 방대하고 야심적인 개혁안의 핵심은 한국군을 '효율적인 선진 정예 강군'으로 만들기 위해, 그동안 유지해온 한국군의 '양적 구조'를 '질적 구조'로 재편하겠다는 것이다. 국방부는 이 국방개혁안이 실현된다면 2020년에 우리 군은 현재의 68만 명에서 18만 명이 줄어든 50만 명이 된다고 발표했다. 육군의 경우 1군과 3군 사령부가 지상작전 사령부로 통합되고 2군 사령부는 후방작전사령부로 전환되는 등 지휘체계도 단순화되며, 사단급 부대의 수도 47개에서 절반가량 줄어든다.

국방부 장관 입에서 처음 나온 '감군'

이 안을 발표하면서 여러 차원에서 시민단체나 평화운동단체 관계자와 정부 관계자 들이 공식적·비공식적으로 간담회를 열고 의견을 교환했다. 나도 몇 차례 참석할 기회가 있었는데, 일부 참석자들은 국방개혁안에 기대를 걸었지만 더 많은 사람들이 우려와 비판의 목소리를 쏟아냈다. 참여연대 평화군축센터는 '국방개혁 2020(안)에 대한

시민들에게 만족스러운 개혁이 될 수는 없었는가. 2005년 9월 13일 윤광웅 국방부 장관이 군 구조 개혁안을 발표하고 있다.

비판적 문제 제기'(www.peoplepower21.org에서 전문을 볼 수 있음)라는 장문의 보고서에서 이 안의 문제점을 조목조목 짚었다. 군에 대해 누구보다도 쓴 소리를 많이 해온 나는 다른 참석자들에 비해 비교적 후한 점수를 주었다. 이번 국방개혁안이 만족스러워서는 결코 아니다. 대한민국이 수립된 이래 처음으로 국방부 장관 입에서 감군 계획이 공식적으로 나왔기 때문이다.

18만 감군! 일부 안보족들이 이북은 110만 대군을 유지하는데 우리만 '아무 대책 없이'(!) 병력을 줄이면 어떡하느냐고 아우성이지만, 진보적 시민단체에서는 지나치게 노동집약적인 한국군의 현실을 감안할 때 충분한 감군이 아니라고 비판한다. 더구나 당장 18만 명을 줄인다는 것도 아니고, 15년 뒤에야, 그것도 천문학적인 예산 증액이 담보돼야 줄인다는 것이니 성에 차지 않는다. 1998년 국방개혁위원회의 군 감축안에서는 2015년까지 40만~50만 명으로 감축하자고 했으니, 이번에 발표된 국방개혁안은 그에 비해 오히려 후퇴한 안이라는 비판을 받게 된 것이다. 또한 군에 적정한 병력 수를 추정하는 연구에서 전직 국방연구원장 등 많은 연구자들은 30만 명 안팎을 주장했고, 국방위 소속 국회의원 중 대표적인 매파라 할 수 있는 송영선도 35만 명을 적정 병력으로 제시하고 있는 것에 비하면 너무나 소극적인 안이다.

18만 명은 결코 적은 수는 아니다. 그러나 그만큼 줄이고도 50만 대군이니, 경량화·정예화·슬림화를 거론하기는 낯간지럽다. 304만 명인 현재의 예비군을 절반인 150만 명으로 줄이겠다고 하나, 이 역시 너무나 소극적인 발상이다. 현재의 예비군은 방만한 운영으로 인해 예비전력으로 아무런 기능을 못하고 있다. 한국전쟁 때 20만의 병력으로 전쟁 기간 대부분을 치른 것에 비하면, 68만 대군, 줄어들어 50만이란 이미 예비자원을 현역으로 다 동원해서 군복을 입혀놓았다고 해도 과언이 아니다. 방만한 예비군이 엄청나게 존재한다는 사실은, 이들을 관리하기 위한 비용만 많이 들 뿐 실질적인 전력에는 전혀 보탬이 되지 않음을 의미한다.

우리가 보통 개혁이라고 할 때는 고비용·저효율의 상태를 저비용·고효율로 바꾸는 작업을 말한다. 그러나 현재의 국방개혁안은 병력을 일부 줄이는 대신 국방예산 증액과 군비 확장을 요구하고 있다. 국방개혁을 추진하려면 국방비가 해마다 11퍼센트씩 증가해야 하며, 그에 따라 총 683조 원이라는 예산이 들어간다 하니 돈에 대한 감각이 사라질 정도다. 시민단체가 사업예산을 짤 때면 몇만 원을 갖고도 벌벌 떨며 입씨름하는데, 갑자기 몇백조 원의 예산을 놓고 이야기하려니 이상할 뿐이다.

그런데 저 돈이 다 우리가 낸 세금이다. 군의 덩치가 좀 줄어든 대신 고비용이 고고비용이 되고 저효율을 개선할 전망은 극도로 낮다면, 그건 개혁이 아니라 고비용·저효율의 악화일 뿐이다. 이미 총액 면에서 세계 8~9위권의 군사비를 지출하는 우리가 무엇을 목표로 같은 기간 경제성장률의 3배, 예산증가율의 2배에 해당하도록 군사비를 늘려 지출해야 할까?

이북의 37배인데 돈을 더 써야 하나

국방개혁안이 국방비를 대대적으로 인상해야 한다고 주장하는 이유는, 병력을 줄이는 대신 최첨단 무기를 구입해서 타격능력을 현재의 1.8배 수준으로 끌어올리겠다는 것이다. 윤광웅 장관은 네티즌과의 대화에서 한국군이 미군과 같이 작전을 하다 보니 "군마다 첨단무기를 갖춰야겠다는 욕구가 높아져 국방부에서 각 군의 요구를 수용하기 어려운 게 사실"이라며, "세계 최고의 첨단군과 같이 작전함으로써 경제적 부담을 가지는 점이 없지 않다"는 어려움을 토로한 바 있다. 장난감 가게에 있는 장난감을 다 살 수 없듯이, 무기시장에 나와 있는 새 무기를 다 사들일 수는 없다.

안보족들은 늘 안보란 전문가들이 해야 한다며 시민단체는 빠지라 하지만, 납세자의 한 사람으로서 우리 국방예산이 효율성이 있는가 하는 문제는 반드시 짚어봐야 한다. 우리가 쓰는 국방비가 이북의 국가예산 — 국방비가 아니라 — 보다 많아진 지 여러 해고, 내년이나 후년쯤이면 아마 한국의 국방비가 이북의 국가예산 정도가 아니라 국내총

생산(GDP)보다도 많아질 텐데, 아직도 한국군의 전투력지수는 이북 인민군 전투력지수의 80퍼센트 수준이란다. 지난 10년여 동안 한국이 신무기를 구입하는 데 쓴 돈은 127억 달러로 같은 기간 동안 이북이 쓴 3억 5,000달러의 37배에 이르는데, 아직도 한국군이 이북의 전투력을 따라잡지 못했다면 그 엄청난 비효율을 그대로 두고 막대한 세금을 계속 퍼부어야 할까? 아무런 분석도 평가도 없이 30년을 맞은 율곡사업의 장비 국산화를 성공적인 것이라 할 수 있을까?

사실은 한국군이 인민군에 비해 전투력에서 절대적 우위에 있다. 물론 일부 비대칭전력 분야에서 북이 우위에 있는 것은 사실이나, 경제력을 토대로 종합적으로 전쟁을 수행하는 능력이나 한국전쟁이 발발한 당시와는 비교할 수 없이 변화된 국제정치 환경을 고려한다면, 이북이 중국이나 러시아의 도움 없이 단독으로 군사적 도발을 한다는 것은 생각하기 어렵다. 북이 장사정포를 전진 배치하거나 미사일 등을 개발하는 데 주력하는 것도 재래식 군비 경쟁이 초래하는 엄청난 경제적 부담을 모면하려는 방편이었다. 그런 점에서, 이들 비대칭전력을 무력화시켜 '절대 억지'를 달성하려는 남측의 군비 확장은, 북으로 하여금 또 다른 비대칭전력 분야를 개발하는 데 몰두하게 할 가능성이 크다.

북이 탱크, 비행기, 함정 등을 남보다 더 보유하고 있다고 하지만, 이는 어디까지나 1950년대나

남북한 국방비 비교

연도	북한	남한	남한·북한 비율
1991	20.5	99.3	4.84
1992	21.07	105.1	4.99
1993	21.57	109.9	5.10
1994	22.15	113.1	5.11
1995	-	119.0	-
1996		125.4	
1997	-	128.4	-
1998	13.43	124.0	9.23
1999	13.43	120.6	8.98
2000	13.79	128.0	9.28
2001	14.39	130.8	9.09
2002	15.17	135.3	8.92
2003	17.93	139.3	7.77

자료: SIPRI Yearbook 2003　단위: 억 달러

1960년대의 낡은 무기를 버리지 않아서일 뿐 실전에서 얼마나 효과적으로 작동할 수 있을지는 극히 의문이다. 1990년대 초반에 '서울 불바다' 발언을 초래한 배경이 되는 1,000문의 장사정포가 여전히 위협적이라고는 하나, 정보작전참모부가 국회에서 밝힌 것처럼 수도권에 위협이 되는 것은 전체 1,000문 중 300문에 지나지 않으며, 윤광웅 국방장관이 2004년 국정감사에서 밝힌 것처럼 개전 초기에 서울 시민을 향해 무차별 발사하는 것은 쉽지 않을 것이다. 이는 시민을 향한 무차별 발사가 국제법상으로 전쟁범죄이기 때문만은 아니다. 이라크전에서 미군이 이라크군의 야포에 반응하는 데 걸린 시간이 6분에서 10분 사이이므로, 북의 장사정포가 동굴에서 나와 초탄을 발사한 직후 남쪽의 대응포격으로 파괴될 가능성이 크기 때문이다.

그동안 장사정포의 사거리 안에 있던 미군이 사거리 밖인 한강 이남으로 이동했고, 이처럼 장사정포를 초기에 무력화할 가능성이 커짐에 따라 오히려 미국이 이북을 선제공격할 가능성이 높아졌다. 이러한 점들이 한반도의 안보를 불안하게 하는 최대 요인으로 새롭게 등장하고 있다.

중·일·러와 맞설 전력 가능한가

군이 국민들로부터 국방개혁에 대한 지지를 끌어내려면, 절대로 이룩될 수 없는 '절대 억지'를 위한 전력이 아니라 방어에 필요한 합리적이고 충분한 전력에 대해 구체적인 기준을 제시해야 한다. 이는 북의 위협뿐 아니라, '잠재적이지만 증가하고 있는 주변국의 위협'이라는 모호한 말로 새롭게 제시된 위협에 대해서도 마찬가지다. 이 잠재적 위협론에 따르면, "국제관계에서 영원한 우방도 영원한 적국도 없

기념행사에 참여한 북한 인민군(왼쪽, ⓒ EPA)과 국군(오른쪽). 우리 국방비가 이북의 국가예산보다 많아진 지 여러 해인데, 아직도 열세란 말인가.

으며, 동북아시아처럼 강대국이 집중된 지역에서 한반도 평화를 지키기 위해서는 적정 군사력을 유지해야 한다"는 것이다. 또한 남북이 통일되어 북의 위협이 사라진다 해도 주변국의 위협은 엄존하기 때문에, 통일국가의 안보를 위해서도 반드시 제한적 방어능력을 갖추어야 한다는 것이다. 이처럼 주변국의 잠재적 위협을 강조하는 것은, 북의 위협을 강조하는 것만으로는 국민들에게 지속적으로 국방비를 인상해야 한다고 요구하기 어렵기 때문이기도 하다.

그런데 문제는 우리 주변의 국가군이 모두 세계 굴지의 군사강국들이며, 군비 경쟁으로는 상대하기 힘든 강자들이라는 점이다. 한국이 아무리 국방예산을 올린다 한들 돈으로야 일본을 꺾기 어려울 것이고, 13억 중국을 상대로 병력 경쟁을 벌일 수도 없고, 한때 미국과 자웅을 겨루던 군사력을 이어받은 러시아를 상대로 무기 경쟁을 벌일 수도 없을 것이다. 이들의 위협에 대해 대비하려면, 절대 억지 전력이나 맞장을 뜰 수준이 아니라 '방어에 필요한 합리적이고 충분한 전력'이면 충분하다.

1군과 3군 사령부를 통합하거나, 사단급 부대를 절반으로 줄이는 것도 올바른 방향이지만, 역사적으로 보면 1973년에 주월 한국군 사령부가 철수한 뒤 왜곡된 편제를 바로잡는 정도에 그치는 것이라 아쉬움이 남는다. 당시 주월 한국군 사령부를 폐지함으로써 군에서 별 자리가 크게 줄어들자, 박정희는 전방의 1군을 쪼개 서부전선을 맡는 3군을 창설하고, 전체 사단 수를 20개에서 40개로 늘리는 방식으로 문제를 해결했다. 전체 병력은 별 변동 없이 사단 수만 20개에서 40개로 늘어나면서 후방의 사단이 완전편제에서 간이편제로 바뀌었는데, 이 때문에 예비군이 동원돼야 완전한 편제를 이루는 이른바 깡통사단이 양산된 것이다.

국방예산에 사병 봉급 언급은 없어

이번 국방개혁안에서 아쉬운 점은, 683조 원이라는 엄청난 국방예산이 필요하다고 못박으면서도 사병들의 봉급을 현실화하는 문제에 대해 아무런 언급이 없다는 점이다. 2002년 9월에 필자가 〈한겨레21〉에 사병들의 봉급 문제를 본격적으로 제기한 직후 평균 2만 원 안팎이던 월급이 지속적으로 올라 2007년에는 8만 원이 된다고 했지만, 그 뒤로는 아무런 얘기가 없다. 모병제는 2020년 이후 군 규모가 50만 명으로 줄어든 뒤에야 비로소 검토를 시작하겠다고 한다. 2005년에 54만 사병의 1년치 봉급 총액은 2,900여억 원으로, 3,800여 명인 전국의 예비군 동대장 봉급을 모두 합한 것보다 조금 많은 정도다. 정부는 3만여 주한미군의 주둔비로 7,000억 원을 썼다.

국방대학원 이상목 교수가 계산한 바에 따르면, 현역으로 복무하는 사병들은 24개월 동안 병역특례자나 면제자에 비해 대략 2,700만 원에서 3,100만 원의 병역세를 몸으로 충당하는 현물세 형태로 내고 있다. 불행하게도 국방부의 국방개혁안에는 이러한 불합리함을 어떻게 해결하겠다는 어떠한 답도 보이지 않는다.

　국방개혁은 반드시 필요하고, 감군은 반드시 이루어져야만 한다. 군 자신이 개혁안을 마련했다는 점만큼은 높이 평가해야 하지만, 이번 국방부의 안은 너무 소극적이다. 윤광웅 국방장관도 강조했듯이 "국방개혁이 성공하기 위해서는 국민들과 공감대를 형성하는 것이 가장 중요"하다. 국방개혁안이 과거와 같이 말로만 몇 번 얘기되다가 사라지지 않기 위해서는.

　국방개혁안을 법제화하는 것은 바람직한 일이다. 그러나 현재 국방부가 제시한 안을 그대로 법제화하는 것은 문제가 있다. 정부는 이

현재의 예비군은 방만한 운영으로 예비전력이라는 기능을 전혀 갖지 못하고 있다. 동원훈련에 소집된 예비군들.

안을 그대로 법제화하는 것을 서두를 것이 아니라, 이 안을 초안으로 생각하고 정부 내의 다른 부처와 민간 쪽의 의견을 종합해야 한다.

국가의 안보를 위협하는 것은 군사적 위협만 있는 것이 아니다. 지금 한국 사회는 저출산, 고령화, 사회 양극화로 몸살을 앓고 있다. 사회보장제도를 확충하고 이와 연계하여 사회적 일자리를 창출하는 과정 등을 통해 이에 대처하지 않으면, 우리 사회는 외부의 위협에 의해서가 아니라 내부로부터 무너질 것이다. 한국 경제의 규모가 커지면서 국방비가 전체 예산에서 차지하는 비중이 많이 줄어들기는 했지만, 국방비 총액은 꾸준히 증가했으며 또한 최근 5년간 국방비의 증가율은 7.9퍼센트로 예산 규모의 증가율 4.7퍼센트를 크게 상회했다. 국방부는 우리의 국방예산이 국내총생산 대비 2.8퍼센트로 세계 평균보다 낮다는 것을 강조하지만, 한국의 국방비는 경제협력개발기구(OECD) 국가 국방비 평균의 2배가 넘는 반면, 복지와 삶의 질에 관련된 예산은 절반에도 못 미치는 실정이다.

그런데도 국방부는 구조를 개혁하거나 병력을 감축하는 등 비용을 절감하려는 자구노력 없이, 재정 증가율보다 높은 수준으로 국방비를 증액해야 한다고 요구하고 있다. 외부의 위협에 대처하는 방법은 군사력을 증강하는 것에만 있는 것이 아니다. 주변국들과 외교를 통해 협력하고, 경제적으로 활발하게 교류하며, 민주주의의를 확립하고, 시민사회를 발전시키고, 평화를 추구하는 국가 이미지를 제고하는 것은 외부의 침략으로부터 우리를 지키는 강력한 방어무기다.

군에 대한 문민 우위는 반드시 지켜져야

평화군축센터 보고서가 결론에서 강조하고 있는 것처럼, "세계에서 가장 강력한 군사대국들 사이에 존재하는 한반도는, 군비 경쟁이 갖는 전략적 효용보다 최소한의 국방력과 독립적이고 민주적인 외교 역량의 전략적 효용성이 큰 지정학적 위치에 존재"하고 있다. 한국은 "특히 빠른 민주화와 높은 교육 수준으로 어느 나라보다 연성 국력의 힘을 극대화하기에 유리한 위치"에 있다. 국방을 집행하는 것은 군이지만, 국방정책을 결정하는 것은 시민들이 해야 한다. 이제 국방은 군만이 전담하는 성역일 수 없다. 군에 대한 문민 우위와 문민 통제는 반드시 지켜져야 한다. 1987년 이후의 민주화 과정에서 군 문제는 군이 정치에 개입하지 못하도록 막으면 되는 것이었지, 문민 통제의 문제는 뒷전에 밀려 있었다. 작전지휘권 문제 등 한미 군사관계를 비롯하여, 어떤 외부의 위협에 대해 어느 수준에서 대처할 것인가, 그 위협에 대처하기 위한 적정 군사력은 어느 정도이며, 이를 유지하기 위한 국방재정은 어떻게 마련할 것이고, 병역제도는 어떤 식으로 운영할 것인가에 대한 민주적 토론의 장을 열어야 한다. 국방개혁의 필요성이 점점 높아지는 상황에서 국방부의 국방개혁안은 군이 준비한 하나의 발제로 받아들여야 한다.

내용이 꼭 만족스러운 것은 아니지만, 한국전쟁 끝나고 처음 있는 일이다. 새만금 사업 등은 나라가 들썩일 만큼 규모가 큰 사업이다. 하지만 국방부가 벌이는 사업을 보면 하나하나가 새만금보다 규모가 크다. 시민들이 참여하고 감시해야만 한다. 국방은 군만이 하는 것이 아니다. 우리 모두 국방의 의무가 있다. 시민들은 관심과 감시로 국방에 참여해야 한다.